Possibilidades da Ginástica Rítmica

Instituto Phorte Educação
Phorte Editora

Diretor-Presidente
Fabio Mazzonetto

Diretora-Executiva
Vânia M. V. Mazzonetto

Editor-Executivo
Tulio Loyelo

Possibilidades da Ginástica Rítmica

Elizabeth Paoliello
Eliana de Toledo
(Organizadoras)

São Paulo, 2010

Possibilidades da Ginástica Rítmica
Copyright © 2010 by Phorte Editora

Rua Treze de Maio, 596
CEP: 01327-000
Bela Vista - São Paulo - SP
Tel/fax: (11) 3141-1033
Site: www.phorte.com   E-mail: phorte@phorte.com

Nenhuma parte deste livro pode ser reproduzida ou transmitida de qualquer forma ou por quaisquer meios eletrônico, mecânico, fotocopiado, gravado ou outro, sem autorização prévia por escrito da Phorte Editora Ltda.

CIP-BRASIL. CATALOGAÇÃO-NA-FONTE
SINDICATO NACIONAL DOS EDITORES DE LIVROS, RJ

P889

Possibilidades da ginástica rítmica / Elizabeth Paoliello, Eliana de Toledo (Organizadoras). - São Paulo: Phorte, 2010.
440p.: il.

Inclui bibliografia
ISBN 978-85-7655-247-5
1. Ginástica rítmica. I. Paoliello, Elizabeth. 2. Toledo, Eliana de.
09-4528.   CDD: 796.44
                                  CDU: 796.412

31.08.09 09.09.09   014949

Impresso no Brasil
Printed in Brazil

Organizadoras

Elizabeth Paoliello

Doutora e mestre em Educação Física pela Unicamp e licenciada em Educação Física pela PUC-Campinas. Atuou como técnica de Ginástica Rítmica nas seguintes instituições: Clube Campineiro de Regatas e Natação, Faculdade de Educação Física da PUC e Faculdade de Educação Física da Unicamp. Foi árbitra de Ginástica Rítmica e professora das disciplinas de GR nos cursos de Graduação em Educação Física da PUC e da FEF/Unicamp. Foi, também, coordenadora do Grupo Ginástico Unicamp de 1989 a 2008. Atualmente, é professora aposentada da Faculdade de Educação Física da Unicamp, líder do Grupo de Pesquisa em Ginástica da FEF/Unicamp, vice-presidente da Isca (International Sport and Culture Association) e diretora da Impulso Consultoria e Promoção de Eventos Educacionais Ltda.

Eliana de Toledo

Doutoranda do programa de pós-graduação em História - PUC-SP (Bolsista do CNPq), mestre em Educação Motora pela FEF/Unicamp, licenciada em Educação Física e bacharel em Treinamento em Esportes pela FEF/Unicamp. É ex-ginasta, técnica, árbitra e membro do comitê de GR da Federação Paulista de Ginástica (FPG), já tendo atuado, também, como docente na graduação, na pós-graduação (*strictu senso*), em cursos e palestras nas diversas áreas da Ginástica, principalmente Ginástica Rítmica e Ginástica Geral. Atualmente, é membro do Grupo de Pesquisa em Ginástica da FEF/Unicamp, docente da Universidade São Judas Tadeu (USJT) e diretora da Gímnica - Biblioteca Virtual de Ginástica.

Autoras

Adriana Maria Wan Stadnik

Doutora em Educação Física, Lazer e Recreação pela Universidade do Minho (Portugal), mestre em Engenharia de Produção, com ênfase em Mídia e Conhecimento, pela UFSC, especialista em Recreação, Lazer e Animação Sociocultural pela UEL (Universidade Estadual de Londrina). É professora e coordenadora do bacharelado em Educação Física da UTFPR (Universidade Tecnológica Federal do Paraná), vice-presidente da FPRG (Federação Paranaense de Ginástica) e coordenadora do Centro de Excelência Caixa Jovem Promessa de Ginástica Rítmica UTFPR, *campus* Curitiba.

Cynthia C. Pasqua M. Tibeau

Doutora em Psicologia da Educação pela PUC-SP, mestre em Educação Física pela USP, pós-graduada (*lato sensu*) em Psicopedagogia pela UniFMU, especializada em Ginástica, Dança e Psicomotricidade pela Deutsch Sporthochschule Koln (Alemanha) e graduada em Educação Física pela USP e em Música pela FMSP. É ex-técnica de Ginástica Rítmica de grupos universitários, infantis e juvenis e ex-palestrante de cursos e palestras sobre Ginástica Rítmica (Brasil e exterior). Atualmente, é professora titular no Instituto de Educação Desportiva da Universidade Bandeirante de São Paulo (Uniban).

Geísa Bernardes

Especializada em Organização Esportiva pelo Der Senator Für Familie, Jungend und Sport (Alemanha) e graduada em Educação Física pela UFRJ. Na área da Ginástica Rítmica, foi árbitra de Campeonatos Brasileiros e Cariocas (1974-1991), técnica do Copaleme Praia Clube (RJ) e do Grupo Ilona Peuker (RJ). Participou de seis Gymnaestradas Mundiais (1969, 1975, 1995, 1999, 2003 e 2007) como ginasta, observadora e técnica, assim como foi membro do Comitê de Ginástica Geral da CBG (2001-2003), organizando a ida da Seleção Brasileira para a WG em Lisboa. É a idealizadora e a editora do boletim informativo *on-line Ginasticando* (2005).

Giovanna Regina Sarôa

Mestre em Educação Motora pela FEF/Unicamp. É docente da Faculdade de Educação Física da PUC-Campinas, membro do Grupo de Pesquisa em Ginástica da FEF/Unicamp, ex-ginasta e técnica de Ginástica Rítmica (12 anos). Atualmente, é coreógrafa do Grupo Ápeiron e diretora da Global Labor Saúde Empresarial.

Ehrengard Herta Haide Nassif

Mestre em Educação pela Unisal, pós-graduada (*lato sensu*) pela UCB (RJ), graduada em Educação Física pela Fefisa e em Pedagogia com especialização em Administração Escolar na Faculdade de Filosofia, Ciências e Letras de São Caetano do Sul. É concursada do Magistério Público do Estado de São Paulo, especialista em Ginástica Rítmica, revisora técnica do livro *Escola de Campeãs de GRD* (Ícone, 1991) e coordenadora de Grupos de Ginástica Geral durante 25 anos. Foi docente do curso de Educação Física, nas disciplinas Ginástica Geral e Ginástica Rítmica, da Fefisa (1974-1996) e da Firp (1996-2007).

Ieda Parra Barbosa-Rinaldi

Doutora e mestre em Educação Física pela FEF/Unicamp e licenciada em Educação Física pela UEM. É docente do DEF/UEM, membro do Grupo de Pesquisa em Ginástica da FEF/Unicamp e líder dos Grupos de Pesquisas Corpo, Cultura e Ludicidade (UEM/CNPq) e Gímnica: formação, intervenção e escola

(UEM/CNPq). Suas pesquisas voltam-se para os estudos socioculturais e pedagógicos em Educação Física a partir do viés das ciências humanas e sociais. É árbitra internacional de Ginástica Rítmica há 12 anos e atuou como técnica desta modalidade durante 15 anos.

Laurita Marconi Schiavon

Doutora, mestre e licenciada em Educação FEF/Unicamp. É membro do Grupo de Pesquisa em Ginástica Geral e em Pedagogia do Esporte, ambos da FEF/Unicamp. Atualmente, é docente da Universidade São Judas Tadeu (USJT) e das Faculdades Integradas Metropolitanas de Campinas (Metrocamp), atuando, também, como diretora do Grupo Imagynação de Ginástica e como técnica de Ginástica Artística do Clube Campineiro de Regatas e Natação (Campinas – SP).

Márcia Regina Aversani Lourenço

Mestre em Educação Física pela Unimep, pós-graduada em Ginástica Rítmica e graduada em Educação Física pela Unopar (Universidade Norte do Paraná). É árbitra internacional de Ginástica Rítmica (FIG), coordenadora do curso de Educação Física e da pós-graduação em Ginástica Rítmica da Unopar e líder do Grupo de Pesquisa em Ginástica Rítmica (Unopar/CNPq).

Maria Luiza de Jesus Miranda

Doutora em Psicologia pela USP, mestre e graduada em Educação Física pela Escola de Educação Física e Esporte da USP (EEFE-USP). É docente dos cursos de graduação e pós-graduação (*stricto sensu*) em Educação Física da Universidade São Judas Tadeu (USJT). Na Ginástica Rítmica, foi árbitra da FPG e participou de diversos cursos de capacitação e atualização. No campo da Dança, foi integrante e assistente de Edson Claro no Grupo Casaforte e aluna de Ruth Rachou. Fez, ainda, inúmeros cursos de Dança Moderna em São Paulo e nos *Studios* de Zina Rommet e Alvin Ailey, em Nova Iorque.

Maria Teresa Bragagnolo Martins

Mestre em Educação pela Unisal, especialista em Treinamento Desportivo/Ginástica Rítmica – iniciação pela Fefisa – e licenciada em Educação Física. É vice-presidente da Sociedade Brasileira de Ginástica Geral, ex-ginásta e técnica de Ginástica Rítmica e ex-membro do Comitê de Ginástica Geral e Ginástica Rítmica da Federação Paulista de Ginástica. Atualmente, é docente da Fefisa.

Marilene Cesário

Doutora em Educação pela UFSCar (2008), mestre em Educação pela Universidade Federal de Pernambuco (2001), especialista em Ginástica de Academia e graduação em Educação Física pela Unopar. Atualmente, é professora adjunta da UEL e integrante do Laboratório de Pesquisas em Educação Física (LaPEF), desenvolvendo estudos relacionados ao currículo e à formação de professores em Educação Física e Ginástica.

Marília Velardi

Doutora em Pedagogia do Movimento e mestre em Educação Física pela FEF/Unicamp, especialista em Dança e Educação Física pela Unifec e licenciada em Educação Física pela Osec. No campo da Dança, foi aluna de Ana Morena, Helena Bastos, Edson Claro e Ruth Rachou, e, na Ginástica Rítmica, atuou como professora e preparadora corporal de caontores e atores do Núcleo Universitário de Ópera. É líder do Ecoar – Grupo de Estudo em Corpo & Arte e do Grepes – Grupo de Estudo e

Pesquisa Sênior. Realiza formação como instrutora do Método Feldenkrais sob orientação de Márcia Rebellato.

Silvia Deutsch

Livre-docente em Ginástica Rítmica pelo Instituto de Biociências da Unesp de Rio Claro, doutora em Psicologia pelo Instituto de Psicologia da USP, mestre em Educação Física pela Escola de Educação Física da USP e licenciada em Educação Física pela Fefisa. É ex-ginasta de Ginástica Rítmica. Atualmente, é docente do Departamento de Educação Física da Unesp de Rio Claro e coordena grupos e atividades de extensão na área da Ginástica Rítmica nessa universidade.

Simoni Gallis Valente

Mestre em Pedagogia do Movimento pela Unimep, pós-graduada em Ginástica Rítmica e graduada em Educação Física pela Unopar. Foi preparadora física e auxiliar técnica da Seleção Brasileira de Ginástica Rítmica de 2000, participando de vários campeonatos internacionais, membro da comissão técnica da Seleção Brasileira de Ginástica e ex-docente da Uniguaçu, na área da GR, técnica da Seleção Curitibana de Ginástica Rítmica, árbitra nacional de Ginástica Rítmica, diretora técnica responsável da equipe principal e coordenadora das escolinhas da AGINARC (Associação Curitibana de Ginástica Rítmica). Atualmente, é membro da comissão técnica da Seleção Brasileira permanente de Ginástica Rítmica (2009-2012).

Sissi Aparecida Martins Pereira

Doutora em Educação Física e mestre em Ciência da Motricidade Humana pela UGF (RJ), pós-graduada em Ginástica Rítmica pela UCB (RJ) e licenciada em Educação Física pela Esefic (SP). É professora de Ginástica Rítmica e coordenadora do curso de Educação Física da UFRRJ, pesquisadora do CNPq e da Faperj e líder do grupo de pesquisa Pedagogia da Educação Física e do Esporte, cadastrado no diretório de grupos do CNPq.

Thais Franco Bueno

Mestre em Educação Física pela Unicamp (Área de Concentração em Educação Motora), especializada em Técnico Desportivo em Ginástica Artística pela USP e graduada em Educação Física pela Esef – Jundiaí. É ex-técnica da Seleção Brasileira de Ginástica Rítmica e ex-professora universitária na área da Ginástica (FAM, Unipinhal). Atualmente, é técnica da Equipe de Ginástica Rítmica do Clube Campineiro de Regatas e Natação e da seleção de Ginástica Rítmica da Cidade de Campinas. Atua, também, como professora do Colégio Sagrado Coração de Jesus, em Campinas. Árbrita nacional de Ginástica Rítmica.

Vilma Lení Nista-Piccolo

Doutora e mestre em Psicologia Educacional pela Unicamp e graduada em Educação Física pela PUC-Campinas. Foi professora da FEF/Unicamp, onde desenvolveu vários projetos de pesquisa e de extensão, criou diferentes grupos de estudo e foi chefe do Departamento de Educação Motora. Atualmente, é professora titular da USJT, onde coordena o Programa de Pós-Graduação *Stricto Sensu* em Educação Física. Tem experiência na área de Educação Física Escolar, mas fez sua trajetória na área de Ginástica, tema sobre o qual apresenta diversas publicações e orientações. Desde 2000, quando estudou na Universidade de Harvard, tem se dedicado aos estudos da Inteligência Corporal Cinestésica.

Prefácio

A Ginástica Rítmica é uma modalidade jovem e fascinante. Influenciou minhas escolhas profissionais logo no meu primeiro contato, ainda acadêmica da antiga Escola de Educação Física do Estado de São Paulo, atual USP. Ao longo dos anos, esteve sempre presente em minha vida como técnica, árbitra, professora universitária e, nos últimos 16 anos, como membro e vice-presidente do Comitê Técnico de Ginástica Rítmica da Federação Internacional de Ginástica. Pude acompanhar de perto o crescimento desse esporte e colaborar diretamente para seu desenvolvimento em todo o Continente Americano e principalmente no Brasil.

Confesso que, como as autoras, também sou apaixonada pela Ginástica Rítmica, e a paixão deve ser alimentada sempre. Os conhecimentos científicos apresentados nesta obra têm a missão de contribuir para o processo de crescimento da modalidade, promovendo discussões conceituais, bem como a aplicabilidade nas diversas áreas.

Como diz o título do livro, organizado pelas professoras Elizabeth Paoliello e Eliana de Toledo, são possibilidades em Ginástica Rítmica que encontramos, de forma tão gratificante, nas páginas a seguir. São possibilidades de imaginação, construção, compreensão, desenvolvimento e intervenção, além de uma visão pluralista de profissionais da Ginástica de diferentes escolas e com diferentes vivências, entre as quais me orgulho de encontrar ex-alunas e ex-ginastas.

Por fim, parabenizo a todas as autoras, destacando a importância dos temas abordados e desejando que as possibilidades apresentadas sirvam de inspiração aos profissionais da área e aos demais apaixonados pela Ginástica Rítmica.

Elisabeth Bueno Laffranchi
Reitora da Universidade Norte do Paraná – Unopar

Apresentação

Este livro tem o grande mérito de reunir expoentes da Ginástica Rítmica Brasileira (GR) que, ao longo de muitos anos de atividades como técnicas, árbitras, professoras universitárias e pesquisadoras, têm contribuído para desenvolver esse esporte, ampliando a quantidade e a qualidade de adeptas à prática em diferentes contextos, assim como fazem com suas respectivas publicações.

Essa modalidade feminina que encanta a quem assiste, apaixona a quem pratica e mobiliza a quem a ela se dedica profissionalmente teve início no Brasil na metade do século passado e, desde então, tem crescido e se destacado, principalmente nos últimos anos, como uma prática possível a diferentes perfis de público, assim como um dos esportes que traz medalhas em eventos internacionais e forma ídolos para as gerações mais novas.

A iniciativa de organizar este livro, reunindo temas variados que compõem o amplo universo da GR, surge da necessidade de oferecer subsídios e informações relevantes aos profissionais que atuam na área, aproximando professores, técnicos e acadêmicos e suas respectivas experiências e estudos. Pretende, também, ampliar as possibilidades de acesso a referências atualizadas e a propostas diferenciadas nos cursos de graduação e pós-graduação em Educação Física.

Para atender a essa necessidade da área, optou-se por convidar profissionais com diferentes vivências, propostas e estudos para compor esta obra. Algumas foram agentes e/ou estudaram a história desta prática no Brasil, auxiliando-nos a compreender de que forma se deu seu processo de crescimento e transformação, assim como nos instrumentalizando para melhor analisar a atualidade. A maioria delas faz parte do ambiente acadêmico, desenvolve estudos e pesquisas sobre a GR e já atuou, ou ainda atua, na área técnica esportiva (dentro e fora do país), tendo, portanto, suas publicações voltadas a ambos os públicos.

A obra aborda temas relacionados a questões históricas, pedagógicas, técnicas e artísticas da GR, mostrando suas diferentes concepções e propostas ao longo do tempo e seus respectivos autores e personagens. Mostra-se a importância da Dança e do Balé Clássico na formação corporal da ginasta, tema tratado com base em experiências intensamente vividas junto a equipes de competição, e uma análise sobre o Código de Pontuação, caminho em constante mudança a ser seguido, trazendo uma interessante reflexão ao leitor. Aponta-se o desenvolvimento estrutural da prática em determinadas regiões, evidenciando-se as estratégias utilizadas para tal e que podem ser utilizadas (de maneira fiel ou ressignificada) em outras regiões. Convida-se o leitor a uma reflexão estética sobre a GR, assim como em relação às questões de gênero nela historicamente incutidas, mas prontas para serem desmitificadas. Apresentam-se propostas para sua prática no ensino formal (escolas e universidades) e no não formal (clubes, associações, escolinhas de esportes, extensão universitária etc.), que certamente servirão de base e inspiração para projetos em andamento, ou a serem oferecidos no futuro.

Assim, este trabalho pretende preencher uma lacuna existente na área de conhecimento da Ginástica, oferecendo uma publicação específica de GR que possa subsidiar diferentes pesquisas, trabalhos e saberes, contribuindo, desta forma, para a formação do graduando e do profissional (formação continuada) da área da Ginástica, da GR e de outras áreas afins.

É uma publicação cujo diferencial reside justamente em ser um espaço privilegiado para a divulgação de experiências e pesquisas acadêmicas, propostas e reflexões de grandes nomes da GR no Brasil, fornecendo ao leitor acesso a informações de diferentes naturezas.

Sem dúvida, é uma obra que objetiva mostrar algumas das inúmeras possibilidades de concepção e aplicação dessa dinâmica, fruída e bela manifestação que é a Ginástica Rítmica.

Sumário

1 – Estética e beleza na Ginástica Rítmica, 19
   Eliana de Toledo

2 – Revivendo o meu encontro com a Ginástica Rítmica, 45
   Geísa Bernardes

3 – Diferentes caminhos da Ginástica Rítmica na cidade: ecos de sua história em Campinas, 73
   Giovanna Regina Sarôa

4 – O inconstante Código de Pontuação da Ginástica Rítmica, 111
   Márcia Regina Aversani Lourenço

5 – A importância do Balé Clássico na formação e no desenvolvimento da Ginástica Rítmica, 143
   Simoni Gallis Valente Ribeiro

6 – A Dança Moderna na preparação técnica e artística em Ginástica Rítmica, 185
   Marília Velardi
   Maria Luiza de Jesus Miranda

7 – Ginástica Rítmica. Exercício de conjunto: cinco ginastas, um só corpo, 219
   Thais Franco Bueno

8 – Um panorama da Ginástica Rítmica no Paraná, 237
Adriana Maria Wan Stadnik

9 – Estratégias de ensino na Ginástica Rítmica, 269
Cynthia C. Pasqua M. Tibeau

10 – Ginástica Rítmica: da compreensão de sua prática na realidade escolar à busca de possibilidades de intervenção, 295
Ieda Parra Barbosa-Rinaldi
Marilene Cesário

11 – Imagynação: uma experiência de projeto extracurricular de Ginástica Rítmica, 325
Laurita Marconi Schiavon
Vilma Lení Nista-Piccolo

12 – Propostas para o desenvolvimento de projetos com Ginástica Rítmica, 351
Silvia Deutsch

13 – A Ginástica Rítmica no ambiente universitário, 373
Ehrengard Herta Haide Nassif
Maria Teresa Bragagnolo Martins

14 – Ginástica Rítmica só para mulheres?, 399
Sissi Aparecida Martins Pereira

1

Estética e beleza na Ginástica Rítmica

Eliana de Toledo

Os termos *estética* e *beleza* foram, e ainda são, de difícil conceituação, principalmente porque ambos possuem características universais, mas, também, particulares, de acordo com cada indivíduo, cada cultura, cada forma de sentir e ver o mundo. Muitos linguistas, antropólogos, artistas e principalmente filósofos debruçam-se, ao longo da história, para melhor compreender e expressar essas manifestações.

O objetivo deste texto não é explicitar ou conceituar esses termos, mas analisar como eles estão presentes na Ginástica Rítmica (GR), desde sua origem até os dias atuais, mostrando suas diferentes concepções e facetas; uma interessante reflexão para se ter como técnica, professora, pesquisadora e árbitra, no intuito de melhor compreender a transformação desta prática e de que modo nós, como agentes do processo, estamos colaborando, ou não, para divulgar, reforçar ou mudar essas concepções.

A Ginástica Rítmica nasce estética e bela

A GR nasce vinculada à estética e à beleza. Segundo Langlade e Langlade (1970) a modalidade foi oriunda de diferentes processos de influência da música e da dança na Ginástica Sueca (método sueco de Ginástica). Esse método, assim como outros métodos e práticas de Ginástica desenvolvidos na Europa, no período do Renascimento, inspiram-se na concepção de Ginástica elaborada e praticada na Grécia, que tinha seu conteúdo básico "definido a partir de parâmetros formulados pela cultura grega, que a compreendia ligada à ideia de saúde, beleza e força" (Soares, 1998, p. 21).

O aspecto da beleza, em princípio, é herdado da Ginástica Grega, sendo, portanto, mantido relacionado à concepção da Ginástica Europeia no período Renascentista. Dependendo do método, esse objetivo era prioritário ou não, ou caracterizava-se como uma consequência esperada de sua prática.

O aspecto estético será claramente relacionado ao método sueco por seu criador, Per Henrik Ling.

> Ling classificou a Ginástica Sueca em quatro classes distintas: a pedagógica higiênica, a militar, a médica e a estética, subordinando todas ao acento pedagógico. O objetivo central de Ling era submeter o corpo à vontade, assim a ginástica militar propunha o aprendizado do manejo das armas, a médica tratar defeitos e malformações, já a estética tentava o alcance da unidade psicofísica. (Pelegrini e Martineli, 2007, p. 130)

Embora com suas particularidades, todas as quatro classificações possuíam um eixo norteador para o alcance de seus ojetivos específicos: a questão pedagógica. Essa questão refere-se fundamentalmente a um trato do homem em movimento numa visão mais ampla, que não se preocupa apenas com o movimento funcional (mecânico) mas, também, com o desejo e a vontade, que estão implícitos neste movimento do homem que sente, tornando o movimento intencional.

Nessas classificações propostas por Ling, a ginástica estética aparece como uma prática que não se mune completamente de uma visão dicotômica do homem, ou seja, em que não se reforça a divisão entre corpo e alma, movimento e sentimento, e que, portanto, não prioriza tanto a eficácia do gesto e a disciplina do corpo quanto nas demais manifestações do método sueco, assim como nos demais métodos europeus de ginástica.

> Ling distingue dentro da clasificación que fai da ximnasia a "Ximnasia estética" que pode ser considerada como unha "ximnasia de expresión estética que tende a racionalizar unha fusión corpo e alma, unindo sensación e sentimento co movemento do corpo". (Miglietta Ruffa, 1982, apud Bobo e Sierra, 1998, p. 22)

Infelizmente, segundo Bodo-Schmid (1985, p. 8), Ling *"no cultivó nunca la gimnasia estética, que debía ser desarrollada posteriormente por otros educadores"*.

Talvez em virtude desse fator, a Ginástica Estética[1] tenha se desenvolvido de maneira mais lenta, tendo se tornado "porosa", podendo ser facilmente permeada por outras influências, sem perder sua essência. E foi justamente o que ocorreu. Ela ficou suscetível aos movimentos que iam ao encontro desta essência, principalmente na área artística, como é o caso da dança e da música, que tinham em comum essa abordagem estética e sensível do homem em movimento. Estas influências fizeram que ela abrisse possibilidades para uma nova prática, a GR. Algumas das influências que permearam a Ginástica Estética foram:

> El sistema Delsarte aportó dos cualidades nuevas en los movimientos de la gimnasia: la belleza y el carácter expresivo. [...] Bode se inspiró también en las ideas de Pestalozzi, que pensaba que los movimientos libres y naturales desarrollan toda la persona y consideraba que la gimnasia rítmica es como un

---

[1] A Ginástica Estética também evoluiu e é desenvolvida atualmente principalmente na Escandinávia, tendo sido divulgada no Brasil de maneira tímida e pouco pulverizada. Destaca-se a vinda do grupo finlandês *Aesthetic Group Gymnastics*, do Gymnastics Club Vantaa, que se apresentou e ministrou oficinas no III Fórum Internacional de Ginástica Geral (2003). Tomou maior força e estruturação no país com a abertura da Confederação Brasileira de Ginástica Estética (CBGE), em 2009. A partir da análise de suas apresentações e de seu código de pontuação, fica evidente a relação que possui com a GR.

arte de la expresión natural del hombre entero: cuerpo, espíritu y alma. [...]

Medau (discípulo de Dalcroze) *ha insistido en un movimiento natural, utilizando todo el cuerpo, convencido de que la gimnasia rítmica puede agudizar los sentimientos de alegría y de belleza en los movimientos.* (Bodo-Schmid, 1985, p. 9) (grifo nosso)

Essa citação mostra claramente os grandes autores responsáveis por essa transformação, assim como a forma como a GR foi sendo constituída com os atributos da beleza. A GR vai gradativamente se estruturando como prática gímnica a serviço da arte, da expressão e da fluência dos movimentos. A Figura 1.1 auxilia a visualização e a compreensão deste processo.

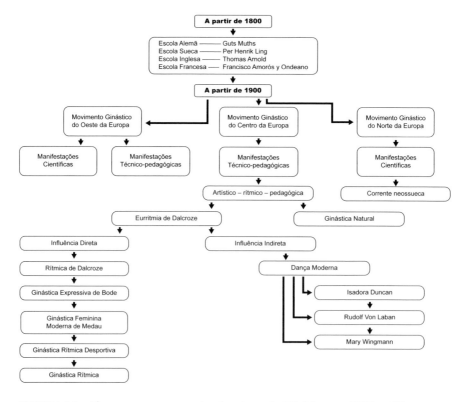

FIGURA 1.1 – Fluxograma representativo da origem da GR (Navarro, 2005, p. 54).

Até o momento, é possível compreender que a estética está vinculada à GR, desde sua origem, relacionada a uma concepção de expressividade, busca e mostra de um movimento com intencionalidade e sentimento, somente possível por um praticante sensível a si e ao mundo, em estado pleno de entrega em sua vivência corporal.

A concepção de beleza aparece de maneira clara, mencionada como uma característica herdada da Ginástica Grega e, também, como consequência da fruição do movimento intencional (questão estética) nos referenciais de outros autores que sucederam Ling e que constituíram a GR. Sua presença é marcante. A GR se desenvolve e se estrutura sobre e com este alicerce, a beleza.

Essas são algumas informações históricas que nos ajudam a compreender a relação intrínseca entre beleza, estética e GR, desde sua origem. Essa relação permanece até o século XXI, no entanto, com algumas particularidades, norteadas por sua regulamentação, por modificações e contexto histórico-social.

A beleza e a norma

Conforme acompanhamos anteriormente, a GR, em sua origem, não possuía um caráter competitivo, assim como os demais métodos europeus de ginástica, mas de prática de atividade física sistematizada, visando não à comparação de performance, mas ao condicionamento, à disciplina e à estética do corpo, entre outros objetivos.

Segundo vários autores, entre eles Langlade e Langlade (1970) e Bobo e Sierra (1998), a GR começa a ter um caráter competitivo quando a apresentação com maças torna-se uma das provas da Ginástica masculina, em 1904, nos Jogos Olímpicos de Saint-Louis.[2] Em 1920, iniciam-se as competições femininas de Ginástica pela Federação Internacional de Ginástica (FIG) e, em 1936, a Ginástica feminina (posteriormente denominada Ginástica Olímpica), agrega, entre outras provas, apresentações de solo com música e aparelhos portáteis.

---

[2] Interessante mencionar que a série com maças já existia na prática da Ginástica Olímpica como uma prova do sexo masculino. Um ano após essa separação, em 1973, a Ginástica Moderna agrega à sua prática a prova com maças para o sexo feminino, segundo orientação da FIG.

> *Después de los Juegos Olímpicos de 1956, la francesa Berthe Villancher, la húngara Valérie Nagy Herpich, y otras dirigentes de la gimnasia femenina, se convencieron de que esta modalidad de gimnasia era muy importante e debía fomentarse para constituir un deporte de competición reconocido mundialmente. La gimnasia rítmica deportiva apareció como deporte de competición femenina independiente en Rusia, a principios de los años 50. Este nuevo deporte, que desarrolla l agracia, la seguridad y la feminidad en la que lo practica, adquirió popularidad en los países de la Europa del Este, donde se la denomina "gimnasia artística", porque se le considera como un arte de expresión personal por medio de los movimientos.* (Bodo-Schmid, 1985, p. 11)

Estes acontecimentos marcam o início da trajetória histórica da GR como esporte, por duas questões. A primeira, porque ela vai surgir a partir da manifestação de um grupo de dirigentes femininas, especificamente na Rússia, e não por uma orientação da FIG, nem em sua cidade-sede. A outra questão, pouco mencionada na literatura, é que o esporte nasce, de maneira independente, com a denominação *Ginástica Artística*, justamente por ser considerada uma arte, assim como as outras manifestações que a influenciam, como a dança e a música.

Apesar disso, é somente em 1962 que a FIG oficialmente constitui uma outra modalidade gímnica feminina, denominando-a de Ginástica Moderna (GM), que recebe uma regulamentação específica em âmbito mundial e tem como base as provas individuais e coletivas, com música e com ou sem aparelhos portáteis. O caráter rítmico (influência de Dalcroze) da relação música--movimento e da expressividade se destaca nesta prática e, em 1972, a FIG denomina esta modalidade como Ginástica Rítmica Moderna (GRM), para, em seguida, em 1975, denominá-la Ginástica Rítmica Desportiva (GRD). Esta última mudança de nomenclatura, num curto espaço de tempo, talvez tenha ocorrido para distinguir a prática da GRM, também vivida no ambiente das associações, dos clubes e das academias (de maneira crescente nesse período) com caráter de condicionamento e estética, da GR com objetivo de competição (concebida como esporte). Embora a denominação *artística* não tenha sido utilizada pela FIG, de certa maneira respeitou-se uma trajetória histórica da prática (ainda não competitiva), assim como sua essência, no que concerne à expressividade do movimento e à sua relação com a música.

Após 25 anos sem mudança de nomenclatura, a FIG denomina, em 2000, a GRD de GR, e, talvez, um dos fatores que contribuíram para isso é que, na entrada do século XXI, não havia a necessidade da classificação *desportiva*, uma vez que a prática da GR (especificamente com esta denominação) no ambiente da academia não mais existia, não havendo, portanto, uma possível confusão terminológica. Ou seja, a GR, na atualidade, somente se refere à GR de competição (regulamentada pela FIG), pois, na área da Ginástica de academia, outras denominações surgiram e "tomaram conta" das grades horárias, como a aeróbica, localizada, *step*, entre outras.

Desde sua origem como esporte, em sua regulamentação, nunca se perdeu esse caráter estético e artístico da GR, sendo sempre avaliado pelas árbitras e, portanto, exigido das ginastas e presente nos treinamentos. Assim, encontrar indicativos sobre beleza e estética na GR passou a ser um procedimento de análise de sua prática esportiva, de sua regulamentação (Código de Pontuação), especificamente no valor artístico.

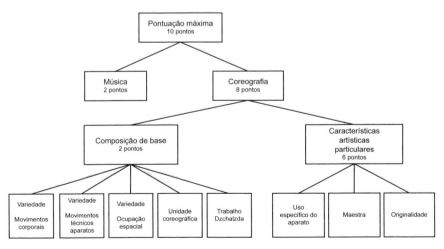

FIGURA 1.2 – Componentes e indicadores do valor artístico em GR (Adaptado de FIG, 2001 a 2003, apud Pereira e Vidal, 2006, p. 151).

Na Figura 1.2, é possível notar que as concepções de estética e beleza estão implícitas no caráter avaliativo.

A palavra *estética* não aparece, mas está inserida, nessa avaliação de maneira indireta, ao exigir-se da ginasta, por exemplo, a relação música–movimento. Ela somente existe se a ginasta representa cenicamente o que a música deseja expressar, seja por seu arranjo musical, seja por seu tema (obra de Balé Clássico, musical, filme, tradição de um país etc.), ou se a ginasta dá à música uma interpretação própria e singular.

O aspecto estético também aparece ou está presente ao exigir-se a variedade de movimentos corporais e dos aparelhos, mostrando a versatilidade e a habilidade da ginasta, bem como evita a repetição de movimentos ou a presença de pouca variedade.

Também pode referir-se à unidade coreográfica, uma vez que, nesse quesito avaliativo, exige-se que a ginasta não tenha movimentos mecânicos, de forma isolada ou combinada, sempre harmonicamente ligados entre si e à música.

Já o aspecto referente à beleza parece estar presente em outros aspectos dessa avaliação, bem como num caráter mais amplo, referente à combinação dos diferentes critérios da avaliação exigidos pelo Código. Algumas citações poderão nos esclarecer nessa percepção.

> Capítulo 1: *A beleza é exigente*
>
> E muito. Por ela se luta; duramente, defendêmo-la das acomodações da mediocridade. Beleza é revolução, explosão de talento, dolorosa busca. Quanto a mim, quantas noites de insônia! Muitos dias tormentosos para uma só idéia, um só movimento, uma tão pequena, imperceptível pérola que dá a sensação de que tudo em nós se rejubila. E descubro essa jóia. Ninguém pode repeti-lo, ninguém pode revê-la. É somente minha esta pérola de beleza. Logo em seguida, a dúvida sufocante: Será que a distinguirão? Será rejeitada? Logo após, a profunda convicção de que notarão, até ser conhecida. Os juízes talvez a recusem; as outras treinadoras talvez estejam distraídas nesse momento e não a

notem; o público, porém, a distinguirá com justa avaliação.
(Róbeva e Rankélova, 1991, p. 17)

No texto das referidas autoras, a beleza aparece como sinônimo de algo surpreendente e original, realizado com precisão e talento; uma beleza que se cria, que se executa e que é apreciada. As autoras reforçam essa concepção de beleza ao finalizarem seu livro, vinculada principalmente à criatividade e à ousadia, e ainda ressaltam outro aspecto relacionado a ela: o extremo esforço necessário para obtê-la, por parte de técnicas e ginastas.

Contamos muita coisa sobre nosso ginásio. Esperamos que as futuras treinadoras aceitem que a beleza é exigente, sobretudo, a de nosso esporte. Nada vem de graça. Mas o trabalho é premiado. Gostaria de aconselhar às novas treinadoras quanto à constante busca do novo, do que é diferente nos movimentos. Guardar-se do plágio, prejudicial ao trabalho alheio. Buscar o novo. Não se assustar com o trabalho...
(Róbeva e Rankélova, 1991, p. 332)

No Código de Pontuação da GR, especificamente no valor artístico, a exigência que mais se aproxima dessa concepção de beleza destacada por essas renomadas treinadoras refere-se à maestria (domínio dos elementos corporais e de manejo de aparelhos), pois é dada somente à ginasta que mostra total habilidade no esporte, cometendo pouquíssimas faltas, e essa exigência também pode referir-se à originalidade, ou seja, à criatividade da ginasta ao elaborar movimentos novos de maneira isolada (elemento corporal ou de manejo) ou combinada (elementos corporais entre si, de manejo entre si e de elementos corporais com os de manejo).

Para Lisitskaya (1995, p. 16), o caráter estético está relacionado à técnica esportiva e à perfeição na execução dos movimentos, constituindo-se uma característica fundamental da GR. Ela ainda ressalta que a ênfase a esse princípio estético pode ser uma tendência no desenvolvimento da modalidade.

> *En el actual desarrollo de la gimnasia rítmica aumenta el papel del componente estético. Podemos considerar el principio estético de la gimnasia rítmica no sólo como un elemento complementario, sino un elemento básico de la estructura de dicha disciplina que incide directamente en la formación del resultado deportivo. La técnica deportiva y perfección constituyen, en grado considerable, la realización del programa estético. El valor estético de los movimientos tiene que ser el objeto de especial preocupación por parte del entrenador y la deportista.*

A norma, a exigência técnica definida pelo Código, pode trazer a beleza de uma apresentação de GR e tornar estético o que se realiza, mas como é difícil normatizar o belo e o estético...

O valor artístico é considerado por muitas árbitras[3] como a avaliação mais difícil de se arbitrar, porém a mais deliciosa. E a explicação é muito simples: é difícil valorar aquilo que está no campo do sensível, da arte, aquilo que está fluído na coreografia, mas é muito gostoso permitir-se entrar nesta fluidez e apreciar o belo. O Código de Pontuação dá parâmetros para que essa avaliação possa ser a mais objetiva possível, no entanto, é a avaliação que possibilita maior diferença de notas entre as árbitras. Isso é compreensível se pensarmos que as árbitras são pessoas que decoram as normas, estão em contato direto com a modalidade (pois a maioria é, também, técnica) e possuem experiência em arbitrar, o que amplia seu repertório avaliativo e refina seus parâmetros e sua atribuição de notas. Entretanto, essas mesmas árbitras são sensíveis, possuem uma cultura, uma forma de ver e perceber o mundo, o movimento em expressão; possuem suas concepções de beleza e estética, suas preferências, que, nem sempre, conseguem ser anuladas pelas normas e que escapam pelas brechas permitidas pelo sistema avaliativo.

> *Si a esto se agrega la subjetividad intencional y la no intencional, la falta de controles in situ en las competiciones o la tendencia del evento, vamos a poder apreciar que de una competición a otra en un breve lapso de tiempo con similar per-*

---
[3] Essa afirmação é possível em virtude da vivência da autora como técnica e árbitra de GR.

formance la nota obtenida por una misma gimnasta es evidentemente diferente. Debemos recordar que muchos países deciden la participación de su equipo a un evento en base a resultados de instancias anteriores preparatorias y todas estas particularidades podría dar información equívoca.

La Gimnasia Rítmica es un deporte en permanente evolución y crecimiento, pero muchos de los aspectos y problemáticas del juzgamiento ponen en peligro la continuidad de esta disciplina como deporte olímpico en tanto los resultados no sean el reflejo de lo que sucede en el tapiz. (Márquez, 2007)

Se, por um lado, o valor artístico é a parte do código que parece mais favorecer a estética e a beleza da GR, por outro, o valor técnico parece ser a parte que pode sufocá-las. A crescente exigência da quantidade e da complexidade dos movimentos corporais e de manejo faz que a ginasta (e suas treinadoras) preocupe-se em cumprir com todas as exigências técnicas, colocando em segundo plano as artísticas (de menor valor). Daisy Barros,[4] uma das primeiras árbitras do Brasil, comentou sobre isso num evento científico da área (SIGARC): "Hoje, a GR no tablado parece uma corrida do gato atrás do rato, da ginasta atrás do aparelho... Cada vez mais a GR distancia-se da arte".

Sua regulamentação, entretanto, determinada pelo Código de Pontuação Internacional de Ginástica, tem sido muitas vezes responsável pelo "esquecimento" desses fatores (*dimensões de Le Camus*) que a diferenciam de outras modalidades esportivas, especialmente em relação às possibilidades de interpretação, de manifestação natural e fluente pelo movimento corporal, pela manipulação dos materiais e pelo acompanhamento musical. (Velardi, 1998, p. 23) (grifo nosso)

---

[4] Esse depoimento foi dado pela autora em palestra no Seminário Internacional de Ginástica Artística e Rítmica de Competição (SIGARC), em julho de 2007, no SESC Rio. Essa palestra foi gravada, assim como todo o evento, e está disponível para consulta na sala do Grupo de Pesquisa em Ginástica da FEF/Unicamp.

É fundamental que a modalidade evolua em ambas as características: técnicas e artísticas, mesmo porque elas estão em constante diálogo e associadas, na coreografia, constituindo-se a base da modalidade. Ao mesmo tempo em que podem ser exigidos elementos mais complexos, pode-se exigir maior expressividade, fluência, ritmo e harmonia nas composições, mas essas exigências devem ser solicitadas de maneira equilibrada para que a GR não perca sua essência como esporte e arte, pois, talvez, sua beleza resida justamente nessa harmoniosa combinação.

> É difícil determinar quais os limites desta modalidade esportiva que se fundamenta na *expressividade artística*. Em seu lado arte, a ginástica rítmica é conceituada como *busca do belo*, uma explosão de talento e criatividade, em que a expressão corporal e o virtuosismo técnico se desenvolvem juntos, formando um conjunto harmonioso de movimento e ritmo. (Laffranchi, 2001, p. 3) (grifo nosso)

Espetacular!

A GR tem um caráter artístico, e isso é uma unanimidade até aqui.

Desde sua origem e seu desenvolvimento como esporte, ao preocupar-se com a estética e a beleza dos movimentos e da composição coreográfica como um todo, tenta-se ressaltar aquilo que é particular no homem em expressão, foco da arte.

> Já a outra linha ginástica, conhecida como ginástica estética, ginástica rítmica ou ginástica de movimento, tem sua conceituação fundamentada na ideia da natureza de um movimento original, natural em sua vivacidade, supondo a abertura das fontes primárias da experiência, para as forças naturais, inconscientes, orgânicas, espontâneas. Para tanto, o ponto de partida é um movimento individual, original, autovivenciado, que deve ser alcança-

do ou resgatado. (Oro, 1995, apud Pelegrini e Martineli, 2007, p. 130)

> Essa linha rítmica procura a diferenciação do movimento corporal ginástico, em contraponto com o esportivo. Enquanto que nessa concepção ginástica do esporte o corpo aparece como instrumento a ser dominado, também se tenta o despertar pela natureza e educação da forma do movimento. (Pelegrini e Martineli, 2007, p. 130)

Atualmente, não só o Código de Pontuação da GR ressalta esse caráter artístico da modalidade, como, também, pesquisadores estudam a relação entre a GR e outras manifestações artísticas.

> *Además del reglamento técnico, numerosos expertos en la materia hacen hincapié en la importancia de desarrollar las habilidades creativas como parte del proceso de formación de técnicos y deportistas. Martinez (1997), en su tesis doctoral La Dimensión Artística de la Gimnasia Rítmica desvela el gran paralelismo entre las producciones artísticas más tradicionales y los ejercicios de gimnasia rítmica, llegando a la conclusión de que los procesos que acontecen durante la práctica de este deporte, pueden considerarse procesos artísticos por tres motivos: es actividad creativa, es actividad expresiva y es fuente de experiencias estéticas.* (Pereira e Vidal, 2006, p. 147)

A pesquisa de Martinez (1997) merece destaque por ser um dos poucos trabalhos científicos que tratam com profundidade da dimensão artística da GR, pois muitas são as publicações que abordam essa questão, mas raras são as que focam este tema como centro de seus estudos. Destaca-se também por oferecer subsídios teóricos para a afirmação de que a GR é uma modalidade pautada em processos artísticos, à medida que apresenta interessante paralelo com clássicas produções artísticas. O caráter artístico da GR aparece em muitos livros, ao abordarem-se seus aspectos históricos e suas características, e aparece pouco quando se aborda sobre sua iniciação, seu treinamento e os conteúdos que a compõem. É muito comum, em livros ou obras de caráter didático, a preocupação com o passo a passo do ensino dos elementos (corporais e de manejo), o que é muito louvável e salutar, no entanto, o ensino rítmico e a formação estética, quando aparecem, estão em menor destaque. As vivências folclóricas, as experiências estéticas (vividas ou observadas), o contato com outras obras artísticas (teatro, cinema, música, pintura etc.) e o estímulo à expressividade (vivências cênicas) e ao processo criativo (exemplos de propostas de atividades e experiências) são dificilmente mencionados como parte da formação artística das ginastas, independentemente do nível técnico (iniciação ou treinamento). Estes apontamentos da realidade foram apresentados não só para a reflexão do leitor, mas também para que sejam considerados como sugestões (propostas) de trabalho para os técnicos, como parte do processo de formação e treinamento das ginastas.

Cassagne (1990, apud Bobo e Sierra, 1998, p. 34) aborda a dimensão artística da modalidade da seguinte maneira:

> A dimensione artística que se demonstra simplesmente co pracer estético que lle proporciona ó expectador. Numa dimensión a ximnasia convértese nunha manifestación artística que, cumprindo os princípios da harmonia, procura expresar e comunicar emocións e ideas.

Para essa autora, a dimensão artística reside justamente ao se buscar e cumprir os princípios harmônicos da GR, entre eles a expressão e a comunicação de emoções e ideias. Ambas as autoras mencionadas possuem propostas muito semelhantes ao ressaltarem o caráter expressivo da GR e a originalidade (ato criativo e ideias) como alicerces dessa dimensão.

Le Camus (1982, apud Velardi, 1998, p. 22-3) afirma que a GR possui três dimensões: a motriz, a perceptiva e a simbólica. As duas últimas relacionam-se mais ao caráter artístico da modalidade, sendo a simbólica aquela responsável pelo caráter expressivo.

- a dimensão simbólica: relaciona-se à possibilidade de expressão inerente a todo movimento corporal, considerado único a cada execução. Além disso, relaciona-se ao desenvolvimento da expressão dos estados interiores ou à interpretação de uma ideia pela utilização do espaço geral e pessoal, da forma e da manipulação dos aparelhos. Relaciona-se também:

a) à expressividade natural, que se manifesta quanto menos os movimentos forem impostos externamente, refletindo a personalidade do executante;

b) à expressividade estética, relacionada à execução precisa da técnica corporal e da manipulação, refletida pelo bom posicionamento dos segmentos corporais durante as execuções (o movimento "limpo");

- à expressividade interpretativa, que se manifesta quando da interpretação de situações, ideias e estados interiores.

Le Camus comenta algo bem interessante, ainda presente no discurso de técnicas e árbitras. A série que não está "limpa", harmonicamente executada, seja na relação música-movimento, na interpretação da ginasta e/ou na execução dos movimentos (corporais e de manejo), não parece bela, nem estética, e, mais uma vez, as questões da expressividade, da interpretação e das ideias são mencionadas como componentes artísticos da modalidade.

Por essas características (apontadas por Le Camus), a GR é uma atividade sempre nova, diferente a cada composição, a cada exploração dos aspectos do tempo, espaço e forma, de seus princípios e de suas dimensões, possibilitando as mais variadas composições e interpretações. Há sempre uma atribuição de valores simbólicos ao movimento corporal, à manipulação dos aparelhos e à música, realimentada por cada uma delas, compondo sempre um novo conteúdo, inédito e criativo. (Velardi, 1998, p. 23) (grifo nosso)

Se a coreografia é a obra dessa arte, é a resultante de um processo criativo que foi elaborado pela ginasta e pela técnica, mostrado com toda expressividade e esplendor, então a GR nos apresenta seu espetáculo. Toda obra de arte é para o artista e o público; o homem se expressa para si e para o outro. Geralmente, todo artista tem enorme prazer em suas realizações artísticas e espera reconhecimento ou apreciação do público acerca daquilo que criou e tentou expressar. É assim nas artes plásticas, nas artes cênicas, na dança, na música e também será para a GR. Para muitas ginastas e técnicas, essa apreciação é algo inexplicável, necessário, consolador e motivador.

> Quando algo me angustia, tento recordar alguma imagem das pessoas que se sentiram comovidas e reconhecidas pela beleza que lhes apresentamos. Agradeço-lhes pelo apoio; sem elas, não resistiria a tantos anos de tensão e de luta para a glória. (Róbeva e Rankélova, 1991, p. 20)

Essa citação tem um tom de desabafo, de técnicas que relevam a importância dessa apreciação externa, mostrando dela precisar e se alimentar para continuar o árduo trabalho diário, em quatro paredes, de treino a treino, de ciclo a ciclo do código, de movimento a movimento, de sorrisos e lágrimas, de preparação e cuidado, para formar ginastas, ginastas campeãs. E quantas vezes já não ouvimos dizeres semelhantes de atores e artistas?

Aproveitando, ainda, essa citação, nota-se que a concepção de beleza está relacionada a algo de espetacular que foi apresentado, sendo este algo fruto de muito trabalho e dedicação. A beleza carrega o valor da conquista, da realização e do diferencial pela obra criada. A beleza também está condicionada ao olhar do outro; ela é bela por suas características, por seu processo criativo, pela vivência e satisfação de quem a criou, mas também se torna bela no encontro com o outro, que, ao apreciá-la, permite-se vivê-la, experimentá-la, saboreá-la e reconhecê-la.

> *La gimnasia rítmica ganó numerosos adeptos entre el público, aumentando el papel de esta disciplina en la educación física de la juventud y en la educación estética de los deportistas e espectadores.* (Lisitskaya, 1995, p. 11)

Essa apreciação do público é responsável, também, pelo aumento de admiradores e praticantes da modalidade, em diferentes contextos, além de permitir que o caráter educativo do esporte e, no caso, o caráter estético da GR possam ser difundidos.

Todas as autoras mencionadas são unânimes ao afirmar e justificar o caráter artístico da GR, que está justamente na expressividade e no ato criativo, na harmonia entre tudo que é mostrado ao público. É seu caráter único e espetacular, a cada apresentação, que lhe confere o estado da arte.

Mas, infelizmente, nem sempre é isso que acontece. É muito comum ouvirmos pessoas leigas na área da Ginástica (amigos, familiares etc.) dizerem que adoram assistir à GR na televisão (transmissão de Jogos Pan-Americanos e outros campeonatos, por exemplo) porque as ginastas realizam movimentos impressionantes; *é lindo o que elas fazem com o corpo e com os aparelhos; elas fazem malabarismos com o corpo junto com os aparelhos, e tudo parece tão fácil, quanto domínio! Como são habilidosas e flexíveis, que beleza!* É esse caráter de precisa habilidade, daquilo que é surpreendente da GR, que emociona, que impacta, como se estivéssemos num espetáculo. Ficamos atônitos, estarrecidos, assustados, em suspenso. Mas também ouvimos, ultimamente, comentários como: *Acho esta ginástica linda, mas cansa de assistir muito, porque elas fazem quase tudo igual.* Esse tipo de percepção parece ser cada vez mais recorrente, principalmente nas séries individuais. Talvez poucas ginastas sejam realmente expressivas ou "limpas"; talvez não saibam como interpretar a música e envolver o público com seu corpo em expressão a ela vinculada; talvez a quantidade de exigências técnicas (elementos corporais e de manejo) seja grande e muito previsível; talvez a criatividade seja pouca ou tenha pouco espaço nas séries. Qualquer um desses fatores poderia explicar este tipo de comentário, assim como, quando solucionados, poderiam saltar aos olhos, trazer esse caráter estético e belo ao público. Poderíamos, ainda, fazer mais suposições sobre o porquê desses tipos de depoimentos, mas o fato é que algo precisa ser mudado.

> *A ximnasia rítmica é unha actividade basicamente expresiva, propón unha linguaxe diferente, um xeito de comunicación non verbal que permite a través da acción corporal e do manexo do aparello interpretar personaxes, ideas, emocións, sentimentos... e facer partícipes os outros destas mensaxes.* (Bobo e Sierra, 1998, p. 3)

A dimensão artística da Ginástica Rítmica para todos

A visibilidade da GR cresceu, e isso ocorre no Brasil por diferentes motivos, principalmente por sua maior exibição na mídia em virtude das conquistas da Seleção Brasileira de Conjunto em campeonatos internacionais (iniciando pela conquista da medalha de ouro nos Jogos Pan-Americanos de Winnipeg). Essa visibilidade auxilia seu processo de disseminação em escolas e clubes, embora não pareça ser um fator determinante para sua prática nesses ambientes. Outros fatores colaboram para o desenvolvimento da GR, merecendo destaque a capacitação profissional,[5] pois, sem este importante agente, pouco poderá ser mudado em nossa realidade. Esse crescimento também parece ocorrer em outros países, como Portugal, segundo Lebre e Araújo (2006).

São crescentes os estudos sobre a GR no Brasil, embora tenham pouca visibilidade e divulgação. Poderíamos elencar grandes personagens responsáveis por este crescimento, como professoras universitárias, técnicas e árbitras, algumas delas autoras deste livro, mas merecem destaque as precur-

---

[5] Estudo desenvolvido por Toledo (2003) mostra como ainda é precário o conhecimento sobre a GR por parte dos professores de Educação Física. Outro estudo que aborda essa temática é o de Bittencourt et al. (2005), focando uma análise histórico-crítica do processo de formação de professores e de sua relação com a GR.

soras desta modalidade no país, como Ilona Peuker, Daisy Barros, Ingborg Krause e Elizabeth Laffranchi. Grande parte delas até hoje está comprometida com este crescimento, em âmbito nacional e internacional, e esforça-se para desenvolver e publicar estudos e propostas para sua aplicação na escola, no clube, na universidade etc.

Atreladas a este processo, ampliam-se e diferenciam-se sua vivência e sua apreciação estética.

Diferentes foram e são as percepções e as concepções de beleza e estética na GR. Algumas se encontram, outras se afastam, umas são menos valorizadas, outras permanecem, mas elas sempre estão presentes, para quem a ensina, a pratica ou a admira.

Essas concepções são, certamente, influenciadas por diferentes aspectos, como o desenvolvimento da ciência e da arte, a capacitação e a apreciação estética dos professores, mas talvez, principalmente, pelos aspectos culturais e pela influência da mídia.

Um exemplo sobre a influência da mídia na concepção de estética e beleza da GR é atentar-se aos pareceres dos comentaristas, especializados ou não, na transmissão de competições oficiais (geralmente internacionais) da modalidade. Comentários como *esta ginástica é linda, esta combinação é espetacular, as ginastas apresentam verdadeiros* shows e *que elegância elas têm em quadra* influenciam a apreciação estética do expectador.

Outro exemplo foi o anunciado pela imprensa escrita, em agosto de 2000, pela revista *Cláudia*, ao apresentar uma matéria sobre a equipe de GR campeã do Pan-Americano de Winnipeg (coordenada pela técnica Bárbara Laffranchi). A matéria já se inicia emblemática, intitulada A *ginástica da beleza*, e com a seguinte introdução (em destaque):

> Elas são campeãs pan-americanas e estão se preparando para representar o Brasil nas Olimpíadas de Sidney. Dentro e fora das quadras, as integrantes da equipe de ginástica rítmica são especialistas em manter o visual impecável, um desafio que a própria modalidade ajuda a vencer (Cláudia, 2000, p. 93)

No corpo da matéria, de quatro páginas, há uma detalhada explicação de como as características e exigências da modalidade auxiliam a ter "a fórmula de um corpo perfeito". Assim, a concepção de beleza, dessa vez, vincula-se à GR não só por sua trajetória e suas características historicamente construídas, mas também pela concepção de beleza imposta pela mídia, um padrão de corpo ideal (magro e forte) que é estabelecido culturalmente na atualidade, que vai ao encontro destas características. Esta relação entre a GR e o corpo belo é reforçada durante toda a matéria, não só nos dizeres já descritos, como em outros como: *leves e fortes; puro músculo: as ginastas têm apenas 6% de gordura no corpo, enquanto uma mulher comum apresenta 26%.*

A relação entre o desenvolvimento da Ginástica e os aspectos culturais já foi deflagrada por alguns estudiosos, dentro e fora do Brasil, entre os quais destacamos dois exemplos. Para Heins (1978), o desenvolvimento da GR na Europa teve estreita relação com a evolução social e a posição da mulher na sociedade, num período inicial da mudança de seu papel social. Já a autora Moreno (2003, p. 58), ao estudar a difusão da Ginástica Sueca no Rio de Janeiro, aponta o seu "não lugar" no corpo do homem fluminense.

> Na vida cotidiana do homem comum, no Rio de Janeiro, encontrava-se uma "alma" incompatível com os preceitos de uma Ginástica que idealizava e esquadrinhava os corpos, submetendo-os a uma prática que de tão racional, tão científica, tornara-se monótona. Uma Ginástica que, embebida pela tristeza, não falava ao corpo do homem fluminense – acostumado à alegria das danças, da roda de capoeira, das festas etc. Um povo que tinha, enfim, a alegria como motor de sua história e, portanto, também de suas práticas corporais.

A Ginástica pode ser compreendida como prática sensível, essencialmente disciplinadora ou de outras formas; tudo dependerá do tipo de Ginástica, de sua trajetória histórica, da comunidade em que se insere, da formação (pessoal e profissional) do professor, das características dos alunos, entre outros aspectos. Ou seja, tudo dependerá de como, onde e por quem for descrita, compreendida, ensinada, vivida e assimilada, e todos esses processos passam por "filtros" e, até mesmo, "choques" de cultura. Em virtude disso, as concepções de estética e beleza relacionadas à GR podem ser muito distintas, embora sua história e sua regulamentação já inscrevam nela estes preceitos.

> (Os homens) Diferenciam-se por meio dos arranjos de conhecimentos e valores, morais e estéticos, que definem suas culturas. Diferenciam-se nas marcas que realizam sobre seus corpos, nos modos de se pentear, pintar e vestir, tanto quanto nas formas de movimentar-se no espaço e nas avaliações sobre a beleza de uma dança, de um salto ou de uma corrida. [...] No contexto desta visão, os homens estão suspensos em redes particulares de pertencimentos. São esses pertencimentos, os traços culturais, os que fazem suas diferenças. Pertencimentos cognitivos ou sobre a verdade, éticos ou sobre o bem, e estéticos ou sobre o belo. Estamos assim diante do relativismo, uma ideia poderosa no mundo que nos cabe manter e modificar. (Lovisolo, 1997, p. 39) (grifo nosso)

Independentemente do contexto cultural, é fundamental que professores e técnicos atentem-se não só para a GR como uma prática que amplia o vocabulário motor, que condiciona o corpo, que mostra inúmeras possibilidades de movimento e de vivências, que possui em seus aparelhos objetos também utilizados na cultura infantil, que traz medalhas, entre outras justificativas, mas, também, que se preocupem e valorizem a dimensão artística desta prática, aspecto inerente a ela e tão importante na formação humana.

Muitas são as possibilidades de vivenciar e apreciar a GR e deixar-se inundar por suas inúmeras combinações, por sua harmonia, fluidez, criatividade, precisão, suavidade e ousadia, e, para cada um, seja uma criança na escola, uma ginasta de alto nível, um idoso num programa de atividades físicas, ou para qualquer expectador, isso será único, incomensurável, pois assim é a arte: ela ecoa em cada um de maneira diferente, e essa também é sua beleza.

Referências

A GINÁSTICA da beleza. **Revista Cláudia**, p. 93, ago. 2000.

BITTENCOURT, A. et al. A Ginástica Rítmica em uma perspectiva histórico-crítica: uma experiência no processo de formação inicial de professores de Educação Física. In: FÓRUM INTERNACIONAL DE GINÁSTICA GERAL, III, 2005, Campinas. **Anais**: Ginástica Geral: Os direitos do corpo. Campinas: SESC-SP e FEF-Unicamp, 2007. p. 88-91.

BOBO, M; SIERRA, E. **Ximnasia Rítmica Deportiva** – Adestramento e competición. Santiago de Compostela: Lea, 1998.

BODO-SCHIMID, A. **Gimnasia Rítmica Deportiva**. Barcelona: Hispano Europea, 1985.

HEINS, M. **Gimnasia rítmica deportiva para niñas**. Tradução: Rodolfo Castillo e Eberhard Rohwedder. La Habana. Cuba: Pueblo y Educación: 1978.

LAFFRANCHI, B. E. **Treinamento desportivo aplicado à Ginástica Rítmica**. Londrina: Unopar Editora, 2001.

LAFFRANCHI, B. E.; LOURENÇO, M. R. A. Ginástica Rítmica – da iniciação ao treinamento. In: GAIO, R.; BATISTA, J. C. F. (Org.). **A Ginástica em questão**. Ribeirão Preto: Tecmedd, 2006. cap. 9, p. 129-46.

LANGLADE, A.; LANGLADE, N. **Teoría General de la Gimnasia**. Buenos Aires: Stadium, 1970.

LEBRE, E.; ARAÚJO, C. **Manual de Ginástica Rítmica**. Porto – Portugal: Porto, 2006.

LISITSKAYA, T. **Gimnasia Rítmica**. Barcelona: Paidotribo, 1995. (Deporte e Entrenamento).

LOVISOLO, H. **Estética, Esporte e Educação Física**. Rio de Janeiro: Sprint, 1997.

MÁRQUEZ, M. S. Especialización de los jueces en la gimnasia rítmica: dificuldad, artístico, ejecución. Una tendencia? In: SEMINÁRIO INTERNACIONAL DE GINÁSTICA ARTÍSTICA E RÍTMICA DE COMPETIÇÃO, 2007, Rio de Janeiro. **Anais** – versão ampliada. Campinas: FEF-Unicamp e SESC-RIO, 2007.

MORENO, A. O Rio de Janeiro e o corpo do homem fluminense: o "não-lugar" da ginástica sueca. **Revista Brasileira de Ciências do Esporte**, Campinas: Colégio Brasileiro de Ciências do Esporte, Coedição: Autores Associados, v. 25, n. 1, p. 55-68, set. 2003.

NAVARRO, A. Ginástica Rítmica: uma abordagem histórica. **Revista Brasileira de Ciências da Saúde**, Publicação do Centro de Saúde IMES, Universidade Municipal de São Caetano do Sul, São Caetano do Sul: IMES, ano 3, n. 5, p. 54-8, jan./jul. 2005.

NÓRLAN, M. L. **Gimnasia Femenina**. 6. ed. Barcelona: Sintes, 1974.

PELEGRINI, T.; MARTINELI, T. A. P. As raízes gímnicas da Ginástica Rítmica: a necessidade de um resgate histórico. In: FÓRUM INTERNACIONAL DE GINÁSTICA GERAL, IV, 2007, Campinas. **Anais**: Ginástica Geral: identidades e práticas coletivas. Campinas: SESC-SP e FEF-Unicamp, 2007. p. 128-31.

PEREIRA, P. D.; VIDAL, A. M. Las habilidades creativas como fundamentos de la Gimnasia Rítmica: una propuesta para su aprendizaje y desarrollo. In: GAIO, R.; BATISTA, J. C. F. (Org.). **A Ginástica em questão**. Ribeirão Preto: Tecmedd, 2006. cap. 10, p. 147-61.

RÓBEVA, N.; RANKÉLOVA, M. **Escola de Campeãs** – Ginástica Rítmica Desportiva. Tradução Geraldo de Moura. São Paulo: Ícone, 1991.

SOARES, C. **Imagens da Educação no corpo**: estudo a partir da ginástica francesa no século XIX. Campinas: Autores Associados, 1998. (Educação Contemporânea).

TOLEDO, E. Investigação sobre as características da Ginástica Rítmica na concepção de alunos/professores que cursaram o curso de Especialização em Ginástica, na Faculdade de Educação Física da Unicamp. In: FÓRUM INTERNACIONAL DE GINÁSTICA GERAL, II, 2003, Campinas. **Anais**: Ginástica Geral: O mundo da Ginástica Geral na Ginástica Geral do Mundo. Campinas: SESC-SP e FEF-Unicamp, 2007. p. 174-7.

_____. Ginástica Rítmica e Artística no ensino fundamental: uma prática possível e enriquecedora. In: MOREIRA, E. C. (Org.). **Educação Física Escolar** – desafios e propostas. Jundiaí: Fontoura, 2004. cap. 3, p. 43-63.

VELARDI, M. Ginástica Rítmica: a necessidade de novos modelos pedagógicos. In: NISTA-PICCOLO, V. L. (Org). **Pedagogia dos Esportes**. Campinas: Papirus, 1998. cap. 2, p. 13-34.

2

Revivendo o meu encontro com a Ginástica Rítmica

Geísa Bernardes

Como a Ginástica entrou em minha vida

Desde pequena, o prazer dos movimentos corporais me acompanha. Fui estimulada por minha mãe a desenvolver diversas habilidades. No primário, fui baliza e também iniciei classes de Balé. Os movimentos me encantavam. Como esporte, escolhi o Vôlei, e o pratiquei até entrar na universidade, participando de competições e tendo a oportunidade de conhecer e trocar experiências com outras equipes. Por meio do Vôlei e estimulada pelos meus pais, que sempre me acompanhavam, tomei gosto pelas viagens, que começaram a fazer parte do meu cotidiano.

Conquistei muitos títulos representando o estado do Rio de Janeiro, inclusive o de atleta mais eficiente no primeiro Campeonato Fluminense de Vôlei Juvenil, em novembro de 1966. Cursei a Universidade Federal do Rio de Janeiro, de 1967 a 1969, e uma outra modalidade de esporte me escolhia: a Ginástica.

Uma colega de faculdade, Eliana Madeira, fez-me um convite para conhecer, em 1967, o grupo de Ginástica ao qual ela pertencia. As aulas e os treinamentos eram no Colégio Bennett, no Rio de Janeiro, ministrados pela Professora Ilona Peuker, introdutora e divulgadora da Ginástica

Rítmica Desportiva no país, que formalizou, em 1956, o Grupo Unido de Ginastas – GUG.

FIGURA 2.1 – Ilona Peuker (Hungria, s.d) (Acervo pessoal da Professora Ilona Peuker).

Voltei para casa encantada e com a plena certeza de que a Ginástica Feminina Moderna[1] era tudo o que eu mais queria e sonhava em praticar.

Comecei a frequentar as aulas duas vezes por semana, das 15 às 16 horas, e, em pouco tempo fui convidada para treinar com o grupo de elite – GUG. Logo, passei a estar presente em todas as aulas.

No início de 1968, participei, de janeiro a fevereiro, de um Curso de Atualização de Ginástica Feminina Moderna, ministrado pela Professora Ilona Peuker. As aulas eram acompanhadas ao piano pela própria professora, cuja metodologia dividia-se em três fases:

---

[1] A GR já teve os nomes de Ginástica Feminina Moderna; passou a Ginástica Moderna em 1962; Ginástica Rítmica Moderna, a partir de 1973; Ginástica Rítmica Desportiva, em 1977; e, por fim, Ginástica Rítmica, em 1998.

- *1ª fase*

Estimulante

Exercícios ou jogos de curta duração, visando aquecer e desinibir rapidamente as alunas, despertando, assim, o interesse pela atividade. Devem ser vivificante e alegre.

- *2ª fase*

Movimentos com deslocamento: compreendiam o andar, o correr, o saltar, o saltitar e o girar. Eram chamados de *educação do movimento*.

Movimentos sem deslocamento: compreendiam os movimentos de acordo com o apoio do corpo, executados nas posições em pé, ajoelhada, sentada e deitada. Eram chamados de *educação do corpo* e visavam restabelecer, equilibrar e fortalecê-lo, tornando-o mais flexível e elástico.

Jogo de movimentos: consistia em exercícios individuais ou em pequenos grupos executados com ou sem deslocamento, visando ao aprimoramento da execução e à combinação de exercícios, com ou sem aparelho.

- *3ª fase*

Volta à calma

Exercícios de relaxamento muscular, movimentos executados em ritmo mais suave. O final deveria ser sempre agradável, harmonioso e repousante.

Paralelamente, na minha vida continuava o Voleibol, que me obrigava a viajar todos os finais de semana, pois eu ainda pertencia à equipe que treinava em Resende, no estado do Rio de Janeiro, onde nasci e estudei até entrar na universidade. Isso não durou muito tempo, pois Dona Ilona, forma pela qual era chamada por suas alunas, fez-me refletir sobre qual modalidade esportiva deveria escolher.

Optei pela Ginástica, pois um mundo de oportunidades se apresentava aos meus olhos e eu não conseguiria manter os padrões técnicos exigidos pelas duas modalidades.

49

Uma vida cheia de emoções e méritos, enfeitada por fitas, bolas, cordas e arcos coloridos, me aguardava.

Naquela época, em 1969, o grupo preparava-se para mais uma Gymnaestrada, dessa vez na Basiléia, Suíça. Eu tive a alegria de ter sido selecionada para compor a equipe. Os treinamentos eram intensos e passávamos horas entre bolas, arcos e coquinhos.[2] Vivenciei todas as coreografias, pois, na condição de novata, aprendi todos os lugares das séries. Hoje em dia, tenho a exata noção do que representa para uma técnica ter uma ginasta coringa, por ser capaz de ocupar qualquer posição na quadra. É o maior trunfo que uma técnica pode desejar.

O fato de ser a mais jovem da equipe me obrigava a estar mais atenta, a responder aos imprevistos mais rapidamente e a fixar, em pouco tempo, as sequências dos exercícios. Com isso, eu crescia com maior desenvoltura e aprimorava os movimentos. A vontade de aprender, o prazer de estar em grupo e a superação das dificuldades falavam mais alto.

Em pouquíssimo tempo, adquiri uma bagagem extraordinária do que representava movimentar-se no espaço ao lado de outras companheiras, seguindo um ritmo determinado e conhecendo uma nova forma de trabalho corporal sincronizado e harmonizado, com base em movimentos orgânicos, naturais e criativos.

Dona Ilona era uma técnica com personalidade forte e visão de futuro fantástica, sempre inovando e criando para além do seu tempo. Mais do que transmitir conhecimentos, ela possuía a capacidade de perceber e desenvolver o melhor em cada uma de nós. Conseguia captar no ar nosso estado de espírito e transmutá-lo por meio de movimentos criativos.

O ato de criar era partilhado por todas e sempre foi muito estimulante; o meu momento mais prazeroso!

---

[2] Uma das séries era executada com o auxílio de cascas de coco, aparelho alternativo muito utilizado na época.

O processo de criação da professora Ilona Peuker

Trabalhar com a Dona Ilona era uma experiência única. Seu processo criativo era dinâmico e global; ela tinha um método próprio de conduzir um treinamento, principalmente nos momentos em que elaborava uma nova coreografia.

Ela nos reunia em uma quadra e nos falava sobre sua intenção e o traçado espacial da coreografia, e todas criávamos movimentos que eram aproveitados por ela e incluídos da melhor maneira possível em suas sequências coreográficas. Dessa forma, aprendíamos sobre a utilização do espaço em uma montagem e nos sentíamos parte da coreografia elaborada, pois identificávamos ali nossa contribuição.

Muito do que aprendemos com Dona Ilona utilizamos em nossas vidas, e não só em uma quadra de esportes: método, disciplina, criatividade, perseverança e tantos outros atributos que ela deixou em cada uma de nós. Isso é um traço comum em todas as suas ex-alunas.

Minha formação e minhas participações como ginasta

Realizei o curso de Educação Física na Universidade Federal do Rio de Janeiro, e ali encontrei outra professora que foi muito importante em minha formação, a Professora Erica Saur. Ela era responsável pela cadeira de Ginástica naquele curso e passava para suas alunas sua experiência com a pedagogia escolar, o que resultou em um precioso aprendizado, pois essa didática acompanhou toda a minha trajetória profissional.

Ainda em 1968, foi realizada a primeira verificação de ginastas para a classificação em categorias, que serviria de base para a organização dos campeonatos no estado da Guanabara. O evento contou com dez grupos de sete técnicas – Ilona Peuker, Sonia Nogueira, Nena Moraes, Helena Isaura, Myriam Diogo, Zuleika Ribeiro e Letice –, perfazendo um total de oitenta participantes, sendo 21 ginastas individuais. Essa foi a primeira iniciativa de organização de campeonatos realizada no Brasil e, durante muitos anos, permaneceu como o único campeonato formal existente no país. Participava uma média de nove clubes, divididos em grupos de dez, pois o evento englobava competições das categorias infantil, juvenil e adulto.

Em 1970, já formada, ministrei o II Curso Básico de Atualização de Ginástica Moderna, na cidade de Natal. Em 1971, assumi como professora assistente a disciplina Ginástica na Escola de Educação Física de Volta Redonda, na qual permaneci pelos dois anos seguintes.

Eu caminhava dividindo o tempo entre os treinamentos do GUG e a minha vida profissional.

De 1971 a 1973, consagrei-me campeã carioca individual geral de Ginástica Feminina Moderna. Já na esfera nacional, a Ginástica Rítmica (GR) estava inserida no Departamento de Desportos Terrestres da Confederação Brasileira de Desporto – CBD, que realizou o primeiro campeonato brasileiro da categoria adulta, em 1971, na cidade do Rio de Janeiro. Nessa competição, tornei-me a primeira campeã brasileira individual geral, sendo acompanhada ao piano de Tereza Mara Martins André.

FIGURA 2.2 – Geísa Bernardes (GUG): treino da Seleção Brasileira, Urca, Escola de Educação Física do Exército, Rio de Janeiro (1973) (Acervo pessoal de Geísa Bernardes).

Em 1973, representei o Brasil no VI Campeonato Mundial de Ginástica Rítmica Moderna, em Roterdã, na Holanda, com o aparelho corda, em série de conjunto livre, sob a direção técnica da Professora Ilona Peuker. A equipe que representou o Brasil nesse evento foi composta pelas ginastas Daisy Pinto Barros, Elisa da Costa Jardim, Elizabeth Rocha, Geísa de Almeida Bernardes, Rosa Teresa Monteiro, Vera Lúcia Miranda e, como reserva, Nena Giraldez. A equipe se fazia acompanhar ao vivo, pelo piano de Luiza Ceccarelli. Desse campeonato, participaram 23 países, e o Brasil classificou-se em 13º lugar.

A equipe brasileira do VI Campeonato Mundial foi fortemente despontuada no quesito Composição, em virtude de uma inovação introduzida pela técnica na coreografia da série brasileira. Pela primeira vez, apresentava-se o início de uma série com os movimentos executados somente por três ginastas, em um grupo de seis. Essa inovação foi considerada inadequada pela FIG (Federação Internacional de Ginástica) e foi a razão alegada para a despontuação.

Esse fato gerou uma surpresa na equipe, pois a nota de Execução ter sido superior à de Composição não era o esperado. As coreografias da Professora Ilona sempre foram consideradas bastante originais e criativas. No entanto, foi curioso observar que no Campeonato Mundial subsequente, realizado na Espanha, diversas equipes apresentaram o início de suas séries exatamente dessa forma: um grupo de ginastas iniciando os movimentos antes do outro. Tal exemplo demonstra o tipo de inovação que Dona Ilona introduzia na ginástica e que seria absorvido posteriormente pelas demais equipes nacionais e estrangeiras.

Os cursos de divulgação da Ginástica

Era crescente o número de adeptas da Ginástica Competitiva e a divulgação da modalidade acontecia por meio dos cursos que a Professora Ilona Peuker ministrava por todo o Brasil. Eu tive a felicidade de acompanhá-la em alguns deles, como assistente. Nessa posição, captava cada vez mais a filosofia da escola Ilona Peuker de movimento. Posso citar dois deles:

- I Curso de Férias de Santos – de 10 a 21 de janeiro de 1972 – promovido pela Faculdade de Educação Física de Santos – FEFIS, sob o patrocínio da Federation Internationale D'Education Physique – FIEP.
- Curso de Ginástica Feminina Moderna – de 23 a 28 de junho de 1972 – SESC – SP.

Esses cursos favoreciam a divulgação e a implantação da Ginástica Feminina Moderna no país. Essa tradição já vinha sendo realizada pela Dona Ilona desde 1953. Em paralelo aos cursos, as apresentações do GUG continuavam por São Paulo, Minas Gerais, Santa Catarina, Rio de Janeiro, Rio Grande do Sul e Distrito Federal.

Toda ginasta se identifica especialmente com algum aparelho: o meu era a bola. Sempre nutri por esse aparelho uma atração especial, pois suas possibilidades são inúmeras. Os movimentos que a bola possibilita combinam perfeitamente com o espírito da Ginástica, pois ela é um aparelho maleável, que se integra com o corpo muito facilmente e nos reporta à infância e às brincadeiras de bola. Além desses atributos, a bola permite, mais que os demais aparelhos, a vivência do movimento. Ele flui com incrível facilidade nos rolamentos e diante das possibilidades dos movimentos circundantes, circulares e em oito, por exemplo.

Com incentivo e colaboração de Dona Ilona, em 1973, comecei a formar meu próprio grupo de Ginástica e a participar como técnica das competições escolares e estaduais. Minhas ginastas, em 1974, representando o Clube Monte Líbano, sagraram-se campeãs em conjunto de bolas e individualmente. Dessa forma, meu crescimento profissional era cada vez maior.

Em janeiro de 1975, fui contemplada com uma bolsa de estudos na República Federal da Alemanha, organizada pelo Der Senator Für Familie, Jugend und Sport, Berlim. O curso era de formação e aperfeiçoamento na teoria e na prática da pedagogia do esporte, abrangendo o desenvolvimento e a organização do esporte na Alemanha. Terminava aí minha carreira como ginasta, porém reencontraria o grupo do qual fiz parte por oito anos, em julho de 1975, na VI Gymnaestrada, em Berlim. Cheguei, ainda, a colaborar com as coreografias realizadas para esse evento e tive a oportunidade de apreciar uma das maiores festas de Ginástica do planeta, como observadora oficial do Brasil. Foi gratificante perceber que o trabalho coreográfico era meu velho conhecido e, com seis meses afastada, ainda tinha a sensação de que fazia parte da equipe.

Tive a oportunidade, ainda em 1975, de vivenciar e praticar aulas em duas escolas de Ginástica muito importantes da Europa: Gymnastikschule Medau, em Coburg, e Deutsche Sporthochschule, em Colônia.

Em novembro do mesmo ano, ainda na Europa, reencontrei Dona Ilona, para, juntas, assistirmos ao VII Campeonato Mundial de Ginástica Rítmica Desportiva, em Madri. O evento foi adiado em consequência do falecimento do Generalíssimo Franco e, assim, passamos muitos dias desfrutando de momentos agradáveis e trocando ideias sobre ginástica. No mesmo mês, a Professora Ilona Peuker encerrou suas atividades como técnica, e o GUG se dissolveu.

Durante seus vinte anos de existência, o GUG foi campeão absoluto, na categoria conjunto, em todos os campeonatos estaduais e nacionais dos quais participou. Todas as gerações de técnicas e ginastas que se sucederam podem se considerar descendentes diretas do magnífico trabalho que a Professora Ilona deixou para a Ginástica brasileira.

A arbitragem na minha trajetória profissional

Minha experiência com a arbitragem teve início em uma época em que era uma prática as equipes terem indicação de árbitros nos campeonatos nacionais e estaduais. Realizei cursos de juíza nos anos de 1974, 1977, 1984 e 1989, que me habilitaram para exercer a arbitragem nos campeonatos realizados pela Confederação Brasileira de Ginástica e pela Federação de Ginástica do Estado do Rio de Janeiro.

Minha carreira como técnica

Minha trajetória com a Ginástica continuava, agora, como professora e técnica nos anos que se sucederam. Tive muita honra em receber da Dona Ilona o local onde ela ministrava seus cursos regulares de GR: o Clube Sírio Libanês. Ali, continuei, com algumas de suas ginastas de categoria infantil, o trabalho desenvolvido por ela.

Posso destacar, entre os mais importantes cursos que ministrei, os seguintes:

- curso de Atualização em Goiânia, a convite do MEC (1971);
- curso de Aperfeiçoamento na Escola Superior de Educação Física de Muzambinho, em Minas Gerais (1976);
- curso no Instituto México Del Seguro Social, no México (1980);
- sessões de GR no International Gymnastics School-Camp, Pensilvânia, nos Estados Unidos (1983).

No período de 1971 a 1974, fui técnica do Ginásio Integrado Magdalena Kahn, no qual criei uma equipe juvenil que, posteriormente, já como Clube Monte Líbano, sagrou-se campeã na categoria Conjunto com o aparelho bola.

De 1980 a 1996, fui técnica do Clube Copaleme, e participamos de diversas competições individuais e em grupo em diferentes campeonatos nacionais e internacionais. Os de maior destaque foram o campeonato Pré-Olímpico de Los Angeles, em 1983; o Torneio Brasileiro Interclubes de GRD, Londrina, em 1982; a Gymnaestrada de Berlim, em 1995; e o Festival Del Sole, em Riccione, na Itália, em 1996.

Em 1997, iniciei um trabalho na comunidade do morro da Mangueira, a partir de um convite da Escola de Samba Estação Primeira de Mangueira, para coreografar uma ala dedicada à GR, da qual participaram cerca de trinta ginastas convidadas. O enredo da escola, *O Olimpo é verde e rosa*, homenageava os esportes olímpicos, e essa foi a primeira coreografia desenvolvida para uma ala da Mangueira. Esse evento marcou minhas participações na Ginástica Geral. A partir daí, meu trabalho na Mangueira se intensificou e passei a ministrar regularmente aulas de Ginástica Geral naquela comunidade. Essa experiência foi desenvolvida nos anos de 1997 e 1998, época em que a equipe de ginastas formada na Mangueira foi selecionada para participar da XI Gymnaestrada de 1999, em Gotemburgo, Suécia.

Em julho de 1998, teve início o meu trabalho com as antigas integrantes do GUG, para participação na mesma Gymnaestrada para a qual a Mangueira se habilitou, mas esta é uma outra história.

Como se formou o grupo Ilona Peuker

Em junho de 1998, as antigas integrantes do GUG foram convidadas pelo Professor José Carlos Eustáquio dos Santos, então Presidente do Comitê de Ginástica Geral da Confederação Brasileira de Ginástica, para participar das homenagens que seriam feitas à Professora Ilona Peuker, por ocasião da XI Gymnaestrada Mundial, em julho de 1999, em Gotemburgo, na Suécia. Nessa oportunidade, um grupo de ex-ginastas se encantou com a possibilidade de participar da abertura da Noite Nacional, em que o tema abordado seria *Recordar é Viver*.

FIGURA 2.3 – Geísa Bernardes (técnica), Stella Teixeira, Lia Peçanha, Nadja Marques dos Santos, Anna Maria Peuker, Ligia Azevedo, Gunni Schauss, Ingeborg Müller, Maria das Graças Silvério, Judit Letshe, Ariadne Mendes, Eliana Nogueira, Rosa Teresa Monteiro e Laura Seixas (Acervo pessoal de Geísa Bernardes)

Tendo aceito o desafio, teve-se início uma etapa de intensivos treinamentos com um grupo de ginastas de idades que variavam de 37 a 78 anos e com temperamentos e estilos completamente heterogêneos. Trabalhar com um grupo com essa constituição foi um grande desafio para mim, pois muitas delas estavam afastadas da quadra havia muito tempo. No entanto, contamos com a aguçada memória corporal do ser humano e fomos aprimorando as habilidades e recompondo as agilidades amortecidas com o tempo, afinal, algumas tinham terminado suas atividades com aparelhos e movimentos de GR havia, pelo menos, 23 anos.

O trabalho foi recompensado pelo resultado satisfatório conseguido em tão pouco tempo. Isso nos incentivou a continuar: o grupo, por suas diferenças, não conseguiu recobrar a antiga forma, mas criou o primeiro grupo máster de Ginástica Geral do Brasil – mais um pioneirismo das ginastas que foram as primeiras do Brasil em GR, as primeiras campeãs brasileiras e cariocas e as primeiras a participarem de Gymnaestradas e Campeonatos Mundiais da modalidade no país. A originalidade dessa equipe não está em um alto nível técnico, e nem poderia, mas está na harmonia e na alegria que demonstra e no amor pelo movimento, que transparece em todas as suas apresentações.

A primeira participação do grupo foi no desfile de abertura do II Campeonato Brasileiro de Conjuntos Ilona Peuker, em Joinville, Santa Catarina, em outubro de 1998.

A participação do Grupo Ilona Peuker na XI Gymnaestrada comemorava, também, os 20 anos de fundação da Confederação Brasileira de Ginástica (CBG).

A Presidente da CBG, Professora Vicélia Angela Florenzano, fez um breve relato sobre a iniciativa de homenagear a Professora Ilona Peuker com este Campeonato:

- imortalizar na história da Ginástica Brasileira tão ilustre personalidade;
- reconhecer nacionalmente a importância e a influência de sua obra em todo o território brasileiro;

- fortalecer a prática dos exercícios em conjunto, uma das mais belas expressões da Ginástica;
- condicionar o incentivo pela prática dos exercícios de conjunto à responsabilidade do nome da Professora Ilona Peuker;
- proporcionar a condição de que, em futuro próximo, esse evento tome o cunho internacional.

Com apenas cinco meses de trabalho, ainda não tínhamos condições para uma apresentação. Dessa forma, participamos do desfile de abertura com 13 ginastas somente.

O grupo ainda não tinha um nome. Como técnica, sugeri o da Professora Ilona Peuker. Estávamos analisando essa possibilidade quando nos deparamos com o cartel para o desfile – *Grupo Ilona Peuker*. Assim, reafirmou-se minha sugestão como mais uma homenagem à mestra querida, grande técnica e amiga. Na ocasião, a Professora Vicélia Angela Florenzano anunciou oficialmente a formação do grupo sob minha coordenação técnica.

Esta é a história da constituição do primeiro grupo máster de ginástica, o Grupo Ilona Peuker – GIP.

FIGURA 2.4 – II Campeonato Brasileiro de Conjuntos Ilona Peuker – Joinville (SC), nov. 1998 (Acervo pessoal de Geísa Bernardes).

A trajetória do grupo Ilona Peuker

Em um curto espaço de tempo, treinando duas vezes por semana, de julho a dezembro de 1998, foi elaborado um conjunto de coreografias, relembrando *flashes* de séries antigas, fazendo uma releitura dos movimentos, inovando e buscando um acompanhamento musical mais atualizado. Desse primeiro programa, constavam séries de duas bolas, uma bola, mãos livres, fitas e dois arcos. Após tantos anos, já não existiam mais aparelhos, meias, sapatilhas, somente a memória corporal.

O corpo, esse nosso amigo de jornada, algumas vezes, começa a apresentar desarmonia e desequilíbrios, porém, com muita disciplina, criatividade e determinação, superamos essa dificuldade, mas não foi fácil.

Da primeira apresentação do Grupo, no Festival Laura Seixas, no dia 16 de dezembro de 1998 – *um grande sucesso*, participaram as ginastas a seguir (Figura 2.5):

FIGURA 2.5 – Mary Smith, Maria das Graças Silvério, Eliana Nogueira, Ligia Azevedo, Nadja Marques dos Santos, Stella Teixeira, Heloisa Frossard, Geísa Bernardes (técnica), Laura Seixas, Anna Maria Peuker, Sonia Nogueira, Rosa Teresa Monteiro, Judit Letshe e Ariadne Mendes (Acervo pessoal de Geísa Bernardes).

Durante o ano seguinte (1999), tivemos a alegria de ver estampados nos jornais títulos como *Em forma*, Jornal do Brasil – Informe JB; *Uma volta promissora e harmoniosa*, Jornal O Dia; e *O prazer da volta ao passado*, Jornal O Globo.

FIGURA 2.6 – Jornal *O Dia*, Rio de Janeiro, 21 jun. 1999.

Tinha chegado a hora de integrarmos a Delegação Brasileira e participar da última Gymnaestrada do milênio. Assim, partimos para Gotemburgo, na Suécia, em julho de 1999.

O primeiro momento do programa da Noite Brasileira foi uma projeção de imagens mostrando as participações do antigo GUG nas Gymnaestradas:

- 1957 – Zagreb, Iugoslávia;
- 1965 – Viena, Áustria;
- 1969 – Basiléia, Suíça;
- 1975 – Berlim, Alemanha.

Em seguida, o Grupo Ilona Peuker apresentou a coreografia *Harmonia em Movimento*, com 3min45 de série. Bolas, fitas e arcos faziam parte das coreografias, nas quais o ritmo e a magia do movimento se confundiam no espaço. Naquele momento, a emoção e a saudade se entrelaçavam entre as ginastas, e o prazer de superar o desafio unia e harmonizava uma equipe com características pessoais e experiências individuais fortes e diversificadas.

FIGURA 2.7 – Grupo Ilona Peuker: pose da coreografia com arcos e bolas – Clube Germânia (1999) (Acervo pessoal de Geísa Bernardes).

Dessa forma, prestamos uma comovente homenagem à Professora Ilona Peuker.

Minha emoção foi redobrada, pois, pela primeira vez em minha carreira como técnica, acompanhei de longe as minhas ginastas. Fiquei localizada na plateia, em meio ao público, podendo sentir a vibração que a releitura que realizávamos proporcionava. O espaço era enorme, pois a apresentação se dava em um ginásio de esportes bastante grande, e a sensação de ver a história da Dona Ilona contada para todas aquelas pessoas, por meio de um delicado e belo vídeo realizado pela CBG, era imensa. A projeção terminava com o rosto da Dona Ilona em um telão imenso e com o som de um coração pulsante. Em seguida, o foco se fechava no Grupo Ilona Peuker, que dava início à sua apresentação. Na sequência, diversas outras equipes do Brasil fizeram suas apresentações, em uma noite coroada de êxito.

FIGURA 2.8 – Abertura da Noite Brasileira na XI Gymanaestrada Mundial, Gotemburgo, Suécia, 1999 (Acervo pessoal de Geísa Bernardes).

É com alegria que constatamos que, dez anos depois, oito representantes das que participaram desta Gymnaestrada integraram o Grupo Ilona Peuker até o ano de 2008.

O GIP teve em sua composição, em diferentes momentos, ginastas com idades que variam de 43 a 87 anos. O Grupo foi coordenado por mim de 1998 a 2000 e de 2005 até o fim do ano de 2008. No período de 1998 a 2000, a equipe realizou 58 apresentações. O grande número de demonstrações nesse período deveu-se ao fato de o grupo estar começando um trabalho e de necessitar da experiência que a troca com o público oferece.

De 2001 a 2003 exerci o cargo de Vice-Presidente do Comitê Técnico de Ginástica Geral da Confederação Brasileira de Ginástica, a convite da Presidente da CBG, Professora Vicélia Ângela Florenzano. As atividades por mim exercidas foram concentradas na organização da XII Gymnaestrada Mundial de Lisboa, em 2003. Nessa experiência, foram muito ricos o entrosamento e a união vividos pelo grupo de trabalho constituído e pelos(as) técnicos(as) dos grupos participantes.

Quadro 2.1 – Participações do Grupo Ilona Peuker (1998-2000)

Campeonato Brasileiro Ilona Peuker – Joinville (SC)	20 e 22.11.1998
Centro de Ginástica Laura Seixas – Niterói (RJ)	16.12.1998
Festival de Ginástica Rítmica Desportiva – Clube Militar, Rio de Janeiro (RJ)	18.12.1998
Reportagem *O Globo* – Clube Germânia, Rio de Janeiro (RJ)	08.4.1999
Filmagem *TVE Stadium* – Escola de Educação Física do Exército, Rio de Janeiro (RJ)	18.4.1999
Jogos Internos IBMR – Escola de Educação Física do Exército, Rio de Janeiro (RJ)	08.5.1999
Filmagem *TV Globo* – Escola de Educação Física do Exército, Rio de Janeiro (RJ)	10.5.1999
Feliz Idade no Clube – Clube Germânia, Rio de Janeiro (RJ)	15.5.1999
I Copa Henrique Rapesta de Ginástica – Rio Swim Center, Rio de Janeiro (RJ)	22.5.1999
Feliz Idade na Escola – Escola Corcovado, Rio de Janeiro (RJ)	28.5.1999
Festival de Ginástica Geral AABB – Niterói (RJ)	29.5.1999
Encontro de Ginástica Geral – N. Friburgo Country Clube, N. Friburgo (RJ)	03 a 05.6.1999
Olimpíada IBMR – Escola de Educação Física do Exército, Rio de Janeiro (RJ)	12.6.1999
Festival de Ginástica Geral – Clube Militar, Rio de Janeiro (RJ)	12.6.1999
Festival IBMR – Escola de Educação Física do Exército, Rio de Janeiro (RJ)	19.6.1999
Filmagem *TV Globo*, Programa Xuxa Park – Rio de Janeiro (RJ)	19.6.1999
Feliz Idade no Clube – Tijuca Tênis Clube, Rio de Janeiro (RJ)	20.6.1999
XI Gymnaestrada Mundial – Gotemburgo, Suécia (10 apresentações)	04 a 09.7.1999
Filmagem *TVE* – Universidade Veiga de Almeida, Rio de Janeiro (RJ)	07.8.1999
Filmagem *CNT*, Dia Mundial do Idoso – Clube Militar, Rio de Janeiro (RJ)	27.9.1999

Continua

Continuação

XVII Olimpíada do Colégio Veiga de Almeida – Rio de Janeiro (RJ)	30.9.1999
XXXIX Feira da Providência – Rio de Janeiro (RJ) (2 apresentações)	06 e 07.11.1999
Feliz Idade – Centro Esportivo Miécimo da Silva, Rio de Janeiro (RJ)	09.11.1999
Reportagem *O Dia* – Arpoador, Rio de Janeiro (RJ)	21.11.1999
II Festival de Ginástica Rítmica Desportiva – Colégio Bennett, Rio de Janeiro (RJ)	10.12.1999
III Camp. Bras. de Conj. Ilona Peuker, Sogipa – Porto Alegre (RS) (2 apresentações)	17 a 19.12.1999
Fotos Jornal do Bairro, *O Globo* – Lagoa, Rio de Janeiro (RJ)	26.1.2000
Fotos site *Mais de 50* – Lagoa, Rio de Janeiro (RJ)	01.3.2000
Feliz Idade no Clube – Clube Mackenzie, Rio de Janeiro (RJ)	22.3.2000
Projeto Rio Criança Esporte – Centro Esportivo Miécimo da Silva, Rio de Janeiro (RJ)	26.3.2000
11º Encontro da Feliz Idade – Praça do Lido, Rio de Janeiro (RJ)	29.4.2000
Encontro da Feliz Idade – Centro Esportivo Miécimo da Silva, Rio de Janeiro (RJ)	04.5.2000
1ª Feira da Saúde – Colégio São Vicente, Rio de Janeiro (RJ)	06.5.2000
Feliz Idade no Clube – Country Clube da Tijuca, Rio de Janeiro (RJ)	11.5.2000
Ação Global – Quinta da Boavista, Rio de Janeiro (RJ)	20.5.2000
1ª Mostra de GRD e GA – Clube Rio das Pedras, Rio de Janeiro (RJ)	27.5.2000
Abertura da Olimpíada do IBMR – Escola de Ed. Física do Exército, Rio de Janeiro (RJ)	10.6.2000
VIII Gymnastic Summer Festival Argimtona 2000 – Argentona, Espanha (3 apresentações)	08 a 14.7.2000
III Festival de Ginástica Rítmica Desportiva – Colégio Bennett, Rio de Janeiro (RJ)	19.10.2000
GYMBRASIL – Salvador (BA) (2 apresentações)	17 a 19.11.2000
Filmagem *TV Bahia* – Salvador (BA)	17.11.2000
Filmagem *TVE* – Salvador (BA)	19.11.2000
Encerramento das atividades de GRD do Clube Militar – Rio de Janeiro (RJ)	07.12.2000
Encerramento das atividades de Ginástica do Clube Militar – Rio de Janeiro (RJ)	14.12.2000

Durante os quatro anos seguintes (2001-2004), o trabalho de técnica do GIP foi realizado pela Professora Ingeborg Müller, integrante do GUG durante toda a existência deste. Ela aceitou o convite para dar continuidade ao treinamento da equipe. Naquele período, realizou outras quatro coreografias com a equipe e participou de 43 apresentações à frente do grupo. Em dezembro de 2004, deixou a direção do grupo por motivos pessoais.

Quadro 2.2 – Participações do Grupo Ilona Peuker (2001-2004)

Mercosul Intern. Gym Festival – São Paulo (SP) (3 apresentações)	12 a 14.4.2001
1ª Mostra de Dança da 3ª Idade – Centro Esportivo Miécimo da Silva, Rio de Janeiro (RJ)	27.4.2001
II Festival Nacional de Ginástica Geral – Nova Friburgo Country Club, Nova Friburgo (RJ)	14 e 15.9.2001
Festival em homenagem ao Dia das Mães – Miécimo da Silva, Rio de Janeiro (RJ)	09.5.2002
Seletiva para 12ª Gymnaestrada Mundial – Niterói (RJ)	25.5.2002
III Festival Nacional de GG do NFCC – Nova Friburgo (RJ) (2 apresentações)	13 e 14.9.2002
Abertura do Campeonato Brasileiro Máster de Vôlei – Forte do Leme, Rio de Janeiro (RJ)	21.9.2002
XX Copa AABB Niterói de Ginástica – Niterói (RJ)	29.9.2002
VII Festival de Ginástica Rítmica Universo/SESC – Niterói (RJ)	05.11.2002
Festival de Encerramento de GRD – Clube Militar, Rio de Janeiro (RJ)	13.12.2002
Manhã da Feliz Idade – Colégio Santa Rosa, Rio de Janeiro (RJ)	26.4.2003
Pré-apresentação Noite Brasileira – América Futebol Clube, Rio de Janeiro (RJ)	18.5.2003
Festival de GG Laura Seixas – Instituto Abel, Niterói (RJ)	24.5.2003
Homenagem à 3ª Idade – Colégio São Vicente de Paula, Rio de Janeiro (RJ)	31.5.2003
II Festival de G. Luciana Menezes – Caio Martins, Niterói (RJ)	05.7.2003
XII Gymnaestrada Mundial – Lisboa, Portugal (9 apresentações)	19 a 26.7.2003
Reportagem *Jornal do Brasil* – Clube Militar, Rio de Janeiro (RJ)	18.9.2003
Abertura Campeonato Estadual de Ginástica Rítmica – SESC Tijuca, Rio de Janeiro (RJ)	20.9.2003
Filmagem *TVE Stadium* – Clube Militar, Rio de Janeiro (RJ)	23.9.2003
Filmagem *TV Globo Esporte Espetacular* – Clube Militar, Rio de Janeiro (RJ)	25.9.2003

Continua

Continuação

Entrevista para *Band Esportes* – TVA Canal 43, Rio de Janeiro (RJ)	13.10.2003
XV Encontro Escolar de GRD – UERJ, Rio de Janeiro (RJ)	05.11.2003
Festival de Encerramento de GRD – Clube Militar, Rio de Janeiro (RJ)	11.12.2003
Festival de Ginástica Escola Adriana Monteiro – Colégio Militar, Rio de Janeiro (RJ)	04.5.2004
Festival de Ginástica Laura Seixas – Niterói (RJ)	29.5.2004
Curitiba Cup – Curitiba (PR) (4 apresentações)	09 a 13.6.2004
Filmagem *TV Esportes* – Curitiba (PR)	10.6.2004
Reportagem *Jornal Gazeta do Povo* – Curitiba (PR)	13.6.2004
Encerramento das atividades de GRD do Clube Militar – Rio de Janeiro (RJ)	16.12.2004

Em 2005, quando reassumi a direção do grupo, algumas de suas séries foram modernizadas e mais uma coreografia acrescentada ao repertório da equipe. Retomei o trabalho por solicitação do grupo, que não desejava ver o esforço desses tantos anos de trabalho acabar e, pelas mesmas razões, aceitei o convite.

Quadro 2.3 – Participações do Grupo Ilona Peuker (2005-2008)

Festival de Ginástica, Dança, Folclore e Acrobacia Aérea – Clube Militar, Rio de Janeiro (RJ)	01.7.2005
I GINFEST – Campos dos Goytacazes, Rio de Janeiro (RJ)	09.7.2005
IV Festival de Ginástica Laura Seixas – Niterói (RJ)	15.7.2005
13º Congresso Científico Internacional de Estética – Riocentro, Rio de Janeiro (RJ)	05.8.2005
III Fórum Internacional de Ginástica Geral – Campinas (SP)	19 a 21.8.2005
Filmagem *Rede Globo, CNT, Record, Band* e *SBT* – Seleção Dinamarquesa e Grupo Ilona Peuker – Praia de Copacabana, Rio de Janeiro (RJ)	20.10.2005
Campeonato Interno Clube Militar – Rio de Janeiro (RJ)	10.11.2005
Seletiva para a XIII Gymnaestrada de 2007 – AABB, Niterói (RJ)	10.12.2005
II Festival de Ginástica do SESC – São Gonçalo (RJ)	11.12.2005
Encerramento das atividades de GRD do Clube Militar – Rio de Janeiro (RJ)	13.12.2005
Seleção Dinamarquesa e GIP no Palácio de Cristal – Petrópolis (RJ)	08.4.2006

Continua

Continuação

Apresentação das máscaras ao artista – Clube Militar, Rio de Janeiro (RJ)	13.5.2006
V Festival de Ginástica Laura Seixas – Instituto Abel, Niterói (RJ)	19.5.2006
Caminhada em Prol da Federação de Ginástica do Rio – Leblon, Rio de Janeiro (RJ)	23.9.2006
3º GYMNAESTÁCIO – Universidade Estácio de Sá, Rio de Janeiro (RJ)	28.10.2006
1º Copa Niterói de Ginástica – Niterói (RJ)	12.11.2006
1º Festival Latino-americano de GG – Pacaembu (SP) (2 apresentações)	24 a 26.11.2006
Festival de GG, GR, GA da Federação do RJ – Clube do Flamengo, Rio de Janeiro (RJ)	07.12.2006
Festival de Encerramento de GRD – Clube Militar, Rio de Janeiro (RJ)	14.12.2006
Filmagem *TV Globo Esporte Espetacular* – Clube Militar, Rio de Janeiro (RJ)	03.1.2007
Entrevista *Rádio MEC* – Ao Vivo – Rio de Janeiro (RJ)	3.2007
Dia Internacional da Mulher – Jacarepaguá (RJ)	08.3.2007
Abertura do Campeonato Brasileiro Máster de Vôlei – Clube Militar, Rio de Janeiro (RJ)	28.4.2007
Solenidade de entrega de Moções ao GIP, Câmara Municipal do Rio de Janeiro (RJ)	24.5.2007
Festival Nancy Porto – Clube Monte Sinai, Rio de Janeiro (RJ)	02.6.2007
Apresentação no Parque Aquático Maria Lenk – Pan-Americano, Rio de Janeiro (RJ)	14.6.2007
I Festival de Ginástica para Todos – Clube Militar, Rio de Janeiro (RJ)	16.6.2007
I Festival de Ginástica Rítmica – América Futebol Clube, Rio de Janeiro (RJ)	25.6.2007
XIII Gymnaestrada Mundial, Dornbirn, Áustria (5 apresentações)	08 a 14.7.2007
IV Festival de Ginástica Geral "Em Cena" – SESC Campinas (SP)	25.8.2007
Solenidade de entrega da Medalha de Mérito Esportivo Pan-Americano ao GIP, Câmara Municipal do Rio de Janeiro (RJ)	19.9.2007

O Grupo Ilona Peuker participou de 136 apresentações desde seu início. O grande número de solicitações reflete o reconhecimento dessa equipe pioneira e, talvez, única no mundo, em virtude de ter, desde sempre, realizado um trabalho de uma mesma escola, de permanecer ligada desde 1953 até 2008, e de contar com um grupo majoritário de profissionais de Educação Física entre suas componentes.

Para atender às suas finalidades de divulgar a história dos primeiros passos da GR no Brasil e incentivar as jovens ginastas, o GIP tem trabalhado incansavelmente. Esse trabalho tem sido aplaudido e reverenciado pelo público, que se emociona com as apresentações dessa equipe tão singular.

Na XIII Gymnaestrada Mundial, em Dornbirn, Áustria, em 2007, comemoramos cinquenta anos de participações brasileiras em Gymnaestradas.

FIGURA 2.9 – Grupo Ilona Peuker na XIII Gymnaestrada Mundial – 2007. Da esquerda para a direita (do nível superior ao inferior): Stella Teixeira, Gunni Schauss, Lia Fernandes, Ângela Almeida, Anna Maria Peuker, Lívia Fernandes, Geísa Bernardes, Rosa Teresa Monteiro, Yvonne Montaury, Neida Almeida, Judit Letshe, Maria Lúcia Puhl e Nena Moraes Giraldez. Dornbirn, Áustria (2007) (Acervo pessoal de Geísa Bernardes).

Referências

EM FORMA. **Jornal do Brasil**, Rio de Janeiro, 27 mar. 1999. Coluna Informe JB.

FELICIDADE não tem idade. **O Dia**, Rio de Janeiro, 21 nov. 1999. Caderno esportivo Ataque.

ILONA PEUKER. Disponível em: <http://www.ilonapeuker.com>.

O PRAZER da volta ao passado. **O Globo**, Rio de Janeiro, 25 abr. 1999. Caderno de Esportes.

PEUKER, I. **Ginástica moderna com aparelhos**. Rio de Janeiro: Fórum, 1975.

_____. **Ginástica moderna sem aparelhos**. Rio de Janeiro: Fórum, 1973.

SANTOS, J. C. E.; SANTOS, N. G. M. **História da ginástica geral no Brasil**. Rio de Janeiro: J. C. E. dos Santos, 1999.

SAUR, E. **Ginástica rítmica escolar**. Rio de Janeiro: Edições de Ouro, 1989.

UMA VOLTA promissora e harmoniosa. **O Dia**, Rio de Janeiro, 21 jun. 1999. Caderno de Esportes.

3

Diferentes caminhos da Ginástica Rítmica na cidade: ecos de sua história em Campinas

Giovanna Regina Sarôa

Contar histórias é, sem dúvida, aprofundar-se no passado e vivê-lo como se fosse o presente, é retroceder no tempo para montar o "quebra-cabeça". Abordar o desenvolvimento da GR ao longo do tempo numa cidade é não só narrar e documentar sua história, mas principalmente entender todos os aspectos que foram pilares para que ela se estabelecesse. Assim, abordar um recorte histórico da GR na cidade de Campinas, é acima de tudo compreender uma rede de fatores que pode vir a influenciar (ou já influenciou) o desenvolvimento da prática da GR em outras cidades brasileiras. Aspectos como a imigração de outros povos; a capacitação dos profissionais; o apoio de dirigentes esportivos (nos clubes); a divulgação da prática pela mídia local; a existência de ginastas em destaque (como exemplos a serem seguidos), as formas de enfrentamento às dificuldades pelos pais, técnicos e ginastas; as formas de divulgação e manifestação da prática pelas escolas e clubes; as parcerias públicas; dentre outros, constituem-se como um terreno para a reflexão e para a elaboração de propostas de desenvolvimento da GR pelos profissionais nas cidades.

Este texto foi escrito baseado na dissertação de mestrado denominada A *História da GR em Campinas*, defendida em fevereiro de 2005, na Faculdade de Educação Física da Unicamp. O objetivo foi resgatar a história da Ginástica Rítmica (GR) em Campinas de 1970 a 2004, justamente porque essa cidade foi, e ainda é, berço de ginastas renomadas nos âmbitos nacional e internacional nesse esporte, assim como há anos possui um número expressivo de praticantes em clubes e escolas.

A prática da GR vem sendo desenvolvida há mais de trinta anos em Campinas, desde a década de 1970. Teve início com ginastas que praticavam a Ginástica Artística no Clube Campineiro de Regatas e Natação. A nova modalidade surgiu em Campinas porque era necessário formar uma só equipe no Estado de São Paulo para defendê-lo nos Jogos Estudantis Brasileiros, conhecidos por JEBs.

A GR teve sua primeira equipe formada no Clube Semanal de Cultura Artística. Durante todo esse tempo, a GR foi tomando diversos rumos, mudando suas influências e expressando-se de formas diferenciadas.

Acredito que, hoje, relatar essa pesquisa na área acadêmica é algo importante para se dar continuidade ao registro da história da Ginástica em nossa cidade e, com isso, entender o crescimento relevante dessa modalidade que transformou a vida de muitas pessoas em Campinas.

Para atingir os objetivos propostos neste estudo, utilizei a pesquisa histórica, que procurou evidenciar e contextualizar a história da GR em Campinas, complementada por uma pesquisa de campo realizada por meio de entrevistas com ex-técnicas, ex-ginastas e atuais técnicas e ginastas, além de documentos encontrados na imprensa escrita e nos acervos particulares de fotos e documentos das pessoas entrevistadas.

Para entendermos melhor a história da GR em Campinas, farei um breve retrocesso da história da mulher na Ginástica, mostrando sua luta para conquistar um espaço dentro do esporte.

De acordo com Soares (1998), no século XIX, a Ginástica era vista pelos burgueses como uma grande revelação, um estudo de caráter científico capaz de modificar esteticamente o corpo, dar condição de uma vida mais saudável. Assim, lentamente, a Ginástica passou a ser importante para a sociedade, e são esses aspectos que a tornam multifacetada.

Contudo, perante a sociedade do século XIX, somente os homens eram capazes de realizar exercícios propostos pela Ginástica Militar, enquanto o papel da mulher era servir ao seu marido e dedicar-se à família e às tarefas do lar.

Com o tempo, essa ideia foi sendo modificada, acreditando-se que a Ginástica faria bem para as mulheres no sentido de prepará-las para a maternidade, e é por meio desse pensamento que, na segunda metade do século XIX, as mulheres começaram a receber tratamento especial e foram encorajadas a se libertarem dos artifícios da moda que as prendiam, como espartilhos, porta-seios, saltos altos, vestidos pesados etc.

Foram criados exercícios físicos específicos para tornar as mulheres capazes de exercitar seus corpos, com o intuito de gerar filhos mais fortes e saudáveis.

Com o passar dos anos, a Ginástica para as mulheres foi sendo reelaborada e transformada, aos poucos, em uma Ginástica cada vez mais feminina, utilizando-se do auxílio da música para ser mais "dançada", denominada *danças gímnicas*.

Para Demeny (1920, p. 13):

> A música tem uma influência moral muito grande, é um estimulante encantador aos quais poucos sabem resistir. E valeria para as crianças e para as jovens infinitamente mais que uma lição enfadonha comandada militarmente e incapaz de prender a atenção.

Demeny (1920) considerava que a dança e a música possuíam determinado encanto que era irresistível às mulheres e, por isso, optou por incluir a música em suas aulas de ginástica específicas para esse público. Ele acreditava que a ginástica bem aplicada era o melhor meio de lhes acentuar a beleza e a graciosidade.

Em Campinas, a Ginástica feminina será influenciada pela imigração alemã e, segundo Fiorin (2002), a história da Ginástica em Campinas inicia-se com a chegada desses imigrantes no final do século XIX.

Esse foi, sem dúvida, um dos legados mais importantes de sua presença. Carregando na bagagem a tradição da Ginástica, os alemães sentiram necessidade de montar uma associação em que pudessem se encontrar e manter acesa suas tradições, além de discutir interesses referentes às suas vidas na cidade. A presença deles marcou Campinas, pois fundaram importantes colégios da época, como o Colégio Culto à Ciência e o Colégio Florence, este, destinado à educação de meninas.

Foi nesses colégios que a população estudantil pôde ter contato e aprender Ginástica, também chamada de *Turnen* pelos alemães, e que possui vários adjetivos, entre eles o que se considera expoente para definição da Ginástica: "exercícios diversos em aparelhos, no solo ou em grande quantidade de pessoas" (Fiorin, 2002).

A Ginástica era bem recebida pela sociedade campineira, mas somente para os meninos, enquanto, para os alemães, era comum a presença das meninas nas aulas e nas associações, pois eles acreditavam que a prática traria benefícios a elas, proporcionando-lhes corpos mais saudáveis, tornando-as mais sábias e perfeitas. Tescher (1996, p. 40) afirma que:

> a menina deve sair da escola mais sábia e mais perfeita do que o menino. Para o menino permanece a vida após a escola no mundo turbulento, enquanto para a mulher não tem nada disso. Para ele, o homem é educado por opção, a mulher por sua determinação.

Foi por meio da beleza e da graça que a Ginástica Feminina se desenvolveu e se aprimorou até chegar em nossos tempos. As Ginásticas Sueca e Francesa tiveram grande responsabilidade na inclusão da Ginástica Feminina e foram as pioneiras e as maiores incentivadoras para a prática do esporte pela mulher.

Aos poucos, a Ginástica Feminina foi se firmando nas escolas e sendo aceita pela sociedade. Ela tinha de ser graciosa, ter beleza e feminilidade, enquanto a Ginástica de Aparelhos, que exigia força e destreza, era destinada aos homens.

Campinas apresentava um crescimento significativo no esporte, e esse novo tempo fazia que as práticas corporais ganhassem mais destaque na sociedade. Todo esse crescimento mudava, também, a concepção de corpo. O padrão de beleza era aquele de corpo "tratado", trabalhado por meio da prática da Ginástica, saudável, visto com bons olhos perante a sociedade. Ser gordo era sinônimo de lerdeza. Essa separação de gênero está presente desde a criação da Ginástica (Fiorin, 2002).

Em 1938, a Ginástica fazia parte das disciplinas nas escolas superiores, como a USP (Universidade de São Paulo), que formou os principais professores das modalidades esportivas.

A Ginástica foi ganhando cada vez mais respeito e prestígio na cidade. Havia apresentações em festas comemorativas e a presença das mulheres era notável, as quais passaram a utilizar materiais como arcos e bolas, difundidos pela Ginástica Feminina.

Fernando Azevedo (1960, p. 67), educador e um dos incentivadores das atividades físicas do século XX, deixa clara essa posição ao afirmar que:

> Os exercícios, pois, que mais convêm à mulher são aqueles que aumentam a flexibilidade e a destreza da coluna vertebral, isto é, os movimentos que sujeitos às leis da cadência e do ritmo, se tornam, por assim dizer, a poesia da locomoção. E que da flexibilidade do tronco, da harmonia dos movimentos depende um dos maiores encantos das mulheres: a GRAÇA. A educação física para moças deve ser, pois, higiênica e estética, e nunca 'atlética', deve visar, sobretudo o desenvolvimento da parte inferior do corpo, dar a graça e a destreza dos movimentos, procurando antes a ligeireza do que a força.

Foi nos anos 1960 que a Ginástica ganhou outras formas de expressão em clubes, escolas e primeiras academias de Ginástica Estética. Nessa fase, a presença de mulheres na Ginástica Olímpica tornou-se notável, sendo comum encontrar equipes femininas nas escolas.

O crescimento da Ginástica Olímpica nas escolas se expandiu aos clubes. Assim, inicia-se uma trajetória de competições e conquistas para as equipes dessa modalidade na cidade. Logo, a partir de todas essas mudanças, a Ginástica ganhou, em 1970, novas formas de expressão. E é nesse clima, extremamente envolvente e de grandes mudanças sociais da década de 1970, até os nossos dias, que inicio minha história sobre a nova modalidade feminina.

A Ginástica conquistou seu espaço e ganhou adeptos ao longo do século passado, firmando suas raízes nas escolas campineiras e nomeando grandes ginastas, como foi o caso do Colégio Culto à Ciência, que, com sua equipe de Ginástica Olímpica, consagrou-se no Estado de São Paulo. Ganhou reconhecimento mundial quando, em 1974, enviou o primeiro ginasta brasileiro, José Fernando Costa Abramides, a um campeonato mundial, realizado na Bulgária, o que nos mostra a dimensão da Ginástica Olímpica em Campinas, que se consolidou por meio de práticas escolares, a partir da década de 1920.

Aos poucos, alguns clubes começaram a investir nesse esporte, tornando-o importante para a sociedade campineira. Em 1942, o Clube Campineiro de Regatas e Natação (CCRN) aderiu a esse esporte, adquirindo do Clube Concórdia alguns aparelhos de Ginástica, com a intenção de criar um departamento próprio para a nova modalidade. Em 1946, promoveu o campeonato de Ginástica de Solo, organizado pela Associação dos Professores de Educação Física de São Paulo, tendo como campeão paulista e campineiro o atleta do "vermelhinho" Henrique Huck. Em 1949, o Clube Regatas constrói seu primeiro barracão para abrigar a nova modalidade.

Nas décadas de 1950 e 1960, a modalidade foi crescendo gradativamente, sempre buscando melhorias e investimentos. Foi nesse cenário que, na década de 1970, despontou-se o trabalho pioneiro da nossa primeira personagem, a professora Vilma Lení Nista, que iniciou sua carreira como atleta, ainda jovem, na escola Culto à Ciência, na qual praticava, nas aulas de Educação Física, Ginástica Olímpica, com o professor Pedro Stucchi Sobrinho. Apaixonada por esse esporte, Vilma Nista seguiu carreira treinando e adquirindo mais técnica no Esporte Clube Pinheiros, em São Paulo. Após esse período de experiência, ingressou na Faculdade de Educação Física da Pontifícia Universidade Católica de Campinas (PUCCAMP), na qual se tornou monitora, em virtude da vasta experiência como atleta. Na PUCCAMP, pôde ter contato com outras modalidades de Ginástica, como a Ginástica Feminina Moderna (GR), a qual somente mulheres praticavam, pois era uma Ginástica "dançada", utilizando diferentes tipos de materiais, como o pandeiro. Concomitantemente a isso, Vilma Nista apresentou um projeto ao Clube Regatas, que, concordando, autorizou o início da Ginástica de Solo.

A primeira equipe de Ginástica Olímpica Feminina foi, então, formada no dia 15 de dezembro de 1970, com duas alunas. Sem desanimar e confiante em seu projeto, Vilma Nista segue adiante com sua turma e, no ano seguinte, a equipe passou de duas para cinquenta ginastas.

Houve certa dificuldade na aceitação dessa nova modalidade competitiva, porém mais difícil ainda foi enfrentar as primeiras competições na capital paulista, pois esse novo esporte, lá, praticado havia alguns anos, já contava com ginastas fortes e expoentes.

Em 1972, as ginastas do Regatas se filiaram à Federação Paulista de Ginástica e enfrentaram seu primeiro campeonato estadual, conquistando o título de campeãs, além de a ginasta Silvia Nista Gozzi ser classificada como a primeira ginasta do Clube Regatas a participar do campeonato brasileiro.

Com a Ginástica Olímpica tomando proporções significativas em virtude de tudo o que estava acontecendo, o crescimento do departamento no clube foi inevitável, então, nesse mesmo ano, mais um esporte foi criado no Regatas, a Ginástica Olímpica Masculina. Também foi inaugurado o *ginasinho*, uma sala construída especialmente para o departamento de Ginástica de Solo e Aparelhos Especializados.

Todos os envolvidos nesse processo tinham a certeza de estar investindo em um ideal, que tinha como pano de fundo uma visão educacional, e não somente no fazer pela prática, pela busca de talentos, mas, também, pelo desenvolvimento integral da criança.

Ainda nesse ano, Vilma Nista realizou o 1º Festival de Ginástica, que deu início a uma série de festivais, tornando-os famosos na cidade, nos quais os atletas demonstravam o trabalho do ano todo em coreografias que reuniam graça, beleza e força. Nesse primeiro Festival, a professora convidou as oito melhores ginastas do Brasil, sendo a oitava a atleta Silvia Nista Gozzi, do próprio Clube Regatas, culminando, então, em uma apresentação de primeira categoria.

Foi, também, em 1974 que Campinas recebeu o título de *Capital da Ginástica no Estado de São Paulo*, em virtude do número de praticantes na cidade. Só no Clube Regatas havia 350 ginastas, divididos entre a Ginástica Olímpica Feminina e Masculina e a Ginástica Estética. Havia, também, praticantes do Tênis Clube de Campinas, do Colégio Culto à Ciência, da Escola Vitor Meireles e do Colégio Imaculada.

Com todo esse crescimento, começaram a surgir outras formas de expressão da Ginástica no Clube Regatas, e a oportunidade de implantá-las surgiu em 1974, quando, para atender a um convite, Vilma Nista cedeu sua aluna Salete Cypriano, da Ginástica Olímpica e destaque no solo, para fazer parte da equipe da GR, em São Paulo, a fim de participar da recém-criada competição de GR nos JEBs.

Esse ano foi, sem dúvida, um ano de mudanças para a Ginástica campineira. A fim de investir na nova modalidade, surge a professora pioneira da GR em Campinas, Cleide Aparecida Albrecht Ribeiro, até então trabalhando no Clube Regatas com a professora Vilma Nista. Encantada pela nova Ginástica, montou sua própria equipe de ginastas, conseguindo espaço para treiná-las no Clube Semanal de Cultura Artística. Tudo isso foi possível graças à amizade com a professora Daisy Barros, técnica da equipe de GR de um clube no Rio de Janeiro há oito anos nessa modalidade. Daisy apoiou e deu suporte técnico para que a amiga pudesse investir em sua equipe campineira. Foi paixão à primeira vista. Desde então, Cleide Ribeiro vestiu a camisa da nova modalidade e fez tudo para que Campinas conhecesse e se interessasse por essa nova Ginástica para mulheres.

No dia 09 de maio de 1975, saiu uma nota no jornal campineiro *Correio Popular*, a pedido da professora Cleide Ribeiro, chamando a atenção da população para o novo esporte que nascia na cidade. A GR Desportiva, antes denominada GR Moderna, era a mais nova modalidade de Ginástica de Competição para as mulheres, utilizando-se dos aparelhos bola, corda, arco, fita e maças. A nota destacava a GR Desportiva como *o esporte mais completo para as mulheres*.

Com isso, ela proporcionou os primeiros eventos de GR na cidade, eventos importantes que marcaram história, como o primeiro Festival de GR em Campinas, em maio de 1975, e o primeiro Campeonato Brasileiro, realizado no ginásio do Taquaral, em setembro de 1975.

Cleide Ribeiro divulgou em uma matéria extensa no Jornal *Correio Popular* o sucesso desses eventos realizados, que repercutiu de forma absoluta. Nessa reportagem, comenta sobre o apoio recebido pelo Governo Brasileiro:

> O Governo da República Federativa do Brasil, através do ministério da Educação e Cultura – Departamento de Educação Física e Desportos, tem incentivado a difusão e a prática da Educação Física e dos Desportos como valiosos elementos de aperfeiçoamento dos valores morais do indivíduo e de elevação de sua capacidade física, componentes indispensáveis de uma política e desenvolvimento social e de integração nacional, principalmente apoiando atividades desportivas, artísticas e culturais que estimulem a criatividade e que possibilitem acesso ao nosso rico patrimônio cultural. (Jornal Correio Popular, 1975. Esporte).

Cleide Ribeiro continuou divulgando o crescimento da GR, com matérias nos jornais, para que a população entendesse cada vez melhor esta nova modalidade esportiva. Cursos de aperfeiçoamento foram programados para a divulgação do esporte. Ainda nesse ano, com essa Ginástica em evidência, o Brasil enviou uma equipe para a Gymnaestrada Mundial, um evento reconhecido pela Federação Internacional de Ginástica (FIG) que acontece de quatro em quatro anos. Segundo a professora:

> Esse festival tem como objetivo promover a ginástica no mundo inteiro e de fazer conhecer seu valor absoluto como esporte e como importante atividade no quadro ge-

83

ral da Educação Física. Visa, através da reunião de jovens do mundo inteiro, contribuir para maior aproximação dos povos e uma melhor compreensão das opiniões e dos diferentes sistemas. Não existe premiação, pois é um evento apenas de demonstração. (Jornal Correio Popular, 1975. Esporte)

FIGURA 3.1 – Equipe juvenil Clube Cultura (1976) (Acervo pessoal cedido pela entrevistada Cleide Ribeiro).

Esse evento reuniu cerca de vinte mil atletas do mundo inteiro e contou com a presença de uma equipe brasileira composta por três grupos de ginastas, que levou a Berlim, Alemanha, toda a graça e a ginga brasileira, representadas em coreografia com nossas danças folclóricas.

Nessa época, a professora Cleide Ribeiro já contava com duas equipes de ginastas que praticavam a GR no Clube Semanal de Cultura Artística.

Em meio a tudo isso, não se pode esquecer da ginasta Salete Cypriano, que foi cedida pela professora Vilma Nista para completar a equipe de GR do estado de São Paulo para disputar os JEBs.

Quando acabaram os Jogos, Salete Cypriano retornou a Campinas e, ao tomar conhecimento da equipe de GR no Clube Cultura formada pela professora Cleide Ribeiro, optou por investir nesse treinamento e, sendo a única atleta de Campinas com base e conhecimento nessa nova modalidade, contribuiu muito para que a equipe do Clube Cultura crescesse rapidamente. O depoimento de Salete Cypriano ilustra as dificuldades desta fase inicial de desenvolvimento da GRD:

> Nós não tínhamos conhecimento das regras dessa modalidade, então a gente tentava decifrar o código e montar as séries. Eu tinha muita força por causa da ginástica olímpica, então, no campeonato quando eu lancei a fita que era presa a um pauzinho de madeira, fiz vários saltos e recuperei, eu lembro do público fazendo "uau", e aquilo foi o máximo, até um tempo atrás existia exercício com o meu nome, tipo: "salto Salete", porque eu havia criado. Ah! E tem mais, as músicas da GRD só podiam ser de piano e a professora Cleide que tocava ao vivo nossas músicas nos campeonatos, era uma coisa linda de se arrepiar. (Depoimento de Salete Cypriano)

FIGURA 3.2 – Salete Cypriano (1975) (Acervo pessoal cedido pela entrevistada Cleide Ribeiro).

O primeiro Festival Brasileiro de GR aconteceu em 1975. Foi organizado pela professora Cleide Ribeiro e contou com o apoio do Departamento

Municipal de Educação Física, Esportes e Recreação (DMEFER), com o objetivo de divulgar a modalidade na cidade de Campinas. Aconteceu no Ginásio do Taquaral, durante três dias. Nesse evento, a professora Cleide Ribeiro levou um grupo de ginastas formado por alunas de diversos cursos da Unicamp, que treinavam na sede do Clube Cultura, além de muitos grupos convidados do Brasil.

Muitas outras divulgações foram feitas para que, cada vez mais, a modalidade se tornasse conhecida na cidade, como o primeiro curso de GR que foi realizado na PUCCAMP, em 1976, organizado pela professora Cleide Ribeiro. Esse curso serviu para que as novas ginastas desta modalidade na cidade, além de se aprimorarem na nova modalidade, começassem a entender e decifrar o Código de Pontuações da GR. Foi ministrado pela professora Daisy Barros, do Rio de Janeiro, e contou com a presença de muitos participantes interessados na GR.

Outro marco importante que aconteceu em Campinas, no Estádio do Guarani, em 1975, foi a realização dos JEBs, também organizados pela professora Cleide Ribeiro. Nessa época, era considerado o maior evento esportivo do Brasil. *Eram as Olimpíadas Brasileiras*, segundo a própria professora. Esse acontecimento parou a cidade. A abertura foi marcada por apresentações das equipes de Ginástica de Campinas.

Toda luta para implantar esse novo esporte foi reconhecida pelos méritos da professora Cleide Ribeiro, que, apesar de encontrar muitas barreiras, nunca desistiu de seu sonho, que era tornar reconhecida a GRD em Campinas.

O Clube Semanal de Cultura Artística teve um papel importantíssimo para a contribuição do crescimento desse esporte, entre 1975 e 1978. Além de ceder seu espaço cultural na sede social, ajudou financeiramente, patrocinando as viagens de avião da atleta Salete Cypriano para treinar e compor a Seleção Brasileira.

FIGURA 3.3 – Equipe Juvenil Clube Cultura (1976) (Acervo pessoal de Salete Cypriano).

A Seleção Brasileira fez um filme sobre a GR, explicando o que era essa modalidade e suas características. Esse filme foi gravado em Brasília, em frente aos Ministérios, e, logo após esse período, a Seleção Brasileira de GR embarcou para o seu primeiro Campeonato Mundial, realizado na Suíça, uma experiência importantíssima que fez que as ginastas e as técnicas brasileiras sentissem as diferenças técnicas e o quanto estavam defasadas em relação aos outros países, mas isso não foi motivo de desânimo para nossas jovens ginastas, que retornaram ao Brasil com garra e força de vontade para intensificar seus conhecimentos e aprimorar suas técnicas nesse novo e apaixonante esporte.

De acordo com a reportagem cedida ao Jornal *Correio Popular* em outubro de 1976, a professora Cleide Ribeiro foi, acima de tudo, uma entusiasta da GR, modalidade a qual ela dedicou grande parte de sua vida, sempre cheia de esperança de que um dia esse esporte, se popularizasse tanto até ser incluído na Educação Física Escolar.

Em 1976, o presidente, Argeu Pires Neto, e o diretor de esportes, Sergio Lobo, do Clube Semanal de Cultura Artística, sempre apoiando a professora Cleide Ribeiro, anunciaram a excelente notícia da construção do novo ginásio de esportes do Clube Cultura, com uma sala de 200 metros quadrados para o desenvolvimento adequado da nova modalidade, tornando, assim, o Clube o pioneiro no interior do estado de São Paulo a desenvolver a GR.

Foi em clima de muita festa que o mês de outubro foi encerrado. O Clube Cultura recebeu a ginasta Salete Cypriano que chegou da Europa, mais precisamente da Suíça, onde representou o Brasil e o próprio Clube Cultura, no Campeonato Mundial de GR, do qual participaram 32 países, a maioria da Europa e da Ásia. A delegação do Brasil, a única da América Latina, ficou em 15º lugar e foi composta por 12 atletas, dos quais 11 eram cariocas e apenas a Salete Cypriano paulista. Após o campeonato, as brasileiras seguiram para Stutgart, Alemanha, a convite do Governo, para participar de um festival de Ginástica. Salete Cypriano comenta o que ocorreu após esse campeonato:

> Após este campeonato eu participei de mais um Brasileiro representando o Clube Cultura e depois disto voltei para o Clube Regatas que vinha crescendo cada vez mais nesta área e já contava com uma equipe boa de Ginástica Rítmica e tinha um bom lugar para treinar que era o "ginasinho" de ginástica, e aí eu treinei mais um tempo com a professora Elizabeth Paoliello. Quando a Beth deixou esta modalidade para coordenar a Ginástica Estética eu assumi as aulas de GRD tornando-me então técnica por uns oito anos do Regatas. Mas hoje eu te falo que tudo o que eu vivi na GRD foi maravilhoso e eu aproveitei cada momento da minha carreira com muita dedicação e amor, eu diria mais: Eu comecei com a pessoa certa, na hora certa... Essa pessoa foi a professora Cleide. (Depoimento de Salete Cypriano)

Não se pode esquecer do crescimento da Ginástica no Clube Regatas e das novas investidas para a nova modalidade. Com toda essa dimensão, Vilma Nista convidou a professora Elizabeth Paoliello Machado de Souza para cuidar do departamento de GR. Essa é, então, outra personagem importante que marcou a história da GR em Campinas.

O Clube Campineiro de Regatas e Natação, já em 1976, possuía um dos maiores e melhores elencos de Ginástica Olímpica de todo o interior do estado de São Paulo. O departamento de Ginástica do Clube Regatas é o mais sofisticado e completo da cidade. Esse departamento cresce a cada dia, contando com as modalidades: Ginástica Olímpica Feminina e Masculina, GR e Ginástica Estética.

Para a realização desse trabalho e o êxito total dos seus objetivos em manter a qualidade das ginásticas dentro do Clube, Vilma Nista sempre contou com o total apoio da diretoria.

Fazendo parte do grupo de professores de Ginástica do Clube Regatas e ficando responsável pela nova modalidade esportiva, a GR, a professora Elizabeth ingressava, também, em sua carreira como professora da PUCCAMP, após um ano de formada, sendo responsável pela Cadeira de Ginástica, e, entre os vários conteúdos da Ginástica no curso, a GR tinha seu espaço.

Nas escolas de Campinas, a Ginástica também vinha tendo um crescimento notório. No Colégio Imaculada, esse trabalho já se destacava, como cita Elizabeth:

> *Eu já trabalhava com equipe de ginástica em aulas extracurriculares. Também existiam as competições universitárias que eu participava de todas com uma equipe que eu formei na PUCCAMP, chamava-se TUP – Torneio Universitário Paulista.*

Durante os anos de 1975 até meados de 1979, a GR era encontrada somente nos Clubes Regatas, com a professora Elizabeth, e no Clube Cultura, com a professora Cleide Ribeiro que, após 1979, mudou de Clube e assumiu as aulas de GR no Tênis Clube de Campinas.

Com dois clubes importantes e respeitados na cidade investindo nesse novo esporte feminino, a ascensão da GR em Campinas foi, aos poucos, ganhando mais adeptas, pois, além de ser um esporte feminino, é visivelmente bonito.

Segundo Vilma Nista, em 1979, o Clube já mantinha a marca de 325 atletas praticantes de Ginástica Olímpica e Rítmica, sendo o clube com maior número de atletas praticando Ginástica em todo o estado de São Paulo.

Como vimos, a década de 1970 foi um marco para o crescimento e o reconhecimento dessa nova modalidade esportiva. Todos os esforços para tornar a GR um esporte conhecido e respeitado na cidade de Campinas foram frutos de muito trabalho e dedicação, e as professoras pioneiras, Vilma Lení Nista-Piccolo e Cleide Ribeiro, não mediram esforços para divulgá-lo e neles investir.

Campinas consagrou-se em competições importantes, como campeonatos paulistas e brasileiros, e fez seu nome na história do esporte, provando ser uma cidade capaz de batalhar por seus ideais, sediando importantes eventos e colocando entre as melhores ginastas do país uma atleta que sempre recebeu total apoio da cidade.

A década de 1980 foi marcada pelo grande crescimento dessa modalidade, que já contava com os Clubes Regatas, Tênis e Bonfim, mantendo-a e fazendo que ela conquistasse mais espaço no esporte campineiro.

Essa década começou com grande ascensão e títulos na GR. Os dois clubes campineiros (Regatas e Tênis) trabalharam muito para que suas ginastas pudessem ser reconhecidas e fazer história da Ginástica de Campinas. Em maio de 1980, quatro ginastas do Clube Campineiro de Regatas e Natação foram convocadas pela técnica de São Paulo, Maria Conceição da Costa, para fazer parte da Seleção Paulista na Competição do CEB (Campeonato Estudantil Brasileiro), em Belo Horizonte. Para as técnicas Elizabeth Paoliello e Salete Cypriano, as possibilidades de as ginastas campineiras conseguirem boa classificação eram grandes.

Foi nessa época, também, que entrou para a nossa história outra personagem importante, Adriana Correcher Pitta, que, por sua vez, fez nome não só como ginasta, mas, também, como técnica de GR.

Adriana tinha um biótipo diferente de todas as meninas que praticavam GR. Ela era grande e encorpada, porém levava jeito. As professoras

Salete e Elizabeth, que dirigiam a equipe do Regatas, colocaram-na diretamente na equipe com meninas maiores.

A GR é um esporte que requer muita delicadeza, técnica, flexibilidade e, sobretudo, graciosidade. Ao primeiro contato com a competição, é comum a ginasta sentir dificuldades em se expressar corporalmente diante de tantos requisitos impostos pela modalidade. Para quase todas as ginastas, a primeira competição é frustrante, e com Adriana Pitta não foi diferente. A pressão psicológica sofrida pela situação competitiva acaba influenciando e envolvendo não só a ginasta, como, também, a técnica. Passado o primeiro constrangimento e frustração da primeira competição, Adriana Pitta resolveu encarar todas as dificuldades e seguir adiante com seu sonho, que era ser uma grande ginasta.

Conquistado o primeiro lugar com a série de arco no Campeonato Paulista, foi convidada para integrar a Seleção Brasileira, treinando durante dois anos em São Paulo (1982 e 1983), no Centro Olímpico, com a equipe do Clube Padote, dirigida pela técnica Maria da Conceição Costa.

Em 1983, a professora Vilma Nista, coordenadora da Ginástica do Clube Regatas, convidou Adriana para dar aulas em um projeto chamado *Grupo Básico de GR*. Portanto, aos 13 anos, era ginasta e professora da escolinha.

Em 1984, quando treinava a equipe mirim, levou sua primeira ginasta, Viviane Galhardo, para competir no Campeonato Sul-Americano, realizado em Buenos Aires. A técnica da Seleção era Bárbara Laffranchi, e Adriana foi como acompanhante, pois não tinha idade para se responsabilizar pela equipe. O Brasil conquistou o 1º lugar na classificação geral.

Em 1983 e 1984, Campinas vinha se destacando em vários campeonatos, fazendo parte da Seleção Paulista de GR. Adriana se recorda da melhor vitória, quando a Seleção Paulista venceu as cariocas e a equipe de Londrina, que, até então, eram imbatíveis.

Em 1984, grávida, a professora Salete se afastou do Clube Regatas, deixando Adriana assumir toda a equipe de GR, porém ela continuou sua carreira de ginasta por mais algum tempo.

Enquanto o Clube Regatas trabalhava com força total para o crescimento da modalidade, a professora Cleide Ribeiro também desenvolvia seu ótimo trabalho, sempre com muita garra e entusiasmo, agora no Tênis Clube de Campinas, recebendo total apoio da diretoria e já com um número surpreendente de ginastas compondo todas as categorias. A equipe tinha apresentações agendadas e vários outros convites.

Enquanto a década de 1970 foi um marco para o reconhecimento da prática da GR em Campinas, a década de 1980 foi para o seu crescimento. Com inúmeras apresentações e competições, os Clubes empenhavam-se cada vez mais para melhorar suas *performances*, seus domínios e suas conquistas. Vários campeonatos foram realizados ao longo dessa década, contando sempre com a participação das equipes campineiras, que abrilhantavam com seu desempenho e sua dedicação.

Em 1986, um grande evento aconteceu no Ginásio do Taquaral, com a participação das melhores ginastas do Brasil e da equipe de Ginástica Norte-Americana: a Copa Brasil de GR. A participação das ginastas campineiras nessa Copa foi considerada boa, uma vez que a intenção era apenas adquirir maior experiência, pois o nível da competição era altíssimo.

Outro grande evento que se tornou histórico para a GR do Clube Regatas foi a participação nos Joguinhos Abertos do Interior, realizados em Presidente Prudente, em setembro de 1986. A equipe do Clube Regatas consagrou-se campeã, constatando que experiência e trabalho sério podem trazer a conquista do primeiro lugar. O grande destaque, já citado, ficou a cargo da professora Adriana, que, com sua graça, técnica e beleza, venceu o campeonato.

No mesmo ano, a equipe de GR do Clube Regatas estava no auge, conquistando vários campeonatos, não só estaduais, mas, também, brasileiros, sob a coordenação de Adriana, que encerrou sua carreira como ginasta nos Jogos Abertos de Presidente Prudente.

FIGURA 3.4 – Correio Popular, 04 set. 1986, Esporte (Acervo pessoal de Adriana Pitta).

No ano seguinte, durante três dias do mês de abril, foi realizado um campeonato no Centro Olímpico do Ibirapuera, com a finalidade de se formar uma equipe brasileira para representar o país nas competições internacionais, que aconteceriam na Polônia, na Romênia, na França e na Áustria.

De Campinas, participaram as ginastas do Clube Regatas Cristiane Lima, Danielle Righetto e Eliana Ramos, todas sob o comando da técnica Adriana Pitta, mas essas não obtiveram classificações. Porém, o que marcou nesse evento foi o desabafo da ex-técnica Cleide Aparecida Albrecht Ribeiro. Em reportagem ao Jornal *Correio Popular*, Cleide Ribeiro "explode" o coração:

> Quanto à nossa GRD de Campinas, agradeço a lembrança do meu nome para debates, mas após 14 anos de trabalho árduo para implantar a GRD em Campinas e em São Paulo e ter conseguido formar várias seleções paulistas para defender o estado através do Clube Semanal de

> Cultura Artística e do Tênis Clube de Campinas e, indiretamente do Regatas... a gente acaba cansando.
>
> [...] Não há forma de reconhecimento de trabalho por ideal, e eu só trabalhei por ideal. Não ganhei dinheiro, só perdi. E nem sequer um obrigado por tudo que fiz por Campinas eu recebi [...] Estou muito magoada e dificilmente a ferida vai fechar. (Bellenzani, 1987, p. 14)

Cleide Ribeiro abandonou a GR de Campinas para auxiliar sua amiga Daisy Barros no Rio de Janeiro, com quem aprendeu tudo sobre a GR e aprendeu a acreditar que é o mais perfeito esporte feminino.

> Bem, como eu sempre prezo muito as pessoas com quem iniciei trabalho, eu sempre serei grata à Daisy e ao Darcimires pelo pioneirismo na introdução da GRD em todos os estados brasileiros e JEBs e pela sua incansável luta para manter viva a chama do amor pela GRD, apesar de todos os percalços e ingratidões. (Bellenzani, 1987, p. 14)

Foi no auge de sua carreira, em 1988, que, infelizmente, Adriana Pitta foi demitida do Clube Regatas. Desiludida, jurou jamais se envolver com Ginástica, tentou apagar de suas lembranças tudo o que se referia ao trabalho desenvolvido e resolveu curtir sua faculdade de Educação Física, porém, como uma boa ex-ginasta, resolveu "brincar" de fazer Ginástica sem compromisso, apenas por prazer, e foi então que, em 1989, a professora Elizabeth Paoliello, ministrando aula de Ginástica na Unicamp, convidou algumas ex-ginastas, que estavam mais velhas e ainda queriam continuar a prática, para fazer um curso de 15 dias com Fernando Brochado, em Rio Claro, sobre uma nova proposta, uma nova linha de Ginástica, a *Ginástica Geral*. Assim, Adriana Pitta se envolveu com essa nova proposta de Ginástica como demonstração e passou a fazer parte do Grupo Ginástico Unicamp, criado pelas professoras Elizabeth Paoliello e Vilma Nista, nesse mesmo ano. Atualmente, Adriana Pitta é técnica e coordenadora de GR do Clube Sociedade Hípica de Campinas.

Paralelo a isso, em 1986, a professora Elizabeth Paoliello, que coordenava a GR no Clube Regatas, convidou a professora Thais Franco Bueno para assumir as equipes mirim e infantil de GR, enquanto a professora Adriana Pitta treinava as equipes juvenil e adulta. Com a saída da Adriana Pitta, em 1988, a professora Thais assumiu todas as categorias da GR do Clube Regatas, em exercício até hoje.

Thaís se interessou pela Ginástica em 1976, quando a ginasta Nádia Comanechi foi campeã olímpica com a nota máxima na Ginástica Olímpica, nas Olimpíadas de Montreal. Encantada por essa modalidade, começou a praticá-la no Clube Regatas, mas, ao deparar-se com a GR, encantou-se e mudou de modalidade, tornando-se, inicialmente, aluna da professora Elizabeth e, depois, da professora Salete.

Sua carreira como ginasta foi curta, pois, querendo dedicar-se à Faculdade de Educação Física, parou de treinar e tornou-se estagiária no SESC (Serviço Social do Comércio) logo em seu primeiro ano de faculdade, em um projeto de miniesportes, no qual havia, também, a GR. Lá, trabalhou até assumir as equipes do Regatas.

O trabalho como técnica despontou em 1989, quando, por cinco anos consecutivos, ganhou o título de campeã paulista de GR. Nessa mesma época, foi convidada a lecionar Educação Física no Colégio Sagrado Coração de Jesus, além de assumir as aulas extracurriculares de GR. Desenvolvendo seu trabalho em ambos os lugares, pôde encontrar alguns talentos que fizeram história nesses anos.

Sua primeira atleta de destaque foi descoberta no Colégio Sagrado Coração de Jesus. Acreditando que a menina levava jeito para a modalidade e que poderia se tornar uma grande atleta, Thais convidou Maria Alejandra Cuenca Gigena para treinar no Regatas. Ela era a nova promessa da GR dos anos 1990. As habilidades e as capacidades motoras, bem como todas as características que uma boa ginasta deve ter, encontravam-se nela.

Possibilidade da Ginástica Rítmica

Logo no começo de sua carreira, em 1990, com 12 anos de idade, classificou-se para fazer parte da Seleção Brasileira, participando do Pan-Americano em Talahazi, EUA, no qual o Brasil ficou em 4º lugar, uma colocação bastante festejada, uma vez que o nível da competição era altíssimo. A ginasta Alejandra foi considerada a melhor do Brasil, conseguindo chegar à final de dois aparelhos individuais.

No ano de 1991, ela já possuía em seu currículo o título de tricampeã paulista na categoria infantil. Durante esse ano, o treinamento da ginasta se concentrou para a Copa Quatro Continentes, realizada na China, em 1992.

Em 1993, classificou-se para seu segundo campeonato internacional, dessa vez, a Copa Arco de Ouro, em Sófia, na Bulgária. Infelizmente, nem só de "pérolas" vive a GR, e, para participar desse importantíssimo campeonato, técnica e ginasta buscaram patrocinadores.

Alejandra vai à Copa Arco de Ouro e termina em 6º lugar, um excelente resultado, pois ficou entre as dez melhores ginastas do mundo.

Entre 1992 e 1997, a ginasta participou de mais cinco seleções e campeonatos internacionais.

Alejandra e sua técnica, Thaís, fizeram vários estágios na Bulgária. A ginasta também participou de muitas competições europeias, obtendo ótimas classificações. Toda essa experiência foi válida, pois os conhecimentos e as novas técnicas eram trazidos para o Clube Regatas, que investia cada vez mais em suas ginastas, transformando a modalidade conhecida e tornando a cidade de Campinas um polo da GR.

Essa ginasta foi gloriosa entre os anos de 1990 e 1995, conquistando vários títulos importantes para a história da GR campineira, mas não é só de glórias que vive a ginasta, e Alejandra enfrentou um problema emocional que a marcou, contribuindo para que se afastasse do seu sonho.

FIGURA 3.5 – Reportagem *Correio Popular*, 29 dez. 1991, Esporte (Acervo pessoal de Alejandra Cuenca Gigena).

A década de 1990 foi o apogeu da GR campineira, com grandes revelações, como Alejandra e Kizzy Antualpa.

Nossas próximas personagens também foram grandes ginastas que marcaram e impulsionaram o crescimento da GR em Campinas nessa década. Kizzy Antualpa e Fernanda Festa Rezende não só representaram Campinas como contribuíram para que a cidade fosse cada vez mais reconhecida por esse esporte em ascensão. Em 1992, já começavam a disputar seus primeiros campeonatos paulistas, ambas com apenas 11 anos de idade. Kizzy ganhava sua primeira medalha de prata no Campeonato Paulista e, em 1993, classificou-se para disputar seu primeiro campeonato internacional, o Sul-Americano, em Porto Viejo, Equador, e teve como técnica a tão conhecida professora Thaís, pois, na GR, a técnica da Seleção sempre é a treinadora da atual campeã brasileira. A equipe brasileira ficou em 2º lugar, perdendo somente para as argentinas. Nos aparelhos individuais, Kizzy ficou com o título de campeã geral. Assim, torna-se a primeira ginasta brasileira a ter o título de campeã Sul-Americana Infantil.

FIGURA 3.6 – Kizzy Antualpa (Acervo pessoal de Kizzy Antualpa).

No ano de 1994, Kizzy e Fernanda disputaram em Curitiba vaga na Seleção Brasileira para participar do Pan-Americano no México. Elas fizeram parte do grupo e ficaram em 6º lugar.

Nesse ano, a equipe de GR do Clube Campineiro de Regatas e Natação ganhou o Troféu Eficiência da Federação Paulista de Ginástica, pelo excelente trabalho realizado. Além desse, o clube foi premiado, também, como destaque do ano com as equipes infantis A e B. A ginasta Kizzy e a técnica Thaís também receberam seus merecidos prêmios.

Campinas sediou um grande evento em 1994, os 58º Jogos Abertos do Interior, considerado o maior evento poliesportivo da América do Sul. Acontece sempre no mês de outubro e, a cada ano, aumenta seu prestígio, com recordes de participação de atletas e cidades. Nesse ano, Campinas introduziu novas modificações nos Jogos, como a participação de atletas de alto nível, mudando o aspecto da *Olimpíada Caipira*, como era conhecida antigamente, para *Olimpíada Brasileira*.

A modalidade GR não tem participação nos Jogos, pois havia pouquíssimas cidades que mantinham a prática desse esporte. Os Jogos reuniram 10 mil atletas de 143 cidades do estado de São Paulo.

Em 1995, a atleta Fernanda foi comunicada de que integraria o grupo de ginastas da Seleção Brasileira para disputar o Pan-Americano, em Mar Del Plata, Argentina. Essa notícia foi recebida por todos do Clube Regatas com muita alegria, pois Fernanda estaria entre as melhores ginastas do mundo. Para tanto, a atleta mudaria totalmente sua vida por dois meses, tendo de treinar em Londrina, onde moraria com as outras ginastas que se preparavam para a competição. A notícia pegou a atleta de surpresa. A equipe brasileira conquistou o 3º lugar.

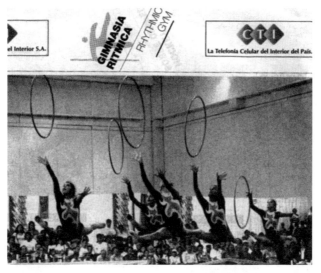

FIGURA 3.7 – Seleção Brasileira no Pan-Americano, em Mar Del Plata, 1995 (Acervo pessoal de Fernanda Rezende).

Enquanto isso, a atleta Kizzy participava da Copa Quatro Continentes, que acontecia no Egito. Infelizmente, a equipe brasileira não obteve bons resultados nesse campeonato. Do Brasil, apenas Kizzy conseguiu o 18º lugar, entre os sessenta participantes.

Nesses eventos, as ginastas enfrentavam a maior dificuldade, que era o patrocínio. Sem consegui-lo, batalhavam com seus próprios esforços para participarem dos campeonatos, e, mais uma vez, a equipe enfrentava uma batalha para poder disputar o Campeonato Interclubes, em Cuba, no mês de julho. Três ginastas do Regatas foram convidadas pela Federação de Cuba para representar o Brasil, em 1995. Fernanda, com 14 anos, na categoria adulta; Kizzy, com 13 anos, na categoria juvenil; e Flavia Costa, com 10 anos, na categoria infantil. O convite foi feito durante o Pan-Americano, em Mar Del Plata. A Confederação Brasileira confirmou o nível técnico das ginastas e lheus deu o aval para competirem. Essa era a terceira vez que as ginastas recebiam o convite de Cuba, mas, até então, não participaram por falta de patrocínio.

Possibilidade da Ginástica Rítmica

As três atletas embarcaram para Cuba por conta dos esforços realizados pelos pais, como bingos, rifas etc. Além de competirem, fizeram um estágio de uma semana com a técnica cubana. A seleção cubana possui a melhor escola de GRD da América. Nos Jogos Pan-americanos em Mar Del Plata, essa seleção foi campeã, seguida dos Estados Unidos.

Três ginastas campineiras disputam torneio em Cuba

Atletas do Regatas/Coração de Jesus buscam experiência internacional

Três ginastas de Campinas disputam em Cuba, de 3 a 9 de julho, o Campeonato Internacional Interclubes de Ginástica Rítmica Desportiva. A campeã sul-americana Kizzy Antualpa é o principal destaque da equipe do Regatas/Coração de Jesus, que tem ainda a campeã brasileira Fernanda Festa Rezende e a vice-campeã paulista Flávia Costa, de apenas 10 anos. As atletas de Campinas participam deste torneio a convite da Confederação Cubana de Ginástica.

As três atletas do Regatas, segundo a técnica Raquel Gobbo, vão a Cuba atrás de experiência. Chances de medalha, de acordo com a treinadora, elas até têm, mas o que contará mesmo neste torneio, onde participam clubes convidados, vai ser o intercâmbio. "No Brasil, elas não têm com quem competir. Esta competição serve como aprendizado", explica Raquel.

Para Raquel Gobbo, Kizzy Antualpa deve fazer boa apresentação em Cuba. A ginasta, de 13 anos, é campeã sul-americana e bi brasileira. Ela compete na categoria juvenil e se apresenta com os aparelhos corda, arco, fita e maça.

Fernanda Rezende, 14 anos e medalha de bronze nos Jogos Pan-Americanos de Mar del Plata, também é destaque da equipe. Disputa o torneio pela categoria adulta pela primeira vez e por isso deve encontrar adversárias bem mais experientes. Se apresenta com corda, bola, maça e fita. Já a infantil Flávia Costa, vice-campeã paulista, faz sua primeira competição internacional e mostra coreografias com corda, arco, bola e mãos livres.

Além do torneio, as ginastas campineiras vão fazer um estágio de uma semana com a técnica da seleção cubana. O estágio, segundo Raquel, será importante para ampliar os conhecimentos das atletas. Cada um pagará US$ 100,00 pelas aulas com a treinadora campeã pan-americana. "O estágio é pago porque esta é a forma de as cubanas, que não têm patrocínios, conseguirem verba para competirem fora do país", explica.

Fernanda Rezende, Kizzy Antualpa e Flávia Costa mostram coreografia que vão apresentar no Campeonato Internacional de Ginástica Rítmica em Havana: experiência e estágio em Cuba

FIGURA 3.8 – Reportagem Jornal *Correio Popular*, 28 jun. 1995 (Acervo pessoal de Fernanda Rezende).

As brasileirinhas fizeram bonito em Cuba. A atleta Kizzy tornou-se vice-campeã geral da competição e campeã nos aparelhos maça, corda, fita e arco. A atleta Fernanda ficou com a 6ª colocação geral e a medalha de bronze nos aparelhos maça e corda, e a atleta Flávia Costa terminou em 8º lugar na classificação infantil, resultado positivo, pois foi seu primeiro campeonato internacional.

As ginastas não param. A equipe de GR do Clube Regatas entrou na década de 1990 com força total, entraram para vencer e participaram de todos os campeonatos possíveis. As ginastas mal chegaram de Cuba e já viajaram para João Pessoa, na Paraíba, para disputar os JEBs, nos quais representaram São Paulo.

No mês de novembro de 1995, Campinas foi escolhida pela Confederação Brasileira para sediar o Campeonato Brasileiro de GR, do qual participaram sete estados: Santa Catarina, Rio Grande do Sul, Espírito Santo, Amazonas, Paraná, Rio de Janeiro e São Paulo. Foram cerca de quarenta ginastas, as melhores do país.

O ano de 1996 começou a todo vapor com a convocação da ginasta Fernanda para integrar a Seleção que disputaria o Campeonato Mundial em Budapeste, na Hungria.

No mesmo ano, Kizzy foi convidada para passar dois meses na Bulgária, fazendo estágio com a professora Giurga Takova Nedialkova, integrante da equipe técnica da seleção búlgara de GRD. Giurga também foi técnica da seleção de GR do Egito, durante três anos.

Kizzy treinava por nove horas, todos os dias. Trocou experiências com meninas do mundo todo. Os treinos aconteciam em um ginásio grande, com três tablados e várias técnicas ministrando aulas. Durante esse período, ela competiu em três campeonatos búlgaros, conquistando, nos três, o 3º lugar. Para a atleta, a experiência foi muito válida, apesar de sentir muita falta do Brasil e dos pais.

Após esse estágio, Kizzy retornou ao Brasil com mais experiência. Ao chegar, já participou da seletiva para o Campeonato Pan-Americano na Guatemala, na categoria juvenil. Nesse campeonato, a Seleção conquistou o 3º lugar, considerado uma grande vitória.

Em 1997, Kizzy foi para o Mundial na Alemanha, ganhando o campeonato em três aparelhos. O mundial é uma preparação para as Olimpíadas.

Possibilidade da Ginástica Rítmica

Também em 1997, Fernanda, que treinava desde 1995 em Londrina, fazendo parte da Seleção Brasileira de GR, participou da Copa Quatro Continentes, que aconteceu na Austrália. O Brasil ficou em 3º lugar no conjunto, um resultado bastante positivo para a equipe. Kizzy foi à Copa com séries individuais.

Esse foi o último campeonato da atleta Fernanda, que já estava completando 18 anos. Ela se despediu da Seleção após morar dois anos em Londrina. Fernanda deixou saudades, e sua marca ficou na memória de todos que conhecem a GR, pois, sempre delicada e graciosa, apresentava suas séries sorridente. Fernanda acabou sua carreira de ginasta, mas nunca abandonou sua paixão: decidiu cursar a faculdade de Educação Física, na PUCCAMP, e se formou em 2002. Atualmente, leciona GR no Clube da Hípica e no Regatas, onde fez sua história.

Em 1997, a Unimed patrocinou a atleta Kizzy. Ela ganhava os *collants* e um salário mínimo por mês. No ano seguinte, Kizzy participou de um circuito para se preparar para as Olimpíadas. Começou com um campeonato na Ucrânia, em março. Em maio, seguiu para a Bulgária, onde participou de outro campeonato, e de lá partiu para a França. Nessa fase, a ginasta adquiriu muita autoestima. Na França, Kizzy conquistou a 28ª posição entre duzentas ginastas. Essa classificação fez que a Confederação Brasileira a habilitasse para participar das Olimpíadas de 2000, na Austrália. Em julho, a atleta foi para os Jogos da Juventude Mundial, em Moscou. Após esse circuito, retornou ao Brasil e competiu nos Campeonatos Brasileiros, sendo campeã absoluta em todos os aparelhos. Em outubro de 1998, participou do Campeonato Sul-Americano em Cuenca, conquistando o segundo lugar individual.

Em março de 1999, a ginasta participou pela primeira vez de um campeonato nos Estados Unidos e, após, seguiu para Chicago, onde fez diversas apresentações.

Após chegar dos Estados Unidos, Kizzy estava participando da aula de Educação Física, em sua escola, jogando Handebol, quando sofreu uma queda, batendo a cabeça. Levada ao hospital para fazer exames da cabeça e da coluna, descobriu-se que a atleta tinha um problema muito raro na coluna cervical. As vértebras, em virtude da grande flexibilidade, apresentavam frouxidão ligamentar, tinham hiperflexibilidade. Ficou um dia no hospital, em observação. Durante uma semana, usou o colar cervical e ficou afastada dos treinamentos. Os médicos proibiram a prática da Ginástica por quatro meses. A Confederação Brasileira contratou seis médicos para examiná-la e tratá-la, já que não aceitavam a hipótese de a melhor ginasta encerrar sua carreira, uma vez que, em julho do mesmo ano, participaria dos Jogos Pan--Americanos. Porém, alertada pelos médicos do perigo de ficar tetraplégica caso continuasse a praticar a GR, a gloriosa ginasta foi obrigada a abandonar o que mais amava.

Os sonhos de uma carreira desabaram. Em julho, na época dos Jogos, os pais a mandaram para Fortaleza para se distrair. Foi a primeira vez, em dez anos, que a ginasta teve férias. O que ficou na dúvida de todos que acompanharam a ginasta é se ela não deveria ter tentado, porém todos resolveram não arriscar. Infelizmente, a linda trajetória da atleta estava encerrada.

No final da década de 1990, surge uma nova geração de ginasta na prática da GR, que fará parte das novas estrelas da Ginástica nesse novo século. A atleta Fernanda Vacari Bristotti é uma das que se tornam expoentes na nossa história. Ela começou a praticar GR com 8 anos, no Clube Guarani, com a técnica Rosana Russo. Em 1997, foi para a equipe do Clube Regatas. No ano de 1998, integrava a equipe campeã de conjunto infantil no Campeonato Paulista. Sempre ginasta de conjunto, foi convidada pela técnica de São Paulo, Maria Conceição, do Clube Ábaco, para integrar a Seleção Brasileira. Fernanda treinou durante todos os dias, por um período de dois meses e meio, em São Bernardo do Campo. Participou da Copa Quatro Continentes, realizada em Curitiba, em dezembro de 2001, conquistando, junto à seleção, o 3º lugar.

Campinas entra no ano 2000 com oito clubes que mantêm a prática da GR. Também possui três escolas privadas e uma universidade que mantêm esse esporte em prática, estimando um número aproximado de novecentas ginastas praticando-o na cidade.

A GR possui suas divisões, sendo um grupo de ginastas federadas e outro de não federadas, e, hoje, em Campinas, somente o Clube Regatas mantém ginastas federadas. Os demais clubes, AABB, Cultura e Hípica, e as escolas São José e Coração de Jesus participam apenas de competições de nível não federado. As competições, para essa segunda categoria, têm por objetivo incentivar a prática desse esporte e descobrir novos talentos.

Na cidade de Campinas, são realizadas competições que se tornaram tradicionais, como a Copa Cultura, a Copa AABB, a Copa Hípica e a Olímpesec, que é a maior olimpíada interclubes do Brasil, oferendo oportunidade às atletas não federadas de participar.

Competições, como o Troféu São Paulo e as demais supracitadas, servem sempre de grande incentivo para as meninas que estão iniciando a prática nessa modalidade.

Este trabalho de base era tão consistente que alguns clubes destacam-se em campeonatos para não federados, como o Clube Cultura, que, em 2000, destacou-se na competição do Troféu São Paulo, conquistando o vice-campeonato, competição que reuniu 1.500 ginastas não federadas do Estado de São Paulo, e consagrou-se campeão na cidade de Campinas, na Copa Cultura de GR, que reuniu quatrocentas ginastas.

■ Cheias de charme – *As equipes do Clube Cultura, AABB, Sociedade Hípica, Regatas e Bonfim participam sábado da 5ª Copa AABB/Campinas de Ginástica Rítmica Desportiva. A competição, com início programado para as 9 horas, será disputada no Ginásio de Esportes da Associação Atlética Banco do Brasil. No último final de semana, a equipe do Cultura (foto) terminou em segundo lugar no nível B, aparelho bola, do importante Troféu São Paulo da modalidade. O grupo campineiro é dirigido pelas técnicas Giovanna Regina Saroa e Ivanise Rodrigues Maldonade*

FIGURA 3.9 - Reportagem Clube Semanal de Cultura Artística, *Correio Popular*, 18 mai. 2000. Esporte (Acervo da pesquisadora Giovanna Sarôa).

Foi uma fase bem puxada na minha vida. Eu estudava de manhã e treinava forte à tarde, durante todos os dias. Sentia muitas saudades da minha casa, da minha mãe e do meu pai.

A minha sorte é que eles iam me ver todos os finais de semana.
(Depoimento de Fernanda Vacari)

Em 2003, a equipe do Clube Campineiro de Regatas e Natação conquistou o 1º lugar na categoria infantil com o aparelho bola, o 3º lugar na categoria pré-infantil com mãos livres e o 3º lugar na categoria adulto com os aparelhos arco e bola, no Torneio Nacional, realizado em Brasília, no mês de novembro.

Nesse ano, o Clube tem um total de 130 ginastas praticando essa modalidade, divididas em categorias. A equipe treina para Jogos Regionais, campeonatos paulistas, campeonatos brasileiros e Torneio Nacional e conta com duas ginastas com chances de compor a Seleção Brasileira: Fernanda Menegaldo e Laís Lopes Pascoalino.

Fernanda Menegaldo começou a praticar GR em 1999, no Colégio Progresso Campineiro, com orientação da professora Giovanna Sarôa. No ano de 2001, mudou-se para o Clube Regatas, pois seu sonho era participar de campeonatos federados. Em 2002, foi vice-campeã geral no Campeonato Paulista na categoria pré-infantil. No ano de 2003, fez parte do conjunto do Clube Regatas, conquistando o 1º lugar no Torneio Nacional, em Brasília. Em 2004, Fernanda Menegaldo foi a 8ª melhor ginasta no *Ranking* Brasileiro.

FIGURA 3.10 – Fernanda Menegaldo (2004) (Acervo da pesquisadora Giovanna Sarôa).

Laís Lopes Pascoalino se iniciou no Clube Regatas em 1997 e, em 2002, foi campeã paulista na categoria pré-infantil com mãos livres, ocupando, em 2004, o 6º lugar no *Ranking* Brasileiro.

FIGURA 3.11 - Laís Lopes Pascoalino (2004) (Acervo da pesquisadora Giovanna Sarôa).

O ano de 2004 foi marcado por uma nova fase na história da GR. A modalidade passa por uma crise, e cada vez mais as equipes campineiras deixam de participar de campeonatos por vários motivos, entre eles a falta de patrocínio e incentivo ao esporte e o grau de dificuldades (dos elementos corporais) das novas regras no Código de Pontuação estipulado pela FIG, as quais são estipuladas e mudadas a cada quatro anos, de acordo com as Olimpíadas.

As ginastas têm de cumprir essas dificuldades nas séries livres individuais e em conjunto nas competições de nível federado, que são as estaduais e as nacionais. Para que possam adquirir alto nível na modalidade, elas têm de se dedicar durante muitas horas na semana, e, infelizmente, são poucas as que levam tal empenho e dedicação, em virtude da falta de apoio já comentada.

Como já foi mencionado, Campinas tem ginastas federadas e não federadas. Com isso, surgem na cidade festivais de Ginástica Geral e Dança, nos quais as equipes podem apresentar suas coreografias sem seguir as regras oficiais da GR. Esses eventos se transformam, cada vez mais, em um espetáculo esportivo não competitivo.

Essa é a nova realidade e a nova "cara" da GR, que, ao longo dessas três décadas, conquistou seu espaço em nossa sociedade e tornou-se um esporte conhecido e muito procurado pelas meninas. O ano de 2004 se encerrou com apenas quatro clubes e duas escolas que mantinham a GR. Em consulta às técnicas dos respectivos clubes, chegou-se ao número de 380 ginastas.

O Quadro 3.1 resume este contexto da modalidade na cidade de Campinas, evidenciando como a prática estava disseminada entre clubes e escolas, bem como despontavam-se gradativamente novos talentos.

Quadro 3.1 – Situação da GR em Campinas de 2000 a 2004

Clube	Técnica	N. aproximado de atletas	Ginastas de destaques
Clube Campineiro de Regatas e Natação	Thaís Franco Bueno Raquel Gobbo Renata Rezende Fernanda Rezende	130 ginastas	Fernanda Vacari Fernanda Menegaldo Laís Pascolino
Clube Semanal de Cultura Artística	Giovanna Sarôa Luciana Leme	70 ginastas	Lívia Pennone Kelly Isayama Beatriz Tukada Melo
Sociedade Hípica de Campinas	Adriana Pitta Fernanda Rezende Renata Rezende	50 ginastas	Fernanda Azevedo Isabela Almeida
Associação Atlética Banco do Brasil	Maria Luiza G. Freitas	30 ginastas	Talita Morina Carolina Figueredo
Escola Salesiana São José	Jane Nunes Grise	50 ginastas	Nayara Mandaji
Escola Sagrado Coroação de Jesus	Thaís F. Bueno	50 ginastas	Camylle Tanaka Isabelle Kanai Tatyana de Almeida

Fonte: Sarôa (2005, p. 124).

Ao final desta pesquisa, deparei-me com a satisfação, o prazer e a emoção em poder escrever e contar essa história, que mudou e marcou a minha vida e a de pessoas que, com fibra e determinação, construíram a história da GR campineira, acreditando sempre em seus sonhos; pessoas que deixaram sua marca não só na nossa história, mas na da GR brasileira; pessoas de garra, que lutaram para tornar conhecido esse esporte lindo e fascinante.

Essas pessoas fizeram a GR da cidade, do país, do mundo. Fizeram – e ainda fazem – que ela se expandisse por escolas, clubes, associações, faculdades e projetos à comunidade, tornando-a vivida, conhecida e valorizada na cidade, em algumas décadas, por grupos de diferentes perfis (faixas etárias, níveis sociais, escolaridade etc.), em sua forma desportivizada e em suas diversas formas de manifestação: pedagógica, demonstrativa etc.

Acompanhando esse crescimento, percebo a evolução da GR a cada dia e, nesse novo milênio, ousaremos conquistar mais e mais espaços nessa história, que não tem fim, afinal, toda história tem seu eco.

FIGURA 3.12 – Personagens dessa história (da esquerda para direita): Fernanda Rezende, Alejandra Cuenca, Salete Cypriano, Elizabeth Paoliello, Giovanna Sarôa, Thaís Franco, Adriana Pitta. As crianças: Laís Pascoalino e Fernanda Menegaldo (2005) (Acervo da pesquisadora Giovanna Sarôa).

Referências

AZEVEDO, F. **Da Educação Física**: o que ela é, o que ela tem sido e o que deveria ser. São Paulo: Melhoramentos, 1960.

BRAGANÇA, A. Fischer e as novas metas da Ginástica. **Diário Popular**, Campinas, 05 nov. 1979. Edição de Esportes, p. 4.

BRASILEIRAS embarcam hoje para a Hungria. **Correio Popular**, Campinas, 16 jun. 1996. Caderno de Esportes.

BELLENZANI, W. Cleide Ribeiro "explode" o coração. **Correio Popular**, Campinas, 22 abr. 1987. Caderno de Esportes, p. 14.

BOAS, I. V. Ginasta de Campinas é a melhor do Estado. **Correio Popular**, Campinas, 27 abr. 1994. Caderno de Esportes.

COPA Brasil de GRD com excelente nível técnico. **Correio Popular**, Campinas, 30 jul. 1986. Caderno de Esportes, p. 15.

CAMPINEIRA representa o Brasil na Bulgária. **Diário do Povo**, Campinas, 08 mai. 1991. Esportes.

DA REPORTAGEM LOCAL. Sem patrocínio, ginasta brasileira poderá não competir na Bulgária. **Folha de São Paulo**, São Paulo, 22 mai. 1991.

DEMENY, G. **Éducation et Harmonie dês Mouvements**. Paris: Librarie Félix Alcan, 1920.

ELIAS, M. C. Kizzy quer chegar às Olimpíadas. **Correio Popular**, Campinas, 20 nov. 1993. Caderno de Esportes.

EME, A. O mais novo dos desportos. **Correio Popular**, Campinas, 09 mai. 1975. Caderno Social.

FERREIRA, A. C. Acima de tudo um esporte. **Correio Popular**, Campinas, 1975. Caderno de Esportes, p. 23.

FIORIN, C. M. **A Ginástica em Campinas**: Suas formas de expressão da década de 20 à década de 70. 2002. Dissertação (Mestrado) – Faculdade de Educação Física, Unicamp.

MARTINS, J. P. S. **Campinas século XX** – 100 anos de história. Campinas: Rede Anhanguera de Comunicação, 2000.

RIBEIRO, C. Festival de Ginástica Rítmica Desportiva em Campinas. **Correio Popular**, Campinas, 16 mai. 1975. Caderno de Esportes.

SARÔA. G. **A história da Ginástica Rítmica em Campinas**. 2005, 140f. Dissertação (Mestrado em Educação Física) – Unicamp, Campinas, 2005.

SOARES, C. L. **Imagens da Educação no corpo**. Campinas: Autores Associados, 1998.

TESCHER, L. **A prática do Furnen entre imigrantes alemães e seus descendentes no Rio Grande do Sul: 1867-1942**. Ijuí: Unijiú, 1996. (Trabalhos Acadêmico-Científicos).

TRINDADE, S. Ginástica Rítmica Desportiva une graça e elegância. **Correio Popular**, Campinas, 28 jun. 1992.

VELARDI, M. Ginástica Rítmica: A necessidades de novos modelos pedagógicos. In: NISTA-PICCOLO, V. L. (Org.) **Pedagogia dos esportes**, Campinas: Papirus, 1999 (Corpo & Motricidade).

VIEIRA, E. A. **Ginástica Rítmica Desportiva**. São Paulo: IBRASA, 1982.

4

O inconstante Código de Pontuação da Ginástica Rítmica

Márcia Regina Aversani Lourenço

Ao longo dos anos, a Ginástica Rítmica (GR) vem evoluindo com frequentes mudanças técnicas e rápido desenvolvimento de novas possibilidades para a prática da modalidade. O Código de Pontuação também evolui, e essa evolução tem acontecido de forma contínua e necessária para acompanhar e absorver todas as novidades apresentadas pelas ginastas, seja individual ou em conjunto.

Embora o Código de Pontuação ainda seja composto, em parte, por regras subjetivas, há a preocupação da Federação Internacional de Ginástica de, cada vez mais, buscar a objetividade na forma de avaliar em GR, e essa busca ocorre de forma sistemática dentro do contexto mundial em que essa modalidade está inserida.

Bodo-Schmid (1985) registra que, como não havia nenhuma regra preestabelecida, os juízes se baseavam no julgamento da Ginástica Tradicional, agora conhecida como Ginástica Artística.

O primeiro Curso de Árbitros aconteceu em Praga, no ano de 1965, três meses antes da realização do 2º Campeonato Mundial da modalidade em Praga, Tchecoslováquia, mas a primeira publicação do Código de Pontuação de Ginástica Moderna se deu apenas em 1970. Segundo Lourenço (2003), não havia mais que oito páginas na primeira edição das regras da GR. Sabemos que, anteriormente à publicação desse primeiro código, já havia a preocupação de se definirem as regras das competições de forma que todos os avaliadores ou árbitros pudessem adotar o mesmo critério, tornando, assim, o julgamento o mais correto possível e evitando que as ginastas ou os conjuntos dos países participantes fossem prejudicados.

> No princípio não existiam regras claramente definidas para regulamentar a pontuação do esporte. Com o passar dos anos e com a evolução da prática desportiva o Código de Pontuação que hoje rege o esporte, consolidou-se com o aumento do número de regras e aperfeiçoamento do sistema de pontuação. Com um Código de Pontuação sistematizado, houve um aumento progressivo das exigências impostas às praticantes do esporte, por conseguinte, a necessidade de se utilizarem métodos científicos de treinamento para o alcance de ótimas performances competitivas. (Laffranchi, 2001, p. 6)

A cada Ciclo Olímpico, ou seja, de quatro em quatro anos, a Federação Internacional de Ginástica promove reuniões com seu Comitê Técnico, a fim de discutir as prováveis mudanças no Código, de acordo com as tendências e as inovações ocorridas no ciclo anterior. Após analisar sugestões de técnicas, árbitros e demais profissionais envolvidos com a modalidade, os membros do Comitê Técnico organizam as novas regras e as submetem à aprovação do Comitê Executivo da FIG, que, somente após essa aprovação, realizam um curso internacional de árbitros para a divulgação das regras que, posteriormente, são disseminadas por meio dos cursos continentais de arbitragem e, na sequência, por cursos nacionais e estaduais.

Toda essa sistematização acontece desde a primeira publicação e, a partir daí, são quatro décadas de existência das regras oficiais que regem a GR. Vejamos um quadro retrospectivo de todos os Ciclos, no qual o início da determinação de quatro anos para se caracterizar um Ciclo Olímpico se dá a partir de 1973, pois não há registro de organização do Código de Pontuação em forma de Ciclo antes dessa data.

Quadro 4.1 – Ciclos do Código de Pontuação de GR

Ciclo	Anos
1º	1970-1971
2º	1971-1972
3º	1973-1976
4º	1977-1980
5º	1981-1984
6º	1985-1988
7º	1989-1992
8º	1993-1996
9º	1997-2000
10º	2001-2004
11º	2005-2008
12º	2009-2012

Também não há registro sobre os critérios utilizados na elaboração do primeiro exemplar do Código de Pontuação da GR. Acreditamos que havia uma preocupação em redigir as regras de forma que os árbitros pudessem julgar a ginasta ou o conjunto da forma mais justa possível. Com a evolução do esporte, ajustes foram se realizando, de modo que o próprio Comitê Executivo pudesse organizar critérios para todas as modalidades sob a responsabilidade da FIG (Ginástica Artística Feminina e Masculina, Ginástica Acrobática, Ginástica de Trampolim, Ginástica Aeróbica e GR). Assim, ao elaborar as regras específicas, cada comitê tem as regras gerais como base.

Citamos aqui os atuais critérios ditados pelo Regulamento Técnico da Federação Internacional de Ginástica (2005, p. 6), tradução desta autora:

> Os Códigos – que são elaborados pelos Comitês técnicos e aprovados pelo Comitê Executivo –, se ocupam da avaliação dos exercícios; das uniões e combinações; das deduções por falta de execução; determinam as medidas disciplinares aos treinadores, ginastas e juízes e detalhes gerais de organização e controle de competição.

Para os últimos Ciclos da Ginástica Rítmica, foram enviadas aos comitês de todas as modalidades mantidas pela FIG informações discutidas no Simpósio de Veneza, em 1999, e foram recebidas por esta autora por ocasião do curso de árbitros do 23º Campeonato do Mundo, em Osaka, no Japão:

- Código uniforme a todas as disciplinas da FIG, ou seja, com os mesmos princípios;
- maior tempo de duração das regras, com o objetivo de fazer um trabalho predeterminado em longo prazo com os ginastas;
- somente normas relativas à pontuação, e não normas técnicas;
- júris A e B independentes;
- caráter de *performance* clara em cada aparelho (diferenciar os aparelhos);
- volta das recuperações de risco (sem bônus);
- entrega de uma planilha, pelas técnicas, antes da competição para a avaliação dos árbitros.

Algumas das diretrizes apresentadas em 1999 já faziam parte do sistema de avaliação na GR, como a divisão de júris A e B, ou seja, composição e execução, e também as recuperações de risco realizadas em Ciclos anteriores.

As planilhas e a utilização de símbolos foram absorvidas da Ginástica Artística, as informações técnicas foram eliminadas e já não encontramos mais as definições dos elementos técnicos de cada aparelho. Atualmente, há grande diferenciação entre as coreografias de corda, arco, bola, maças e fita, pois as exigências para cada aparelho seguem as características próprias deles. Porém a GR ainda tem um grande problema a ser resolvido, que é a questão relacionada ao tempo de duração das regras. O Código é organizado, a princípio, para durar quatro anos, mas as mudanças acontecem anualmente, com a elaboração sistemática de "cartas" que apresentam esclarecimentos, mas, também, muitas alterações de critérios e pequenos ajustes nas regras que dificultam o entendimento dos árbitros e uma avaliação mais tranquila. As "cartas" também trazem as originalidades do ano e as novas dificuldades criadas e já outorgadas pelo Comitê Técnico da FIG. Percebemos que ginastas e, especialmente, treinadoras preocupam-se em ficar sempre atentas às mudanças, com o intuito de valorizar suas composições sem correr o risco de despontuações desnecessárias.

Generalidades

Significativas mudanças ocorreram em relação à indumentária das ginastas, pois, no princípio, apenas era permitida a utilização de maiô sem decotes, cavas, transparências ou brilhos e, com o passar dos tempos, autorizaram-se os macacões até os tornozelos (alteração justificada pela participação das nações muçulmanas na modalidade), as rendas e as transparências (desde que forradas), além dos brilhos, que são detalhadamente bordados nas atuais vestimentas das ginastas. A grande novidade foi a utilização de uma pequena saia sobreposta na cintura da ginasta, que, certamente, dá mais charme e elegância às praticantes da GR.

As cores são livres, a criatividade na elaboração dos modelos são as mais variadas possíveis, porém, até 1992, as cores ouro, prata e bronze eram proibidas tanto para as vestimentas quanto para os aparelhos, pois se acreditava que essas cores poderiam influenciar na classificação final da ginasta.

Até mesmo o uniforme dos árbitros mudou dentro do processo evolutivo da GR. Passou, a partir do ano de 1989, das cores cinza, azul-marinho e branco para apenas azul-marinho e branco.

Houve novas mudanças, também, na área de competição. O *praticable*, como é denominado no Código atual, teve suas proporções aumentadas com o tempo e, a partir do ano de 1993, passaram de 12 x 12 m com um limite de 0,50 cm a mais para o conjunto para 13 x 13 m em sua delimitação externa. Acreditamos que a mudança veio para padronizar o tamanho da quadra tanto no individual quanto no conjunto, uma vez que, nas apresentações de conjunto, era autorizado tocar na faixa demarcatória de 50 cm e, no individual, não.

Oficialmente, as competições de conjunto tiveram início durante a terceira edição do campeonato do mundo da modalidade, em 1967, na Dinamarca. O número de ginastas que compunham o conjunto era de seis titulares, as quais realizavam apenas uma coreografia. No caso do campeonato citado, eram seis arcos, mas também ocorreram competições com dois tipos de aparelhos ao mesmo tempo, por exemplo, três bolas e três fitas. A partir de 1987, de acordo com a *Revista Oficial do 23º Campeonato Mundial de GR* (1999), os conjuntos passaram a competir em duas coreografias diferenciadas, uma com apenas um tipo de aparelho e outra com dois.

A partir de 1995, o número de integrantes no conjunto passou a ser apenas de cinco ginastas titulares, sendo possível a equipe ser composta por seis atletas, desde que todas participem de pelo menos uma das coreografias. Lourenço (2003) acredita que essa mudança aconteceu para adequar o esporte aos Jogos Olímpicos, ou seja, organizar a modalidade de tal forma que os conjuntos pudessem participar da competição com o número de vagas proposto para a GR pelo Comitê Olímpico Internacional (COI). Em 1996, a competição de conjunto foi incorporada aos Jogos Olímpicos, em Atlanta, nos Estados Unidos.

O fato de o número de ginastas para o conjunto ser ímpar revolucionou a forma de composição das coreografias, favorecendo o surgimento de novos movimentos de relação e colaboração entre as ginastas e, principalmente, novas organizações de subgrupos e formações diferenciadas.

Critérios de avaliação

No Ciclo atual, para se chegar à nota final em GR, ou seja, aquela nota que a ginasta ou o conjunto obterá após a sua apresentação e que, fatalmente, será utilizada como instrumento para sua classificação, é necessário a soma de três quesitos básicos nessa modalidade: *dificuldade* (dividido em dificuldade corporal e dificuldade de aparelho); *artístico* (composição de base, acompanhamento musical e coreografia) e *execução*.

A *dificuldade* está relacionada ao número e ao valor das dificuldades corporais e do aparelho e também aos novos elementos e combinações originais da ginasta ou do conjunto.

O *artístico* está relacionado à elaboração da coreografia, às relações música-movimento; à escolha dos elementos corporais e dos aparelhos; à distribuição desses elementos durante toda a coreografia de forma equilibrada; às variações rítmicas; à utilização espacial em diferentes planos, níveis e direções; e às colaborações e relações especificamente no conjunto.

A *execução* está ligada à técnica aplicada ao movimento, à amplitude, à intensidade, ao dinamismo e ao domínio que a ginasta possui dos elementos corporais e com os aparelhos. É aqui que as falhas corporais ou as quedas de aparelhos são despontuadas. Particularmente no conjunto, a sincronia está bastante relacionada ao nível de execução na coreografia.

Os primeiros eventos da GR aconteceram com apresentações de coreografias livres e também obrigatórias. Nas regras do Código de Pontuação do 4º Ciclo, isto é, de 1977 a 1980, essa divisão (de série livre e obrigatória) estava presente, e a forma de julgar uma era diferente da outra, pois, ao executar uma série obrigatória, a ginasta deveria seguir rigidamente a sequência, sendo que para cada pequena modificação da coreografia havia uma despontuação (Lourenço, 2003).

Nas publicações das regras oficiais, aproximadamente até 1988, as notas eram atribuídas de forma bem generalizada. Nas competições de conjunto, a arbitragem se dividia por meio de sorteios, em dois quesitos distintos, uma banca de composição e outra de execução. As médias parciais dos quesitos eram somadas, máximo de 10 pontos para cada quesito, e, assim, chegava-se à nota final do conjunto, ou seja, máximo de 20 pontos.

Já no individual, o árbitro avaliava, ao mesmo tempo, a composição, que tinha um peso maior (70% da nota), e a execução, que tinha um peso menor (30% da nota). A nota final do árbitro era o reflexo de sua rápida avaliação, e, muitas vezes, detalhes técnicos ou coreográficos importantes, bem como prováveis falhas da ginasta, passavam despercebidos aos olhos, pois, no curto espaço de tempo da apresentação, tinham que ser analisados todos os quesitos e, rapidamente, entregar a sua nota atribuída àquela ginasta. Assim, a nota final era dada pela média dos árbitros atuantes.

Com a divisão das bancas de arbitragem em composição e execução também para o individual, que aconteceu no 8º Ciclo, ou seja, a partir de 1993, as diferenças específicas desses critérios ficaram mais evidentes, dando maior credibilidade ao julgamento do árbitro.

Nesse mesmo Ciclo, as bancas de *composição* também foram divididas em dois diferentes critérios, o *valor técnico* e o *valor artístico*: o primeiro, com o objetivo de avaliar o número e o nível das dificuldades realizadas durante a coreografia, e o segundo, com o de avaliar a música, a escolha dos elementos corporais e dos aparelhos, a originalidade e a maestria. Ambos os critérios da composição tinham valor máximo de 5 pontos, que, somados, davam uma nota final de 10 pontos para as competições individuais. Para as competições de conjunto, o valor técnico tinha como nota máxima 4 pontos, ficando o valor artístico com 6 pontos, o que também resultava em uma nota final de 10 pontos. A nota máxima para a execução continuava a ser 10 pontos.

Ao dividir a composição em duas frentes, os árbitros puderam valorizar em suas avaliações os diferentes estilos de composições e, principalmente, diferenciar as coreografias puramente técnicas daquelas mais artísticas e criativas, nas quais a ousadia de se criarem movimentos novos dentro da especificidade da modalidade pôde ser valorizada.

Com a entrada do 10º Ciclo, isto é, a partir de 2001, novas mudanças relacionadas aos pesos dos critérios igualaram os valores parciais para valor técnico, valor artístico e execução, tanto para o individual quanto para o conjunto, ou seja, cada quesito tinha como nota máxima 10 pontos, deixando o valor de 30 pontos como nota final de uma ginasta ou conjunto. Podemos perceber que houve grande valorização da composição nesse Ciclo, e o peso passou a ser o dobro da execução, que, até então, tinha o mesmo valor.

Avaliação da dificuldade

O valor técnico sempre esteve embutido nas exigências da composição, pois o número e o nível das dificuldades em uma série de GR são os indicadores para a avaliação dos árbitros nesse quesito.

O valor técnico, segundo relatos de Abruzzini (1997), constitui o elemento quantitativo de comparação entre as ginastas, todavia a sucessão de dificuldades e exigências específicas para um esporte de qualidade, como é a GR, não é satisfatória no aspecto da composição. É necessária a presença de uma grande variedade de exercícios, e a questão é transformar uma sucessão de dificuldades em uma *unidade*, em *uma série*.

Os elementos que dão vida a essas dificuldades são os elementos corporais do Grupo Fundamental: *saltos, equilíbrios, pivôs* e *flexibilidade/ondas*. Para que uma dificuldade seja validada pelos árbitros de valor técnico (atualmente árbitros de dificuldade), esta deve ser realizada com maestria do aparelho, uma vez que as dificuldades realizadas com o aparelho estático não são avaliadas.

Os valores dados ao nível das dificuldades corporais também sofreram várias alterações, a fim de estabelecer a melhor forma para avaliar e, principalmente, diferenciar o trabalho técnico apresentado pelas diversas ginastas.

Até o ano de 1992, durante o 7º Ciclo, as dificuldades eram divididas em dois níveis: *dificuldade superior*, que correspondia a 0,60 ponto, e *dificuldade média*, que correspondia a 0,30 ponto, sendo que cada composição deveria conter, no mínimo, quatro dificuldades de cada um dos níveis citados, ou seja, oito dificuldades corporais ao todo.

A partir do 8º Ciclo, de 1993 a 1996, as dificuldades corporais passaram a ser classificadas de forma diferente, mas ainda em dois níveis, sendo: *A* com um valor de 0,10 ponto e *B* com um valor de 0,20 ponto, e, também, as exigências mínimas foram aumentadas.

Com a entrada no 9º Ciclo, ou seja, a partir de 1997, os níveis passaram a ser *A, B, C* e *D*, estando as dificuldades *A* e *B* listadas no Código e a união dessas dificuldades formavam as demais, como $C = A + B$ ou $B +$

A, enquanto $D = B + B$. A dificuldade C correspondia a 0,30 ponto e uma dificuldade D correspondia a 0,40 ponto na composição.

Tabela 4.1 – Pontuação de GR

Nível	Valor
A	0,10
B	0,20
C = A + B ou B + A	0,30
D = B + B	0,40

Fonte: Código de Pontuação de Ginástica Rítmica Desportiva (1997).

Já no 10º Ciclo (2001 a 2004), os níveis passaram a ser bem diferenciados. Uma ginasta podia executar dificuldades isoladas que oscilavam entre 0,10 e 1 ponto, divididas em A, B, C, D, E, F, G, H, I e J, sempre se acrescentando um décimo para cada letra, ou, então, podia executar combinações de até três dificuldades, desde que não ultrapassassem 1 ponto. Por exemplo: B (0,20) + D (0,40) + D (0,40) = 1 ponto ou D (0,40) + D (0,40) + C (0,30) = 1 (mesmo ao perceber que o total seria 1,10 ponto). Ainda no mesmo Ciclo, alterou-se essa regra e a soma das dificuldades poderia chegar ao seu valor real, e não apenas até 1 ponto.

Tabela 4.2 – Código de Pontuação de GR

Nível	Valor
A	0,10
B	0,20
C	0,30
D	0,40
E	0,50
F	0,60
G	0,70
H	0,80
I	0,90
J	1

Fonte: Código de Pontuação de Ginástica Rítmica (2001).

Uma das maiores diferenciações no sistema da avaliação da composição a partir do 10º Ciclo e até os dias atuais foi a utilização de planilhas, nas quais as técnicas escrevem as séries de cada ginasta ou do conjunto na sua ordem coreográfica, fixando os elementos que serão realizados, bem como seus valores. As planilhas começaram a ser utilizadas separadamente para as avaliações de valor técnico e valor artístico e passaram a ser, para os árbitros, uma forma menos subjetiva de julgar, pois as planilhas, ao final das competições, são entregues à coordenação técnica da competição juntamente com as notas aplicadas pelos árbitros, o que justifica as notas dadas por eles.

A entrega da planilha é obrigatória e deve acontecer antes do início de cada competição, pois a ginasta ou o conjunto que não entregar sua planilha não poderá participar da competição.

Em 2009, deu-se início ao 12º Ciclo, que será válido até o ano dos Jogos Olímpicos de Londres; já não se pode mais fazer combinações e somente dificuldades isoladas são válidas ainda denominadas com as letras do alfabeto. O valor técnico passou a ser chamado de *dificuldade*, que está subdividida em *dificuldade corporal* (D1) e *dificuldade de aparelho* (D2). A *dificuldade corporal* avalia o número de elementos corporais de dificuldades registrado na ficha, que é de 12 para o individual e 14 para o conjunto na categoria adulta, havendo despontuação para as ginastas ou os conjuntos que executarem uma quantidade maior de dificuldades que as anunciadas na ficha. A *dificuldade do aparelho* (antigo VA) avalia as maestrias com e sem lançamentos, os riscos e as originalidades. Agora, encontramos os valores de dificuldade corporal e dificuldade de aparelho na mesma ficha, porém em colunas diferentes.

Os elementos corporais foram distribuídos como *grupos corporais obrigatórios* (GCO), para cada aparelho, da seguinte forma: o aparelho corda tem como GCO os saltos; a bola, as flexibilidades/ondas; as maças, os equilíbrios; a fita, os pivôs; e, para o arco, deve haver a presença de 25% de cada GCO, ou seja, todos os grupos corporais são obrigatórios para esse aparelho. A expectativa é de que as séries apresentadas representem as características próprias do aparelho, inclusive na escolha dos elementos corporais.

Os *saltos* devem ter boa altura, ou seja, elevação do centro de gravidade, forma fixa e definida durante o voo e boa amplitude dentro da própria forma. Já os *equilíbrios* devem ser executados sobre meia-ponta ou sobre o joelho, ser nitidamente mantidos e ter forma ampla, fixa e bem definida. Os *pivôs* devem ser executados sobre meia-ponta, ter forma fixa e bem definida durante toda a rotação e ter forma ampla e uma rotação mínima de 360°. Quanto às dificuldades de *flexibilidade/ondas*, essas podem ser executadas em apoio sobre um ou dois pés ou outra parte do corpo, ter forma definida e ampla. Estes elementos somente serão válidos como dificuldade se forem executados com a maestria do mesmo, ou seja, com um manejo técnico do aparelho.

No caso do conjunto, não há um GCO. Aqui, as exigências se concentram nas trocas de aparelhos. Somente trocas realizadas por todas as ginastas e com lançamentos (aparelhos em voo) são válidas como tal.

Já os elementos avaliados na *dificuldade de aparelho* são os seguintes:

- *Maestria*: relacionada ao domínio que a ginasta possui do aparelho, seja a corda, o arco, a bola, as maças ou a fita. Pode ser sem lançamento, ou seja, a execução do manejo dos grupos técnicos de cada aparelho com um maior nível de dificuldade. O fato de lançar e recuperar pequenos, médios e grandes lançamentos de forma diferenciada caracteriza a maestria com lançamento, porém isso deve ser realizado de forma muito particular, como lançar fora do campo visual, ou sem as mãos, com outra parte do corpo. A cada nova situação de maestria, a ginasta ou o conjunto vai recebendo uma nota extra para tal; assim, ao final da execução de suas séries, poderá adquirir uma pontuação melhor. É importante dizer que todas essas situações de maestria e utilização do aparelho somente serão bonificadas se forem executadas corretamente, isto é, sem falhas.
- *Risco*: acontece quando há a situação de grande lançamento e recuperação após ter-se realizado uma sequência de elementos pré-acrobáticos ou outros elementos de rotação.

- *Originalidade*: segundo o Código de Pontuação do Ciclo atual, são as novas formas de executar combinações de dificuldades de formas diferentes, a criação de novos elementos de dificuldades que não estejam listados no Código, uma nova relação ginasta-aparelho ou uma nova maneira de executar elementos já conhecidos.
- *Colaborações entre as ginastas*: no conjunto, devem ser realizadas por todas ao mesmo tempo, desde que em deslocamento ou mudança de formação, que podem ser, também, em subgrupos. As colaborações em que envolvem aparelhos em voo e situações de risco são bonificadas de forma mais pontual, porém todas têm uma pontuação própria.

As notas de dificuldade são dadas por adição, e o árbitro desse quesito deve seguir alguns procedimentos ao avaliar a sequência da ficha, seja ela individual ou de conjunto. O árbitro de *dificuldade corporal* deve realizar o controle das dificuldades válidas entre as dificuldades listadas na ficha de avaliação da ginasta ou conjunto em questão; em seguida, eliminar as dificuldades não válidas. O próximo passo é atribuir a nota correspondente às dificuldades da lista e, em seguida, deduzir as penalizações por insuficiência de dificuldades do grupo específico do aparelho, para as competições individuais, ou por insuficiência de trocas, para as competições de conjunto, caso isso aconteça. A nota (máximo de 10 pontos) é assinalada no fim da ficha, do lado direito.

O árbitro de *dificuldade de aparelho* também avalia os elementos de maestria e risco na sequência da ficha, porém neste quesito não há número máximo permitido e, sim, apenas uma nota final máxima de 10 pontos. Se houver erros na ficha, o próprio árbitro desconta 0,30 ponto da nota final, que fica na coluna do lado esquerdo da ficha. A nota de dificuldade se dá da seguinte forma: D1 + D2 / 2 = 10 pontos.

Avaliação do artístico

O valor artístico passou a ser apenas *artístico*, a partir de 2005, e atualmente compreende a composição de base, o acompanhamento musical e a coreografia (escolha dos elementos corporais e dos aparelhos, elementos pré-acrobáticos e variedades), além das relações entre as ginastas e as colaborações no conjunto.

Embora não explícito em edições passadas do Código de Pontuação de GR, o valor artístico sempre trouxe uma diferenciação entre a música (acompanhamento musical) e a coreografia. O artístico representa um aspecto qualitativo muito importante nas coreografias, pois a distinção entre coreografia e música faz que treinadoras ou coreógrafas analisem com muita atenção qual estilo adotar na composição dos individuais e dos conjuntos, dando personalidade às coreografias e conduzindo a um resultado final interessante e satisfatório.

Todos os árbitros de *artístico*, a partir de 2009, contam com uma ficha de avaliação própria para avaliar se todas as obrigatoriedades de uma composição coreográfica estão presentes nas séries das ginastas individuais e de conjunto. A nota parte de 10 pontos e diminui de acordo com as ausências das obrigatoriedades.

Acompanhamento musical

Mudanças significativas também aconteceram no que diz respeito ao acompanhamento musical. A composição musical das coreografias de GR passou da exigência de se utilizar somente um instrumento à possibilidade de utilização do som vocal. Primeiramente, era autorizado somente o som de um instrumento musical, que, basicamente, era o do piano. O Código de Pontuação publicado em 1984 com as regras relacionadas ao 6º Ciclo (1985 a 1988) deixa muito clara esta regra: "A música deve ser tocada por um único músico e um único instrumento" e "o pianista é considerado como parte integrante de um conjunto" (p. 92).

Na sequência, autorizou-se a utilização do acompanhamento musical de um ou dois instrumentos, no máximo, que poderiam ser simultâneos ou alternados. Todos os instrumentos de corda eram válidos e, a título excepcional, o órgão era permitido. A partir daí, introduziram-se composições musicais com instrumentos livres, sendo um, dois ou três instrumentos, que nos levou às músicas orquestradas e à permissão atual de utilização do som vocal, desde que este não emita palavras.

A música pode ser composta especialmente para o exercício de conjunto ou individual ou, então, pode ser um arranjo de uma música já existente; porém os *pout-pourri* não são permitidos. O texto a seguir, retirado do Código de Pontuação (2009, p. 87), resume as regras atuais em relação à música:

> A música pode ser interpretada por um ou vários instrumentos, com a voz utilizada como um instrumento (sem palavras). Todos os instrumentos são autorizados na condição que possam exprimir uma música com as características necessárias ao acompanhamento de um exercício de Ginástica Rítmica: bem claro e bem definido na sua estrutura.

Sabemos que uma série de GR deve ser executada na sua totalidade com acompanhamento musical, mas a escolha da música, tanto para o individual quanto para o conjunto, é fator importantíssimo no resultado final de uma coreografia. A música escolhida poderá ser tocada por um ou mais instrumentos e, ainda, com a voz humana, desde que não emita palavras e ruídos impróprios, como sirenes, motores de carros, aviões ou motos e barulho de objetos se quebrando. Estes, entre outros, são proibidos, mas o mais importante é que a música utilizada deve ter uma unidade, e não apenas uma justaposição de fragmentos musicais diversos, sem conexão entre si.

Boukatem (1997), em seu estudo sobre as músicas utilizadas durante o 18º Campeonato do Mundo de GR, em Paris, no ano de 1994, afirma que, nas competições individuais, chegou-se a seis estilos diferentes de gêneros musicais claramente definidos: a música clássica, o *jazz*, a folclórica, a de variedade, as trilhas sonoras de filmes e uma categoria que classificou de mista.

Na música clássica, houve uma subdivisão da música em tipo e forma. Tipo corresponde à incidência histórica com os grandes repertórios: barroco, pós-barroco, romantismo, pós-romantismo e neoclássico. A música contemporânea não passou em branco, porém não teve grande representatividade. A forma foi identificada, por exemplo, pela música de Balé, óperas e também músicas litúrgicas.

O segundo estilo descrito pela autora, a música folclórica, reúne as músicas de origem étnicas e geográficas, sem excluir as das danças populares, largamente difundidas no cenário internacional.

Já no *jazz*, sua composição concerne a uma linha melódica, em que o acompanhamento é composto por uma trama de acordes com livres variações. Houve uma subdivisão de tipos: *ragtime*, *blues*, *jazz* New-Orleans, *free jazz*, *jazz* étnico e *music-hall*.

Música de variedades foi um outro estilo encontrado na pesquisa. Aplica-se à música do século XX de caracteres populares identificáveis mundialmente.

Nas trilhas sonoras, encaixa-se a música composta especialmente para filmes, excluindo-se arranjos de músicas já existentes. A principal característica é a ilustrativa, em que a primeira função é servir de suporte a imagens, sensações e emoções.

Como última categoria estão as músicas mistas, que reúnem montagens e arranjos realizados a partir de duas ou mais categorias já citadas.

Boukatem (1997) finaliza a discussão sobre o assunto dizendo que a escolha da música aliada à expressão da ginasta, por meio da união do trabalho corporal e do aparelho, é o fator que dá estabilidade entre a coreografia e a ginasta, bem como a receptividade do público e dos árbitros.

Encontram-se muitas falhas nas elaborações das músicas para as composições de GR. Napias (1997) concluiu em seus estudos, também realizados durante o Campeonato Mundial de Paris, que grande número de músicas presentes naquele evento apresentava problemas de montagens dos arranjos musicais, problemas estes de incompatibilidade, que conduziam a incoerências nas peças musicais, sendo a coerência condição indispensável para o artístico.

A música é, sem dúvida, o ponto de partida da elaboração de uma composição de GR. Sem ela, não se pode dar vida aos movimentos específicos da modalidade e fica impossível unir um elemento ao outro. A música sempre está associada a uma imagem que gera uma ideia-guia que faz surgir os movimentos. Suas entonações e variações de dinâmica nos sugerem a utilização de um elemento estático, como os equilíbrios, ou, então, um movimento explosivo, como um salto, e, ainda, nuances de movimentos ondulantes e lônguidos.

Sobre como escolher as músicas para determinadas composições e ginastas, Róbeva (1997, p. 49) diz o seguinte:

> A escolha é infinitamente mais fácil para uma ginasta de talento, tendo um senso musical rico e sabendo dominar com perfeição seu corpo e seus movimentos, porque ela se exprimirá tão bem sobre uma música lírica e dinâmica como sobre uma música dramática e rítmica. É o sonho de todo coreógrafo de Ginástica Rítmica Desportiva ter tais ginastas. Nos outros casos, o acompanhamento musical deverá ser escolhido muito atentamente para não trazer prejuízo nem para a ginasta, nem ao compositor.

A escolha da música ainda está associada ao aparelho que a ginasta ou o conjunto utilizará na coreografia. Algumas técnicas, mundialmente reconhecidas, preferem dizer que, independentemente de determinadas exigências técnicas de alguns aparelhos, qualquer estilo ou ritmo é próprio para qualquer aparelho, mas costumam-se escolher músicas rápidas para as composições de corda, por serem os saltos do GCO, e acredita-se na escolha de músicas mais lentas para os exercícios de maças, dos quais o GCO é o equilíbrio.

Sem dúvida, a escolha do elemento corporal e do aparelho no momento exato do acento ou da pausa da música é fator interessante para o público e o árbitro, chamando a atenção de ambos para a clareza rítmica da evolução da coreografia em questão. Róbeva (1997, p. 51) fala da importância de que o salto ou, então, cada lançamento do aparelho esteja bem colocado em relação à música, o que dá vantagem ao executante:

> Às vezes, fiel à sua concepção, o técnico procura um acento para colocar o elemento corporal executado sob o aparelho ou um acento a partir da recuperação ou mesmo, somente a partir de um movimento da cabeça, de uma perna, de um braço. Estes são componentes subordinados ao pensamento criativo e ao talento do técnico, que não podem ser nem sistemáticos, nem modelados a um esquema rigoroso. A beleza de nosso esporte deve-se, antes de mais nada, a seu potencial excepcional de inovação e de criatividade.

Outro estudo realizado durante o Campeonato Mundial de Paris, em 1994, nas competições de conjunto, por Desfachelles (1997), constatou que havia divisões dos parâmetros musicais em relação aos elementos corporais do grupo fundamental. Os saltos e os pivôs eram predominantes nos acentos crescentes da música, os equilíbrios eram executados nos momentos suaves e os elementos de flexibilidade não traduziram momentos específicos da música.

Em relação aos elementos específicos dos aparelhos, também acontecia o mesmo, o lançamento era realizado no momento crescente da música, sendo que movimentos mais contínuos aconteciam nos momentos decrescentes.

Coreografia

Para a composição de base, também nas edições anteriores do Código de Pontuação da GR (2007, p. 22), encontramos uma mesma definição:

"A coreografia deve ser caracterizada por uma 'idéia-guia' realizada por um discurso motor unitário do início ao fim, com a utilização de todos os movimentos possíveis do corpo e do aparelho".

Abruzzini (1997) diz que a coreografia representa uma expressão dinâmica da composição. Ela se aplica ao exercício com uma introdução, uma parte central e uma conclusão coerente, realizada com domínio de espaço e recuperações de espaço/tempo.

Para a elaboração da coreografia, faz-se necessário esquematizar vários pontos importantes, como a escolha da música e dos elementos corporais, as formações e as relações e colaborações entre as ginastas.

Segundo o Código de Pontuação, Ciclo atual, a escolha dos elementos dos aparelhos deve ser realizada de forma equilibrada entre os elementos dos grupos técnicos, que são específicos de cada aparelho. Esses elementos devem ser utilizados com grande variedade de formas, amplitudes, direções, planos e velocidades, com o aparelho sempre em movimento.

Abruzzini (1997), no que diz respeito à forma do movimento do aparelho, fala da realização de movimentos pequenos ou grandes, fechados ou abertos, regulares ou irregulares, sendo em linha reta, curva ou com retorno. As modalidades de execução do aparelho são realizadas por meio de lançamentos e recuperações, rolamentos, quicadas, rotações, passagens por cima e por dentro, batidas e escapadas em linha reta, curva ou com retorno, para frente, para trás, lateralmente ou em direção oblíqua e, ainda, nas trajetórias de parábola curta ou longa.

Em relação à escolha dos elementos corporais, todos os elementos dos aparelhos deverão ser coordenados com eles, essa é a essência da GR que está na trilogia corpo-aparelho-música. Ao promover a escolha dos elementos corporais entre os grupos fundamentais, que são saltos, equilíbrios, pivôs e flexibilidade/ondas, e os elementos de ligação, que são deslocamentos variados, saltitos, giros, balanceios, circunduções e passos rítmicos, deve haver um equilíbrio para a utilização deles.

Há de se dar atenção aos diferentes tipos de trabalho de braços e tronco, ao acompanhamento da cabeça na execução desses elementos e às variedades de movimentos pequenos e amplos, simétricos e assimétricos em diferentes tipos, direções, planos, níveis, formas e dinamismo, conforme consta no Código de Pontuação, 12º Ciclo.

Abruzzini (1997) define todas essas possibilidades de variedades como: tipos, direções, formas, dinâmicas e nível.

Em relação aos *tipos*, ou *modalidades*, como também são chamados na literatura específica, estes são definido como a forma em que será realizado o deslocamento ou o elemento corporal, como passos de valsa, saltitos, saltos, passos com giros, passos rítmicos, reversões, rolamentos e deslocamentos em apoio sobre outras partes do corpo que não sejam os pés.

As *direções* são aquelas que o movimento vai tomar: para frente, para trás, lateralmente e oblíquo, pois, em uma composição, os movimentos devem ser executados com variações de direções que são escolhidas em virtude do tipo de movimento que será executado. Por exemplo, um salto deve ser executado, preferencialmente, para frente, podendo um saltito ser executado lateralmente ou, então, para trás.

As *formas* são as trajetórias do elemento, seja este em deslocamento ou não. Pode ser em linha reta, curva, ondulada, espirais, círculos e com ou sem troca de direção. Podemos exemplificar com uma combinação de três saltos executada em uma trajetória curvilínea ou em diagonal, de uma extremidade à outra da área de competição.

A *dinâmica* está relacionada às variações de ritmo, lento e rápido, e à alternância de amplitudes, movimentos amplos ou curtos, como na execução de um equilíbrio em que o elemento corporal requer uma sustentação do movimento, enquanto o aparelho é manejado rapidamente para cumprir a exigência dos movimentos técnicos obrigatórios com o aparelho.

Nível são os planos utilizados na execução dos elementos corporais, sejam estes dificuldades ou não, em deslocamento ou estático. *Nível baixo* está no nível do solo; *nível médio* está aproximadamente na altura da cintura; e *nível alto*, na altura da cabeça ou com elevação do centro de gravidade.

Deve haver um equilíbrio no trabalho gímnico em relação às mãos direita e esquerda, de forma que a ginasta não fique pela coreografia toda manejando o aparelho com uma só mão. Para a prática da GR, é muito importante o domínio dos dois hemisférios; a ambidestralidade deve ser visível no manejo da ginasta com o aparelho durante toda a composição.

Os elementos pré-acrobáticos autorizados na composição são as reversões e os rolamentos. As reversões podem ser realizadas para frente, para trás e lateralmente, com uma ou duas mãos ou outros apoios, com diferentes posições de saída e chegada, sem ficar parada na posição vertical e sem tempo de suspensão. Os rolamentos são para frente ou para trás, também sem tempo de suspensão. Os elementos pré-acrobáticos podem ser executados isoladamente, em combinação ou, ainda, em séries de três elementos iguais ou diferentes.

Nas competições de conjunto, as coreografias estão sujeitas a mais uma infinidade de pontos importantes que não podem, de forma alguma, ser excluídos, e a característica específica dessa competição é o trabalho realizado de forma homogênea e com espírito de coletividade. As colaborações e as relações entre as ginastas, bem como as elaborações das variadas formas de deslocamentos e organizações dentro do espaço e do tempo, são, também, importantes fatores para a realização de uma composição de conjunto. Outra particularidade das competições de conjunto são as formações, realizadas a partir do posicionamento das ginastas na área de competição durante todo o desenrolar da coreografia. Vejamos como definir melhor esses fatores.

As formações, isto é, a ocupação espacial da ginasta ou do conjunto na área de competição, podem ser pequenas ou grandes, fechadas ou abertas, regulares ou irregulares, desde que ocupem todo o espaço do *praticable* de forma variada e ampla. Cada composição de conjunto deve conter, no mínimo, seis formações diferentes, realizadas pelas cinco ginastas e, também, pelas possibilidades de divisões em subgrupos, criando formações próprias em cada equipe.

O tempo de permanência nas formações não deve ser demasiado e as direções utilizadas nelas também devem ser as mais variadas possíveis. Sabemos que é seis o número mínimo de formações exigido pelo Código de Pontuação, porém, em estudos realizados durante o Campeonato Mundial de

Paris, em 1994, Berra (1997) constatou que, nas séries de seis cordas, aparelho utilizado em uma das coreografias naquele evento, a quantidade de formações que aparecia nas equipes era uma média de nove. Já nas séries de quatro arcos e duas maças, aparelhos da segunda coreografia, a média foi de dez formações.

Foram identificadas, ainda no estudo de Berra (1997), 18 diferentes formações, e verificou-se que o trabalho em linhas e triângulos foi privilegiado. Também apareceram formações em forma de *T, V, L* e em círculos e semicírculos. Constatou-se que, nas séries de seis cordas e nas de quatro arcos e dois pares de maças, 50% e 66,6% das equipes, respectivamente, possuíam formações em círculo.

Relações e colaborações entre as ginastas são outras importantes características das composições de conjunto. Elas vão além do trabalho de trocas entre os aparelhos, que são exigências da dificuldade; exigem diferentes organizações dentro do trabalho coletivo, como ginastas realizando movimentos na mesma direção, com uma na frente da outra, ao lado ou, ainda, em diagonal; em direções opostas, com uma de frente para a outra, duas a duas ou uma ao lado da outra, mas em direções opostas, ou, ainda, em diagonal; e em direções diferentes, com uma à frente da outra ou em diagonal.

Ainda é possível, segundo Abruzzini (1997, p. 15), utilizar movimentos idênticos ou diferentes nessas organizações coletivas.

> Execução sincronizada, isto é, todos os movimentos são executados ao mesmo tempo com o mesmo ritmo e intensidade; execução em rápida sucessão (cascata), ou seja, cada ginasta ou subgrupo executa o movimento com um tempo de atraso em relação à outra ginasta ou outro subgrupo e assim sucessivamente; execução em cânone, geralmente utilizada em uma pequena combinação de movimentos, o início de cada integrante do grupo ou subgrupo acontece um ou mais tempos depois; execução em "contraste": de vitalidade (rápido-lento), intensidade (forte-fraco), de direção (frente-trás) e de nível (alto-baixo).

Seguindo as definições de Abruzzini (1997, p. 15), vejamos como podem ser as execuções com movimentos diferentes:

> Execução em coral individualmente ou em subgrupos, ou seja, cada integrante do grupo ou subgrupo realiza seu movimento independente das demais, em função de um resultado unitário. Estes movimentos devem ser realizados de maneira harmoniosa, pois caso contrário não há a possibilidade de perceber o caráter unitário exigido no trabalho de conjunto; execução em colaboração por subgrupos ou coletivamente, onde cada integrante do grupo ou subgrupo realiza um movimento em colaboração com sua parceira, em função de um resultado comum. Para este tipo de organização considera-se alguma variante: utilização do corpo e/ou aparelho ou de uma parceira como ponto de referência e utilização do corpo e/ou aparelho ou uma parceira como um obstáculo a ser ultrapassado, contornado ou atravessado (por dentro de um arco, por exemplo). Para estes casos, o êxito de cada ginasta depende da boa coordenação que a mesma tem com sua parceira.

É importante ressaltar que todas essas organizações, dentro de uma composição específica para a GR, devem estar de acordo com as características próprias do esporte, ou seja, o manejo do aparelho e a estética gímnica. Assim, impedem-se as ações passivas, como carregar uma ginasta ou arrastá-la pelo solo, desde que não ultrapasse dois passos; andar sobre uma ou várias ginastas, desde que não seja mais de um apoio; formar pirâmides; rolar sobre uma ou mais ginastas sem estar em contato com o solo; ou, ainda, girar uma ginasta em decúbito ventral sobre o solo.

Avaliação da execução

Os critérios de avaliação para os árbitros de execução passaram pelo mesmo processo evolutivo. A técnica corporal e com os aparelhos sempre foi avaliada na execução das ginastas individuais e de conjunto, porém havia, até o 6º Ciclo (1985 a 1988), um item bastante subjetivo chamado *impressão geral*, que incluía a segurança, a elegância, a leveza da execução e a personalidade. No Ciclo seguinte, esse item foi retirado do Código pela dificuldade de se mensurarem tais exigências, passando, assim, a execução a avaliar apenas a técnica com aparelhos, a técnica corporal e a execução rítmica.

A execução da série da ginasta e do conjunto é avaliada por um grupo de árbitros específicos para essa função, igualmente como nos demais quesitos. A nota da execução é totalmente dada por subtração, diferentemente da nota da dificuldade, que é dada por adição. A cada falha cometida pela ginasta ou conjunto, ou mesmo uma das ginastas do conjunto, há uma despontuação, então o árbitro deve se concentrar nessas falhas, anotá-las em seu rascunho, fazer a soma correspondente a elas e depois deduzir da nota máxima, que é de 10 pontos.

É importante mencioar que a arbitragem da execução se dá independentemente dos valores de dificuldade e artístico da composição, ou seja, não importa se o nível da composição ou se esta contém todas as exigências do Código de Pontuação, pois o árbitro de execução se concentrará exclusivamente nas falhas corporais ou de aparelho.

Qualidade técnica da execução é uma exigência da modalidade. Por esse motivo, todos os elementos corporais e dos aparelhos devem ser executados de forma refinada e com posição segmentar correta.

Para Crause (1985), os exercícios de GR são executados com movimentos de contração e descontração sobre um ou dois pés, joelhos, sobre o quadril ou todo o corpo, e a cabeça sempre deve fazer parte do movimento. Todos os elementos corporais devem apresentar qualidade com amplitude máxima, precisão de apoios e deslocamentos e leveza em saltos e saltitos, isso tudo com graça e elegância.

Para as técnicas corporais de bases executadas de forma incorreta, há determinadas despontuações. Para cada vez que se observam pequenas falhas, há despontuações de 0,10, podendo, ainda, chegar a despontuações globais de 1 ponto, se as falhas persistirem durante toda a coreografia.

A avaliação da execução no conjunto difere, principalmente, do individual pela busca da sincronia e pelas despontuações que se aplicam cada vez que uma ginasta comete uma falha ou a unidade da composição fica comprometida. Observa-se que, assim, um grupo mais homogêneo terá menos despontuações no que diz respeito à sincronia, pois a diferença da forma do elemento corporal ou do aparelho de uma ou várias ginastas promove uma alteração na harmonia e na sincronização geral, mesmo se não houver falha técnica nesses determinados elementos.

O segredo para uma boa execução está na técnica de base de cada ginasta, seja ela especialista em individual ou em conjunto. A técnica de base é aplicada desde os primeiros anos do aprendizado em GR. A noção de colocação segmentar correta e das posições de pé, braços e pernas totalmente estendidas são primordiais para que o movimento de uma ginasta possa ter fluência na execução de sua coreografia.

Laffranchi (2001, p. 136), ao dividir o treinamento técnico de uma ginasta ou equipe, prega, dentro do treinamento de formação, a preparação básica multilateral, pois a considera necessária ao desenvolvimento harmonioso do organismo em crescimento e ao estabelecimento de uma ampla base motora para a futura ginasta:

> Objetivando-se criar a plataforma de sustentação das habilidades técnicas fundamentais, ao concluir-se o período de treinamento de formação, a criança deve estar apta a realizar alguns movimentos que serão a base de todo o treinamento da Ginástica Rítmica. Estes movimentos têm um padrão de execução que deve ser observado para garantir a técnica de base correta e propiciar a formação ótima da ginasta que leve a grandes performances futuras.

O trabalho de base também é aplicado ao processo de aprendizagem com os aparelhos. A técnica correta ao manejar o aparelho faz grande diferença na avaliação do árbitro de execução. Saber posicionar o braço corretamente no momento do lançamento, realizar uma recuperação "limpa", ou seja, sem tocar o antebraço ou trazer o aparelho junto ao corpo e, ainda assim, estar sempre de acordo com o ritmo da música, é reflexo de um bom desenvolvimento na fase de aprendizagem de base. Laffranchi (2001, p. 136) cita essa importância:

> Como a Ginástica Rítmica é um esporte em que a complexidade dos movimentos do corpo e do aparelho é grande, e a ânsia pelo aprimoramento e aperfeiçoamento da execução é constante, deve-se buscar a técnica de base correta desde os primeiros dias da ginasta no ginásio.

Para cada aparelho, existem despontuações específicas, pois cada um deles tem uma característica diferenciada. Alguns, em virtude do tamanho, necessitam de muita amplitude de movimentos; já outros, pequenos, não poderão estar agarrados durante a execução da coreografia.

Considerações finais

A evolução histórica da modalidade, seja nos acontecimentos ou no processo das alterações das regras, faz-nos refletir sobre a temática das mudanças e os verdadeiros motivos que acarretaram essas transferências ou substituições que não estão, necessariamente, implícitas nos boletins, nas publicações e na bibliografia existente na área, seja nacional ou internacional. Muitos acontecimentos da GR ainda estão nas memórias de pessoas que participaram de toda essa evolução. Necessitamos que elas divulguem essas informações para que um grupo, cada vez maior, de estudiosos interessados possa fazer da GR um esporte com fundamentações e cientificidade.

Entendemos que a FIG promove tais reestruturações com o intuito de adequar a forma da realização da competição para uma maior aceitação da mídia em geral. Temos como exemplo a proibição da utilização do aparelho corda na cor branca pelo fato de essa cor não ser visível no vídeo.

Algumas vezes, não nos damos conta de quão importantes são os detalhes escritos em pequenas erratas ou, ainda, em relatórios que, aparentemente, não nos chamam a atenção, mas lá é que estão os verdadeiros porquês e intenções das mudanças, muitas vezes mal compreendidas pelos profissionais da área e, principalmente, por aqueles que apenas cumprem as determinações das alterações sem questionamentos.

Percebemos que no 8º e no 9º Ciclos das regras da GR, de 1993 a 2000, houve uma priorização do trabalho corporal em detrimento do manejo do aparelho, o que acarretou em uma fase muito grande de desigualdades dentro da tríade básica da modalidade, ou seja, elementos corporais, música e aparelho, pois, forçosamente, as ginastas tiveram de realizar os elementos corporais com um nível de dificuldade maior, uma vez que esses valiam maior nível de pontuação.

Particularmente no Brasil e, acreditamos, que em todo o continente americano, essas alterações encontraram as ginastas despreparadas, pois elas não tinham a técnica corporal necessária para a execução de tantos elementos de alto grau de dificuldade, levando bom tempo para se adaptarem às novas regras. O lado positivo disto tudo foi que as equipes passaram a dar valor mais acentuado ao trabalho da preparação física, que, sem dúvida, é extremamente importante na planificação do treinamento da GR.

Somente a partir do 10º Ciclo o Comitê Técnico de GR da FIG eliminou o vácuo deixado nos dois Ciclos anteriores e, novamente, priorizou o manejo do aparelho, mas, inteligentemente, sem deixar de lado o alto nível de execução já adquirido no trabalho corporal, recuperando as raízes da GR e promovendo a composição de coreografias mais dinâmicas e interessantes a, principalmente, quem está assistindo.

A subjetividade, tão criticada nas regras da GR, também, aparentemente, vem se diluindo e dando espaço a um julgamento mais objetivo, começando com o critério de dificuldade, avaliado por adição e, mais recentemente, o artístico, e, é claro, que todo o julgamento da execução não tinha como ser diferente. Nota-se uma preocupação crescente da FIG em tornar o julgamento da GR menos subjetivo e mais eficaz.

O Código de Pontuação de GR é mutante, novas mudanças deveriam acontecer em espaço de, pelo menos, quatro anos, mas elas ocorrem anualmente. Apesar de as pessoas perceberem essas mudanças, principalmente na dificuldade e no artístico, e estarem buscando como trabalhar com isso de forma adequada a receber boas notas ou a não perder nota, eles ainda não têm uma noção exata do todo e talvez não percebam as possibilidades que essas alterações oferecem para auxiliar na identidade de seus trabalhos.

Estudar e conhecer a GR, sua evolução e suas modificações em todos esses anos é estudar a modalidade não só em suas características, mas, também, em suas regras. Encontramos pouca literatura nessa área, menos ainda quando se trata de arbitragem. O que temos sempre é o Código, e apenas o Código; não há discussões sobre as mudanças e são raros os profissionais que se atrevem a escrever sobre o assunto.

Concordamos que mudanças contribuem muito para o desenvolvimento do esporte como um todo, tanto técnica quanto esteticamente, e acreditamos que ginastas, técnicas e árbitros se adaptam às alterações com o objetivo único de obter a melhor *performance* possível. Esperamos, ainda, que, dentro do processo evolutivo do julgamento da GR, possamos cumprir a exigência imposta pelo Comitê Executivo de um maior tempo de duração das regras e, finalmente, vislumbrar a maturidade da GR.

Referências

ABRUZZINI, E. L'exercice d'ansemble em grs: la chorégraphie. **GRS le sens d'une evolution**, Paris, n. 18-9, p. 11-9, 1997.

_____. El espíritu del código'97. **Gimnasia & Aeróbic**, Barcelona; v. 9, p. 8-9, 1997.

BERRA, M. Analyse de qualques constantes des compositions d'esembles. **GRS le sens d'une evolution**, Paris, n. 18-9, p. 75-81, 1997.

BODO-SCHMID. **A Gimnasia Rítmica Deportiva**. Barcelona: Hispano Europea, 1985.

BOUKATEM, V. Analyse descriptive dês choix musicaux dans les exercices individuels. **GRS le sens d'une evolution**, Paris, n. 18-9, p. 83-9, 1997.

CONFEDERAÇÃO BRASILEIRA DE DESPORTOS. **Código de Pontuação de Ginástica Rítmica Desportiva – 4º ciclo**. Rio de Janeiro: Palestras Edições Desportivas, 1978.

CONFEDERAÇÃO BRASILEIRA DE GINÁSTICA. **Código de Pontuação de Ginástica Rítmica Desportiva – 6º ciclo**. Rio de Janeiro: Palestras Edições Desportivas, 1984.

_____. **Código de Pontuação de Ginástica Rítmica Desportiva – 7º ciclo**. Rio de Janeiro: Grupo Palestra Sport, 1989.

CRAUSE, I. I. Histórico da ginástica rítmica desportiva. In: CONFEDERAÇÃO BRASILEIRA DE GINÁSTICA. **Código de Pontuação – GRD**. Rio de Janeiro: Palestra Edições Esportivas, 1984. p. 96-117 / 1989. p. 171-5.

_____. **Ginástica Rítmica Desportiva**: um estudo sobre a relevância da preparação técnica de base na formação da ginasta. 1985. 149f. Dissertação (Mestrado em Educação Física) – UFRJ, Rio de Janeiro.

DESFACHELLES, J. Relation entre dês paramètres musicaux et lê travail corporel et l'engin. **GRS le sens d'une evolution**, Paris, n. 18-9, p. 101-4, 1997.

FEDERAÇÃO INTERNACIONAL DE GINÁSTICA. **Código de Pontuação de Ginástica Rítmica Desportiva** - 8º ciclo. 1993.

_____. **Código de Pontuação de Ginástica Rítmica Desportiva** - 9º ciclo, 1997.

_____. **Código de Pontuação de Ginástica Rítmica** - 10º ciclo, 2001.

_____. **Código de Pontuação de Ginástica Rítmica** - 11º ciclo, 2005.

_____. _____. Nova edição, 2007.

_____. **Código de Pontuação de Ginástica Rítmica** - 12º ciclo, 2009.

_____. **Regulamento técnico**, 2005.

FIG. **Bulletin**, Moutier, n. 186, abr. 2002.

LAFFRANCHI, B. **Treinamento desportivo aplicado à Ginástica Rítmica**. Londrina: Unopar Editora, 2001.

LOURENÇO, M. **Ginástica Rítmica no Brasil**: a (r)evolução de um esporte. 2003, 176f. Dissertação (Mestrado em Educação Física) - Universidade Metodista de Piracicaba, Piracicaba, 2003.

NAPIAS, F. Analyse descriptive dês montages et arrangementes musicaux dans lês exercices individuels. **GRS le sens d'une evolution**, Paris, n. 18-9, p. 91-9, 1997.

PÉCHILLON, F. Vecteurs actuels des compositions des exercices d'essemble analyse de quelques caractéristiques. **GRS le sens d'une evolution**, Paris, n. 18-9, p. 65-74, 1997.

PÉCHILLON, F.; RÓBEVA, N. Composition des exercices individuels. **GRS le sens d'une evolution**, Paris, n. 18-9, p. 47-58, 1997.

5

A importância do Balé Clássico na formação e no desenvolvimento da Ginástica Rítmica

Simoni Gallis Valente Ribeiro

Aceitando o convite para trabalhar com o Balé Clássico nas categorias mirim e infantil de Ginástica Rítmica (GR) no município de Londrina, no Paraná, em 1995, observei que, apesar de a escolha das ginastas ser realizada por testes seletivos de aptidões físicas, os exercícios físicos, chamados de *elementos corporais* na GR, não eram executados com postura, leveza, graça e precisão encontradas nas bailarinas, os quais são exigidos em critérios de avaliação desse esporte.

Ao pesquisar, então, alguns artigos internacionais de GR, verifiquei que, em equipes campeãs mundiais, como Bulgária, Rússia e Ucrânia, as ginastas eram retiradas de escolas de Balé Clássico, praticado em seus treinamentos diários.

Mesmo sabendo que, na Europa, sempre considerada o berço da GR, o Balé Clássico era utilizado como a principal atividade física, desde a base deste esporte até o treinamento de alto nível, nos dias atuais, ainda existem muitas escolas brasileiras que trabalham com a GR com resistência a essa técnica, tanto nas escolinhas de base quanto nos treinamentos de alto nível.

Róbeva (1991), ao escrever sobre seu treinamento na Bulgária, uma das mais renomadas equipes de GR, afirma que o aquecimento com o Balé Clássico é indispensável, pois este compreende exercícios de base que asseguram a potencialidade motriz, exercícios especiais que ajudam as combinações livres, exercícios auxiliares que aperfeiçoam a técnica e o desenvolvimento das aptidões psicomotoras, possibilitando a mais perfeita manifestação da linha pessoal de cada ginasta principiante.

A mesma autora declara que, na Bulgária, o aquecimento com o Balé Clássico é obrigatório para a GR, porque com ele se inicia o dia da ginasta menor e da maior. As meninas das equipes preliminares aprendem a terminologia elementar e os regulamentos básicos para a correta expressão do corpo.

Para Alonso (2002), professora de dança, provavelmente os primeiros registros oficiais de que dança e prática esportiva estão juntas remontam à Grécia Antiga, quando dançarinos se misturavam com atletas nas Olimpíadas.

A Dança Clássica, ou o Balé, no seu significado geral, pode ser definida como oriunda de uma civilização refinada e intelectualizada, que exige de seus intérpretes e coreógrafos a obediência rígida a certas normas e formas tradicionais, o que só poderá ser obtido com muita dedicação e estudo "técnico". Alonso (2002) ainda afirma que o Balé desenvolve concentração, sensibilidade, musicalidade, coordenação motora, senso de disciplina e equilíbrio físico e mental, que são, também, exigidos na GR.

A partir desses pressupostos, comecei a trabalhar com o Balé Clássico três vezes por semana, no início do treinamento, mas o assistia até o final para que pudesse observar e analisar quais as principais deficiências posturais nos elementos corporais da GR, que, nas aulas de Balé, poderiam ser melhoradas e, assim, preparar as próximas aulas.

O resultado foi interessante e produtivo, a ponto de o trabalho com o Balé em Londrina não se resumir às categorias de base, mas se estender às categorias juvenl e adulta, inclusive, mais tarde, a duas gerações em Seleções Brasileiras de GR: 2000 e 2007.

Entre o trabalho realizado com essas duas Seleções, criei a AGINARC – Associação Curitibana de GR e, como técnica responsável, formei uma equipe que, desde o ano de 2000, se destaca entre as melhores do Brasil.

Na AGINARC, senti-me à vontade para iniciar um trabalho partindo das escolinhas com os fundamentos do Balé Clássico, o qual obteve resultados positivos, principalmente no critério execução do Código de Pontuação de GR.

Atualmente, essas crianças que estão na categoria juvenil (13 a 15 anos) aprendem mais facilmente as novas dificuldades, com exigências e valores maiores.

Reconhecido este trabalho com a equipe AGINARC, fiz parte da comissão técnica da Seleção Brasileira de 2007 rumo aos Jogos Pan-Americanos, trabalhando exatamente a técnica do Balé Clássico na GR.

Dessa forma, este trabalho tem como objetivo orientar leitores, professores, técnicos e pesquisadores de que o Balé Clássico possui não só a importância para todas as modalidades de dança, como também exerce influência direta na melhora do desempenho da prática da GR, pois se justifica como a base de todo o trabalho da iniciação dessa modalidade esportiva, por se tratar, o Balé, de uma atividade milenar que desenvolve, principalmente, postura, leveza, graça, musicalidade e expressão.

Por meio da metodologia de observação direta, além da bibliográfica, este trabalho efetua relações entre os elementos da GR e os passos do Balé Clássico, além de apontar como o Balé pode promover melhora postural, leveza dos movimentos, musicalidade e expressão na GR, oferecendo sugestões para uma prática direta e específica no trabalho de lapidação dos movimentos dessa modalidade por sua atividade diária.

A seguir, num retorno ao tempo, faremos uma reflexão acerca do desenvolvimento histórico do Balé e da GR, para que possamos observar e analisar como essas duas atividades coincidem e se completam.

O Balé, segundo Michaut (1979), é o desenvolvimento e a transformação da dança primitiva, que se baseava no instinto, para uma dança formada de passos diferentes, ligações, gestos e figuras previamente elaborados para um ou mais participantes. Tem suas raízes na Itália renascentista, em que espetáculos compostos por uma mistura de dança, canto e textos falados eram realizados em grandes salões por membros da Corte. Nessa época, os nobres italianos divertiam seus ilustres visitantes com espetáculos de poesia, música, mímica e dança. Esses divertimentos eram famosos por seus ricos trajes e cenários muitas vezes desenhados por artistas célebres, como Leonardo da Vinci (Michaut, 1979).

Esse autor ainda relata que o Balé da Corte possuía graciosos movimentos de cabeça, braços e tronco e pequenos e delicados movimentos de pernas e pés, estes dificultados pelo vestuário feito com material e ornamentos pesados. Era importante que os membros da Corte dançassem bem e, por isso, surgiram os professores de dança que viajavam por vários lugares ensinando danças para todas as ocasiões, como casamentos, vitórias em guerra, alianças políticas etc.

Ainda para Michaut (1979), o Balé tomou a forma pela qual é conhecido hoje na França, durante o reinado de Luis XIII, rei com 5 anos de idade que amava a dança e tornou-se um grande bailarino. Com 12 anos, dançou, pela primeira vez, no Balé da Corte. A partir daí, tomou parte em vários outros tipos de Balé, aparecendo como um deus ou alguma outra figura poderosa. Seu título, *Rei do Sol* vem do triunfante espetáculo que durou mais de 12 horas.

No ano de 1661, seu filho, Luis XIV, fundou a Académie de Musique et de Danse, com o objetivo de sistematizar, preservar a qualidade e fiscalizar o ensino e a produção do Balé. Luis XIV nomeou Charles Louis Pierre de Beauchamps para tomar a frente da instituição, que foi dissolvida em 1780.

O professor Pirre Beauchamp foi quem criou as cinco posições dos pés, que se tornaram a base de todo aprendizado acadêmico do Balé Clássico. A dança, segundo Michaut (1979), tornou-se, mais que um passatempo da Corte, uma profissão, e os espetáculos de Balé foram transferidos dos salões aos teatros.

No princípio, todos os bailarinos eram homens, que também faziam os papéis femininos, mas, no fim do século XVII, a Escola de Dança passou a formar bailarinas mulheres, que logo ganharam importância, apesar de terem seus movimentos ainda limitados pelo figurino complicado.

Com o desenvolvimento da técnica da dança e dos espetáculos profissionais, houve necessidade de o Balé encontrar, por ele próprio, uma forma expressiva, verdadeira, ou seja, dar um significado aos movimentos da dança. Assim, no final do século XVIII, um movimento liderado por Jean Georges Noverre inaugurou o *Balé de Ação*, isto é, a dança passou a ter uma narrativa, que apresentava um enredo e personagens reais, modificando totalmente a forma do Balé que existia até então (Michaut, 1979).

O Romantismo do século XIX transformou todas as artes, inclusive o Balé, que inaugurou um novo estilo Romântico, no qual aparecem figuras exóticas e etéreas se contrapondo aos heróis e às heroínas, personagens reais apresentados nos Balés anteriores. Esse movimento é inaugurado pela bailarina Marie Taglioni, portadora do tipo físico ideal ao Romantismo, para quem foi criado o Balé *A Sílfide*, que mostra uma grande preocupação com imagens sobrenaturais, sombras, espíritos, bruxas, fadas e mitos misteriosos. Tomando o aspecto de um sonho, encantava a todos, principalmente pela representação da bailarina, que se movia no palco com inacreditável agilidade, na ponta dos pés, dando a ilusão de que saía do chão.

O Balé Romântico, para Michaut (1979), é um dos mais antigos e que se consolidaram mais cedo na história do Balé. Esse tipo de dança atraiu muitas pessoas, em virtude do Movimento Romântico Literário que ocorria na Europa na primeira metade do século XIX, já que se adequava à realidade da época, pois, antes, as pessoas diziam que não gostavam de Balé porque não mostrava nada do real.

Os Balés que seguem a linha do Romântico pregam a magia, a delicadeza de movimentos, em que a moça protagonista é sempre frágil, delicada e apaixonada. Nesses Balés, usam-se os chamados *tutus românticos*, saias mais longas que o tutu prato. Essas saias de tule com adornos são, geralmente, floridas, lembrando moças do campo.

O período Romântico na dança, após algum tempo, empobreceu-se na Europa, ocasionando o declínio do Balé. Isso, porém, não ocorreu na

Rússia, graças ao entusiástico patrocínio do Czar. As companhias do Balé Imperial em Moscou e São Petersburgo (hoje Leningrado) foram reconhecidas por suas soberbas produções, e muitos bailarinos e coreógrafos franceses foram trabalhar com eles.

O Balé Clássico, ou Dança Clássica, surgiu numa época de intrigas entre os Balés Russo e Italiano, que disputavam o título de melhor técnica do mundo. Sua principal função era esgrimir ao máximo a habilidade técnica de bailarinos e bailarinas e o virtuosismo que os passos de Balé poderiam mostrar e com os quais encantar toda a plateia (Michaut, 1979).

Em um salto para o século XX, Verderi (1998) nos mostra que os mestres de Balé desse período eram franceses e italianos, sendo o mais importante Marius Petipa (filho, também, do Balé Romântico). Nessa época, produziu *A Bela Adormecida*. Em 1905, o público já aclamava por algo novo, mais original, foi quando surgiu Michel Fokine (aluno de Petipa). Segundo a autora, Folkine foi influenciado pelas obras de Tolstói e buscou formas de movimento que tivessem mais vida.

Ainda para Verderi (1998), ao contrário dos pensamentos de Duncan, surge Martha Graham, que não queria se identificar com os ritmos da natureza. "Não quero ser uma árvore, uma flor, uma onda ou uma nuvem" (Graham).

A autora aborda que Graham considera que, como espectadores, devemos, no corpo de um bailarino, tomar consciência de nós mesmos. Não devemos procurar uma imitação das ações cotidianas, dos fenômenos da natureza ou das criaturas exóticas de outro planeta, mas concebermos como inspiração características desse "milagre" que é o ser humano, que podemos utilizar princípios básicos do treinamento da GR.

A técnica do Balé é milenar; até hoje, toda a atividade se inicia pelo *demi-pliê*. Para ser possível uma comparação da história dessas atividades, abordaremos, agora, o histórico da GR.

A Ginástica Rítmica

Para a GR, hoje considerada um esporte olímpico, Gaio (2006, p. 13) afirma que a "origem das Ginásticas se confunde com a origem da Educação Física".

Podemos dividir a Ginástica em dois tipos: competitiva e não competitiva. Dessa divisão, segundo Gaio (2006, p. 13):

> podemos mergulhar no universo dos movimentos gímnicos, seja pela Federação Internacional de Ginástica conhecendo as Ginásticas consideradas esporte, ou pelo canal das atividades gímnicas pedagógicas, terapêuticas, corretivas, de condicionamento, de apresentação, de lazer, entre outros objetivos e interesses que possamos encontrar a partir da experiência em ginástica não competitiva.

Dividida em duas categorias, individual (uma só ginasta em quadra) e conjunto (cinco ginastas em quadra), a GR começou a conquistar espaços no cenário internacional a partir de meados do século XX, muitos séculos depois do Balé, buscando a melhor forma de executar seus movimentos precisos e de como avaliar esses movimentos como preocupações constantes entre estudiosos e apaixonados por este esporte (Laffranchi, 2001).

A GR é um esporte essencialmente feminino, segundo a Federação Internacional de Ginástica (FIG), que se fundamenta na expressividade artística. É conceituada como a busca do belo, uma explosão de talento e criatividade, em que a expressão corporal e o virtuosismo técnico se desenvolvem juntos, formando um conjunto harmonioso de movimento entre o corpo e os aparelhos: corda, arco, bola, maças e fita (Laffranchi, 2001).

Surgindo na Europa Central, Gaio (2006) afirma que a GR recebeu muitas contribuições para o seu desenvolvimento, por meio da influência dos mestres de, pelo menos, quatro correntes: dança, arte cênica, música e pedagogia. Entre essas correntes, muitos foram os mestres que contribuíram com seus estudos diferenciados para a criação de uma modalidade totalmente inovadora, em que os movimentos rítmicos eram mais fluentes e dinâmicos, diferenciando-os dos movimentos masculinos nos quais havia o predomínio da força.

Para Gaio (1996), a corrente da dança é muito significativa para o surgimento da GR, principalmente, porque absorveu a influência de muitos estudiosos revolucionários do movimento humano, numa época em que o clássico era predominante. Entre esses estudiosos estão Isadora Duncan, a *Bailarina dos Pés Descalços*, como ficou conhecida, que, ao abandonar as sapatilhas, encontra inspirações de seus movimentos na natureza, como as ondas do mar. Encontramos, aqui, um dos principais elementos da GR que se desenvolve nas aulas de Balé, as *ondas*, exigidas nas coreografias de séries da GR.

Essa autora ainda afirma que um grande estudioso da dança foi Rudolf Van Laban (1879-1958). Seus gestos expressivos ofereciam total liberação da alma e do corpo, ao mesmo tempo em que considerava diversos aspectos do movimento, como o tempo, a força, o espaço e a fluência. Seus movimentos eram utilizados de forma espontânea, com o objetivo de atingir um resultado em que corpo e espírito não se dissociassem. Para que o espectador entenda a história do repertório apresentado, o bailarino deve interpretá-la desenvolvendo sua técnica em passos ousados e de grande beleza estética. No Código de Pontuação da GR, no quesito composição de base do critério artístico, encontramos a seguinte descrição: "A coreografia deve ser caracterizada por uma ideia-guia do início ao fim com a utilização de todas as possibilidades de movimentos do corpo e do aparelho" (CBG, 2005). Acredito encontrar aqui mais uma característica exigida tanto no Balé quanto na GR.

Da necessidade de dançar nasceu a música, ou, se preferirmos, apenas os ritmos percussivos. Em outro grande encontro do Balé com a GR, ainda no Código de Pontuação, vemos que: "Todos os exercícios devem ser executados em sua totalidade com acompanhamento musical". A GR, assim como o Balé, necessita da música para que seja desenvolvida.

O século XIX caracterizou-se pelo predomínio da expressão sobre a forma e pela preocupação de descrever tensões e estados emocionais.

Aversani (2004) relata que o alemão Rudolf Bode, professor de música e diplomado pelo Instituto de Rítmica Dalcroze, tornou-se pioneiro na Educação Rítmica por meio de sua criatividade e expressividade nos trabalhos da dança e da Ginástica. Suas ideias compartilhavam com as de Dalcroze, de que ritmo e música são indissociáveis.

Em Gaio (1996), encontra-se referência a quem introduziu o trabalho com os aparelhos bola, arco e maças, característica predominante nas competições de GR até hoje: Henrich Medau. Ele acreditava que, se as ginastas se concentrassem no aparelho utilizado, seus movimentos seriam mais naturais. Tudo isso sem esquecer da música, fator importante para o desenvolvimento rítmico e a expressividade.

Aversani (2004) afirma que Medau apenas não concordava com Bode quanto à utilização dos aparelhos, pois ele acreditava que o aparelho servia como aperfeiçoamento do movimento, além de desnecessário quando a técnica perfeita fosse adquirida. Acredito que, para conseguirmos a harmonia perfeita da técnica do corpo e do aparelho da GR e da arte, necessitamos primeiramente desenvolver uma postura correta para o movimento desejado, conhecendo o corpo, sem a utilização de nenhum aparelho. Nas aulas de Balé que desenvolvemos para GR, inicialmente trabalhamos no chão, para encontrarmos e sentirmos a postura correta de quadril, ombro, cabeça, coluna etc. Mais tarde, trabalhamos na barra, para que possamos nos utilizar do aprendizado da postura correta aprendida no solo, porém já na posição em pé, apenas com um apoio. Por fim, trabalhamos as diagonais e o centro, pois já estamos preparados para a execução dos movimentos sem qualquer apoio. Quando este trabalho corporal já estiver bem-desenvolvido, começamos a trabalhar os manejos de aparelhos da GR.

Faremos, agora, uma abordagem no Código de Pontuação da GR 2005 a 2008, principal regra do esporte estudado, em que poderemos observar os vários elementos corporais da GR e como o Balé pode auxiliá-los na execução de cada um deles.

O Código de Pontuação da GR

O primeiro Código de Pontuação da GR foi criado em 1970, pela FIG, e descrevia – e até hoje o faz – regras e pontuações a serem cumpridas pelas ginastas. Assim, desenvolvia e atribuía valores em seus exercícios a fim de que, em somatória entre movimentos técnicos e coreografia, o resultado destacasse a campeã.

O Código de Pontuação da GR 2005 a 2008 (2005) é composto por duas partes, denominadas composição e execução. A composição ainda se subdivide em dificuldade e artístico.

Critério de dificuldade

A dificuldade, que avalia os exercícios corporais executados pelas ginastas e a sincronia com os aparelhos, atribuindo-se valores nessas dificuldades para uma somatória final (FIG, 2005 a 2008).

Tais dificuldades corporais são divididas em quatro grupos: saltos, equilíbrios, pivôs e flexibilidades e ondas.

Os movimentos da Ginástica Rítmica e do Balé

Tomaremos para uma ilustração alguns dos elementos corporais da GR retirados do critério do Código de Pontuação 2005 a 2008 e faremos uma comparação deles com os passos e os exercícios do Balé Clássico, para que observemos onde e como eles auxiliam o esporte aqui estudado.

Saltos

Todas as dificuldades de saltos, segundo a FIG (2005), devem ter as seguintes características de base:

- boa altura (elevação) de salto;
- forma definida e fixada durante o voo;
- boa amplitude na própria forma.

Um salto sem boa altura, forma definida e fixada ou uma amplitude suficiente não é considerado como dificuldade, além de ser penalizado na execução.

FIGURA 5.1 – *Enjambeé*.

No Balé, chamamos o *enjambeé* de *grand jeté*. Assim como na GR, esse passo é um dos mais usados no Balé.

A técnica do aprendizado desse salto, segundo Consentino (1954), começa nas aulas de Balé básico, com passo executado ainda na barra, chamado *battements tendus* ou *batimentos estendidos*, no qual o pé desliza de uma posição de base para uma direção sem tirar os dedos do chão; ao chegar à direção desejada, a perna trabalhada deve estar totalmente estendida. Tais exercícios fazem que os músculos de pés e pernas adquiram a base necessária para preparar e manter a forma dos grandes saltos.

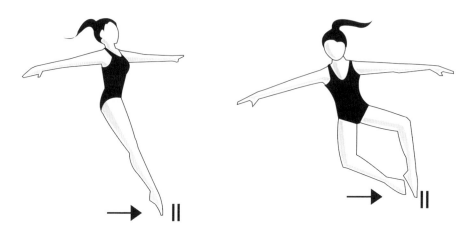

FIGURA 5.2 - *Cabriole*.

Consentino (1954) diz que, no Balé, *cabriole* não se trata de um salto, mas de um exercício de *bateria*, ou seja, coordenação motora. Tais exercícios se iniciam de uma posição aberta (pés separados) e, quando está em fase de voo, une-se ao outro pé.

Esse passo é mais utilizado pelos bailarinos, porém, na GR, é muito utilizado para lançamento de aparelhos.

O aprendizado desse passo no Balé se inicia ainda na barra, com o chamado *battement frappé*. Sem mexer o joelho de apoio, a bailarina toca o calcanhar da perna de trabalho nos tornozelos da perna de base à frente e atrás, com velocidade.

FIGURA 5.3 – *Sauts ciseaux*.

No *sauts ciseaux*, com saída em *demi plié*, uma das pernas é lançada adiante; em seguida, a outra perna sai de um *grand battement* rápido e troca de posição com a primeira perna.

O aprendizado desse salto tem início na barra com o exercício *battement*, que é um dos exercícios mais representativos em passos, saltos, baterias etc. Quase todos os passos do Balé possuem uma relação com esse exercício. Desde as primeiras turmas de Balé, o *battement* está presente, partindo do *petit battement*, realizado com a perna em 90°, até os *grand battement*, realizados em grandes elevações.

Uma das pernas é lançada para o alto com muita velocidade e muita tensão muscular; ao chegar à altura desejada, volta à posição de início com a mesma velocidade.

FIGURA 5.4 - *Verticaux en tournant.*

No Balé, denominamos o *verticaux en tournant* de *tour em l'air*. É executado com uma volta de, no mínimo, 180° na fase de voo com pernas e pés bem unidos (Consentino, 1954).

O aprendizado se dá na parte do adágio da aula de Balé, com o passo denominado *Soussus*, que se caracteriza por uma ação de levantar-se sobre as duas pernas em quinta posição em meia-ponta. Em seguida, faz-se o mesmo passo mudando de direção.

Equilíbrios

Para a FIG (2005), todas as dificuldades de equilíbrio devem ter as seguintes características de base:

- ser executadas sobre meia-ponta ou um joelho;
- ser mantidas em um tempo longo e claro;

- ter forma bem definida e fixada (sem movimentos da perna em suspensão do pé de apoio durante a dificuldade);
- ter forma ampla;
- ser coordenadas com os movimentos do aparelho a partir da posição de meia-ponta.

Todas as dificuldades executadas sobre um pé ou não claramente mantidas não contam como dificuldades de equilíbrio. Na ausência de todas essas exigências, penalizar-se-á, também, pela execução.

FIGURA 5.5 – *Passé*.

No Balé, o *passé* é chamado de *retires* ou *retirado*. Este é o primeiro e o mais simples equilíbrio que utilizamos na GR, porém serve como preparação para os pivôs e as grandes flexibilidades.

A técnica do aprendizado desse elemento, segundo Fontain (1998), ainda na barra é retirar lentamente um dos pés do solo saindo de uma posição de base, deixando a coxa completamente contraída, até que este pé chegue ao lado do joelho da perna de apoio. Com essa técnica assimilada, o mesmo movimento é executado com o pé de apoio subindo para meia-ponte.

FIGURA 5.6 – *Jambe libre en arrière* (arabesque).

Os arabesques são uma das posições primordiais do Balé, assim como uma das mais estéticas e usadas. Suas formas são múltiplas em relação à posição dos braços. Inicia-se o aprendizado nas primeiras aulas de Balé, a princípio, sem a elevação das pernas (Fontain, 1998).

Na GR, esse elemento corporal de equilíbrio só se dá quando executado sobre meia-ponta.

FIGURA 5.7 – *Jambe libre en arrière fléchie* (attitude).

Para Fontain (1998), os *attitudes* são umas das variações dos arabesques, mas com a perna de cima flexionada sobre a coxa, porém deve estar a uma elevação de, no mínimo, 180º. Assim como os arabesques, os *attitudes* na GR só possuem valor se executados sobre a meia-ponta.

FIGURA 5.8 – *Jambe libre en avant (suite)*.

Segundo o Código de Pontuação (FIG, 2005), o *jambe libre en avant* da GR possui, apesar de baixo, um valor para equilíbrios, mas, no Balé, é conhecido por *detirage* e é executado apenas na barra, com a finalidade de trabalhar a flexibilidade da bailarina, por isso não possui um tempo de sustentação, sendo apenas executado ativamente (Consentino, 1954).

Pivôs

Todas as dificuldades de pivôs, segundo a FIG (2005), devem ter as seguintes características de base:

- ser executadas sobre meia-ponta;
- ter forma bem definida e fixada durante a rotação até o final;
- ter forma ampla.

Todos os giros executados sobre um pé durante a totalidade ou uma parte da rotação com forma não fixada não contam como dificuldade. A ausência de todas essas exigências será, também, penalizada pela execução.

Em caso de rotação incompleta com respeito ao enunciado na ficha, o giro é avaliado em virtude do número de rotações realizadas.

A amplitude da forma e do nível da rotação dará o nível de dificuldade.

Para o Balé, comumente os giros se denominam de *pirouettes* ou *giro sobre uma só perna* (Consentino, 1954). Temos uma quantidade enorme de formas que se podem adotar durante os giros, assim como na GR, em que essas formas se transformam em elementos com valores mais elevados, de acordo com seu número de voltas e sua dificuldade na execução.

Os pivôs podem ser executados girando para fora ou *en dehor*, ou para dentro *en dedans*.

Para Margot Fontain (1998), antes de aprender qualquer que seja o giro, devemos assimilar o movimento da cabeça para o giro, pois essa técnica impede a sensação de estonteamento quando se começa a girar em graus e número de voltas mais avançados.

A técnica se compõe por colocar as mãos levemente sobre os ombros e buscar um ponto para fixar o olhar. Começa-se a girar o corpo deslizando os pés simultaneamente no mesmo lugar, afastando-se da posição frontal, porém sem desviar o olhar do ponto fixado. Quando já não puder mais manter os olhos no ponto fixo, move-se rapidamente a cabeça para o outro lado até encontrar o mesmo ponto, levando gradualmente o corpo à posição de início (Fontain, 1998).

FIGURA 5.9 – Passe 180º.

O passe 180º é o pivô de menor valor na GR, segundo o Código de Pontuação (2005 a 2008). Já no Balé, é uma das *pirouettes* mais comumente realizadas pelos bailarinos.

Após o aprendizado da técnica de giro, iniciamos o aprendizado da *pirouette* passe, sempre nos exercícios da barra e, em seguida, no adágio da aula de Balé.

FIGURA 5.10 – *Jambe libre tendue avant.*

Para o Balé, *grand pirouette* acontece mais comumente nas variações dos bailarinos (Fontain, 1998). Para a GR, é um dos giros mais usados, por aumentar o valor de uma dificuldade de flexibilidade quando realizado antes desta (FIG, 2006).

FIGURA 5.11 – *Fouetté, jambe libre à l'horizontale.*

Para Consentino (1954), essa forma de girar tem a particularidade de que a perna levantada circula de uma posição a outra, tanto para frente quanto para trás, e vice-versa. Existem variações de posições que podem ser adotadas durante o giro, como um *attitude*.

Na GR, este é um pivô com grande valor FIG (2005) e encontrado em séries de ginastas de categoria mais adulta, por se tratar de um giro muito técnico e difícil.

FIGURA 5.12 - *Jambe libre en arrière* (arabesque ou *attitude*).

Para o Balé, o *jambe libre en arrière* é mais uma das variações de *pirouette*, mas, para a GR, é um giro com valor regular, no qual a maior dificuldade é manter o grau de 180° das pernas (FIG, 2005).

Flexibilidades e ondas

Todas as dificuldades de flexibilidade e ondas devem ter as seguintes características de base:

- ser executadas em apoio sobre um dos pés ou outra parte do corpo;
- ter forma bem definida e fixada (com parada visível na posição);
- ter forma ampla.

As dificuldades executadas com amplitude insuficiente ou não claramente fixadas não contam como dificuldade. A ausência de todas essas exigências será, também, penalizada pela execução.

No Balé, a flexibilidade não é tão exigida quanto na GR, na qual é o elemento primordial e de maior exigência.

A maior parte dessas flexibilidades em uma aula de Balé é encontrada nos exercícios da barra (FIG, 2005).

FIGURA 5.13 – *Flexion du tronc sur la jambe à l'horizontale*.

Para Fontain (1998), no Balé, a *flexion du tronc sur la jambe à l'horizontale* denomina-se *étirage*. Apoia-se a perna na barra e inclina-se o tronco por cima dessa perna, porém, na GR, é uma flexibilidade de valor baixo, por ser de um grau baixo de execução (FIG, 2005).

FIGURA 5.14 – *Flexion dorsale du tronc.*

No Balé, denominamos a *flexion dorsale du tronc* de *souplesses en arrière*, quando não há deslocamento do quadril, e de *cambrê*, quando há esse deslocamento. Essa flexão do tronco no Balé também pode ser executada para frente, *en avant*, e para o lado, *de côté* (Consentino, 1954). Sua aprendizagem se faz desde as primeiras turmas do Balé.

Na GR, trata-se de um exercício de baixo valor, por não exigir alto grau de flexibilidade (FIG, 2005).

FIGURA 5.15 – *Tour lent (promenade).*

Para Consentino (1954), *promenade* se trata do trajeto de uma volta lenta em torno de si mesmo. Na GR, é executada nos exercícios de flexibilidade para aumentar o seu valor. Essa volta pode ser executada em 180º e 360º (FIG, 2005).

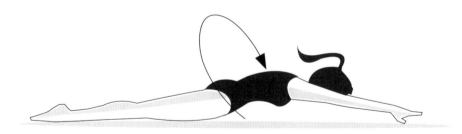

FIGURA 5.16 – *Grand écart avec roulade latérale (360º).*

Na GR, *grand écart avec roulade latérale* possui um valor pequeno, pois se trata de um elemento mais utilizado em categorias menores.

No Balé, também é chamado de *grand écard* ou *grande separação*, porém não possui a variação de rotação. É utilizado apenas no final dos exercícios executados na barra para ampliar a flexibilidade das pernas (Consentino, 1954).

É possível observar que alguns elementos da GR e do Balé são semelhantes, inclusive alguns deles são os mesmos. Sendo assim, na formação e no desenvolvimento corporal da GR, a utilização da técnica do Balé, por se tratar de uma cultura milenar, poderá auxiliar na execução desses elementos com mais postura e graciosidade, cobrados no critério execução, que veremos a seguir.

Critério execução

A execução verifica a "limpeza" dos movimentos, ou seja, se a ginasta executa os exercícios com postura, pontas de pés e joelhos estendidos e clareza nos movimentos. A cada falha na execução desses movimentos, a ginasta que entra em quadra com 10 pontos perde-os até que saia com a nota retirada de 10 pontos em sua série (0,10 para falhas leves; 0,20 para médias; e 0,30 a 0,50 para grandes falhas).

A Tabela 5.1, retirada do atual Código de Pontuação (FIG, 2005 a 2008), diz respeito às falhas na técnica corporal da ginasta e suas despontuações. Essas técnicas corporais dizem respeito a posições corretas de pés, joelhos, cabeça etc.

Tabela 5.1 – Técnica corporal

Penalizações	0,20	0,30 ou mais
Técnica corporal de base	Perda de equilíbrio em um movimento sem dar passo	Técnica corporal incorreta por mais da metade da série
		Perda de equilíbrio em um movimento dando um passo
		Perda de equilíbrio com apoio de uma das mãos no aparelho (0,40)
		Perda total de equilíbrio com queda (0,50)
Saltos	Pequena falta de elevação	
	Chegada pesada ao solo	
Giros	Apoio do calcanhar durante a rotação	Falta de eixo perdendo o equilíbrio e terminando em um passo

De acordo com Fontain (1998), na primeira fase do Balé, a criança aprende a postura correta sentada e em pé, além de caminhadas e corridas com elegância.

Nas primeiras aulas, as bailarinas aprendem a caminhar com as pontas dos pés estendidas, fazendo que o movimento pareça mais leve e delicado.

Em seguida, nas próximas aulas, a criança aprende a se posicionar de pé corretamente nas cinco posições básicas do Balé.

Consentino (1954) recomenda que, no solo, durante todos os exercícios, os pés fiquem apoiados inteiramente no calcanhar e nos dedos, evitando que recaiam para a parte inferior deles. Em seguida, são ensinados os exercícios sobre a meia-ponta, ou seja, apoiar todo o metatarso por igual em cima de todos os dedos ao mesmo tempo.

Em algumas aulas adiante, as bailarinas aprendem que os pés, ao saírem do solo, por uma simples elevação de pernas ou salto, devem estar estendidos, ou seja, deve-se executar uma força pela qual os dedos e o dorso dos pés fiquem voltados para baixo, seguindo o alinhamento da tíbia.

A aquisição de uma postura correta não é tão simples como parece; é um longo e complicado caminho a percorrer com perseverança e paciência.

A correta expressão exige reforço dos músculos da coluna vertebral e do abdômen e autoanálise diante de um espelho (Róbeva, 1946).

Para uma postura sentada, Fontain (1998) orienta que as bailarinas deixem as costas bem eretas e as pernas estendidas à frente. As mãos devem ser colocadas sobre as coxas e os calcanhares devem permanecer todo o tempo fora do solo, para que os joelhos também fiquem estendidos.

A cabeça também desempenha um fator predominante no Balé, por criar um ângulo visual mais harmonioso com o restante do corpo. Para cada posição das pernas, existe uma posição correta da cabeça (Fontain, 1998).

O posicionamento dos quadris é ensinado, também, logo no início para as bailarinas, por se tratar de conservar o perfeito equilíbrio mantido nos passos básicos até os mais complexos.

Mediante todos esses exemplos e citações sobre os primeiros ensinamentos do Balé Clássico, podemos observar que, com essa técnica de aprendizagem, a GR terá um trabalho corporal mais apurado e com menos falhas para o critério de execução.

Ao preparo da ginasta, é preciso adaptar o aquecimento clássico com as bases seguras do Balé. Como para a bailarina, o preparo exige o ensino dos elementos do Balé: posição correta do corpo e execução correta de todas as posições de pés e mãos. *Correto* significa belo, exatamente o que se procura na técnica do Balé e da GR, é o objetivo final, ao qual não se pode chegar sem base correta (Róbeva, 1946).

Critério artístico

O artístico avalia principalmente a harmonia e a expressão corporal desenvolvidas pelas atletas em sincronia com a música e o movimento, além da graça e da interpretação da música, como uma espécie de Balé com aparelhos. Assim descreve o Código de Pontuação para o artístico (FIG, 2005 a 2008):

1.1.1 Todos os exercícios devem ser executados em sua totalidade com acompanhamento musical. Uma breve pausa voluntária, motivada pela composição é tolerada.

1.1.2 Um exercício voluntariamente executado durante uma parte importante ou em sua totalidade sem acompanhamento musical não será avaliado.

1.1.3 A música pode ser interpretada por um ou vários instrumentos, com a voz humana utilizada como um instrumento (sem palavras). Todos os instrumentos são autorizados à condição que exprimam uma música com as características necessárias ao acompanhamento de um exercício de GR: clara e bem definida em sua estrutura.

Numa aula de Balé, seja ela *Baby Class* (crianças entre 3 e 4 anos) ou Corpo de Baile (bailarinos profissionais), em toda sua totalidade, existe o acompanhamento musical, com *métrica, harmonia, melodia, ritmo, intensidade* e *duração* diferentes para cada exercício proposto, o que promove a educação da audição.

Para Verderi (1998), a música é um fenômeno corporal de grande receptividade. Mesmo antes de nascer, ainda no ventre da mãe, a criança já entra em contato com o universo sonoro: vozes de pessoas, sons produzidos por objetos, sons da natureza, dos seres vivos, do acalanto de sua mãe e outros. Ainda para essa autora, a música sempre esteve ligada à vida do homem. O homem primitivo já dançava e, para dançar, além dos instrumentos que utilizava para emitir o som e formar a música, ele cantava.

A música possui elementos básicos ensinados aos bailarinos no decorrer de sua carreira na dança, entre os quais é importante conhecermos (Verderi, 1998):

- *Métrica*: ordem e medida do ritmo, representada pelos compassos binários, ternários e quaternários e pelas figuras musicais que preenchem esses compassos.
- *Harmonia*: realça o sentimento que o compositor propõe em sua obra.
- *Melodia*: representada por figuras e símbolos musicais que determinam o andamento, a totalidade e a intenção melódica do autor.
- *Ritmo*: determinado pela melodia e pode ser lento, moderado ou acelerado. Para executarmos uma série de GR ou uma dança, precisamos compreender as variações rítmicas.
- *Intensidade*: distinção de fraco e forte da frase musical.
- *Duração*: o quanto a intensidade forte ou fraca soa por determinado tempo.

O trabalho de Balé no desenvolvimento da GR pode acrescentar e facilitar a compreensão da interpretação da música para a ginasta em sua série.

Em relação à coreografia, o atual Código de Pontuação (FIG, 2005 a 2008) reza que esta deve ser caracterizada por uma ideia-guia, na qual o discurso motor deve ser *único*, do princípio ao fim, com a utilização de todos os movimentos possíveis do corpo e do aparelho.

As composições coreográficas de GR são bem diferentes das do Balé no aspecto esportivo, que se alcança com o uso dos aparelhos (Róbeva, 1946).

A aplicação do Balé na prática da Ginástica Rítmica

No trabalho desenvolvido atualmente junto à AGINARC, equipe da qual sou coordenadora técnica, desenvolvemos o Balé Clássico da seguinte forma, desde as aulas de escolinhas de base até o treinamento de alto nível do esporte:

Balé na iniciação da Ginástica Rítmica

A escolinha é o primeiro contato da criança com a GR, oferecida duas vezes por semana, sendo trabalhada com mais ênfase a base corporal da GR, ou seja, como executar corretamente os exercícios corporais. Em relação aos aparelhos, na escolinha, deixamos a criança brincar com a fita (o aparelho mais desejado por elas), a maça e o arco, porém a bola e a corda são ensinadas com sequências pedagógicas para a execução correta, pois possibilitam os fundamentos de saltos e ondas, encontrados na GR.

Primeira aula da semana

Chão

Sentadas
- borboletinha;
- trabalho de pernas unidas e estendidas com postura correta de costas;
- *flex* e ponta de pés;
- passes *andeor* e *andedans*;
- abertura lateral de pernas;
- ondas de braço com *cambrée* lateral (trabalho de flexão lateral do tronco);
- ondas de braço com *cambrée* frente (flexão frontal de tronco);
- *developpes* frente e lateral, com e sem ajuda das mãos;
- *petit battements* com pernas alternadas e unidas;
- abertura frontal de pernas (espacato frontal).

Decúbito dorsal
- trabalho de pernas unidas e estendidas com postura correta de costas;
- *flex* e ponta de pés;
- passes *andeor* e *andedans*;
- *cambrée* para trás – flexão da coluna com ajuda dos braços;
- flexão de pernas para alongamento de membros inferiores.

De joelhos
- trabalho de cabeça;
- trabalho de *ports de bras*;
- trabalho de ondas com o tronco.

Aparelho do dia: bola

Segunda aula da semana

Barra

Sequência da barra de Balé para a iniciação com duas mãos na barra
- trabalho de posições de pés;
- trabalho de *relevés*;
- *demi plié*;
- *supless*;
- *tendus*;
- *jetés*;
- *demi ronds de jambe*;
- *petit battements*;
- passes *andeor* e *andedan*;
- passe com *releve*.

Diagonal
- deslocamentos variados e saltitos.

Aparelho do dia: corda

Devemos desenvolver uma sequência pedagógica em que o exercício mais simples será a base para o mais complexo.

À medida que as aulas vão ocorrendo, observaremos a etapa em que poderemos unir os exercícios do chão aos manejos dos aparelhos corda e bola.

Balé no treinamento da Ginástica Rítmica

No treinamento de alto nível, o trabalho de Balé é oferecido na parte inicial dos treinos, alternando, também, os dias em que trabalhamos o chão e a barra.

Ainda no treinamento, trabalhamos o Balé incluindo, sempre que possível, os elementos da GR.

Procuramos trabalhar todos os dias no Balé os elementos da GR, variando a forma e a intensidade e criando possibilidades para que o elemento seja realizado de formas diferentes.

Chão

Passagens direta – afastamento lateral das pernas
- contração e relaxamento de pernas estendidas e unidas;
- flexão e ponta com dois pés;
- forçar dorso dos pés;

- flexão frontal de tronco;
- flexão de coluna para trás;
- *battments* com sustentação de pernas;
- *battments* alternados com flexão de coluna, encostando os pés na cabeça;
- flexão para trás do tronco no espacato;
- no espacato, contração de coxa até sair do chão;
- abertura lateral, contração de coxa até sair do chão;
- séries de *battments* variados;
- *battments* atrás no espacato;
- flexão de coluna com vela de peito;
- *battements* e sustentação em quatro apoios;
- série de *panches*;
- abdominais.

Barra

Nesse nível, a barra é trabalhada com o apoio de apenas uma das mãos. Além disso, introduzimos, ao mesmo tempo, em todos os exercícios princípios pedagógicos para a execução dos elementos da GR.

- trabalho de posições de pés com *releves* e equilíbrios;
- *demi plié* e *grand plies* em todas as posições de pés, juntamente com *cambrés*;
- *tendus* frente, lado e atrás, repetindo sequência em meia-ponta, uma vez que, na GR, é muito cobrada pelo critério dificuldade do Código de Pontuação a meia-ponta de pés alta;
- *jetés*;
- *demi ronds de jambe*;
- *rond de jambe an lair* com e sem ajuda;
- *petits* e *grand battments*;

- passes *andeor* e *andedan* com preparação para giros;
- flexibilidade utilizando a barra como apoio para as pernas.

Diagonal

Elementos de dificuldade da GR que a atleta da categoria individual ou do conjunto poderá apresentar, flexibilidade, equilíbrio, giros e saltos.

Conclusão

Por meio deste estudo, pudemos chegar à conclusão de que o Balé Clássico, como atividade no desenvolvimento da GR, possui um trabalho de grande importância na aprendizagem correta dos elementos do esporte. Principalmente por se tratar de uma cultura milenar, sua importância também está relacionada ao fato de a GR ter como alicerce os movimentos do Balé em seu Código e ter sofrido influência da dança em sua origem na forma não competitiva. Isso se faz presente ao se enfatizarem situações ocorridas em que, principalmente, notas de execução das ginastas são mais altas quando trabalhadas com o Balé.

No Balé Arte, quem o pratica apenas dança, sem se preocupar em perder nota por não elevar uma das pernas na altura da cabeça, por não concluir determinado número de voltas em um giro proposto ou, ainda, por não tocar os pés no ponto mais alto da cabeça. Portanto, acreditamos que o Balé Clássico deve ser adaptado à GR, uma vez que se trata de um esporte muito técnico e com exigências muito específicas descritas em seu Código de Pontuação.

Ao finalizarmos este trabalho, sinalizamos para a necessidade de pesquisas na área não só do Balé, como, também, em outras atividades que possam contribuir ainda mais para a melhoria da técnica brasileira na GR, na expectativa de que este estudo possa vir a auxiliar na continuidade dos resultados que a equipe da Associação Curitibana de GR – AGINARC vem conquistando.

Referências

ALONSO, A. Dança: Atividade física e arte em harmonia. **Revista do CONFEF**, Rio de Janeiro: JR Maran, 2002.

AVERSANI, M. **Ginástica Rítmica no Brasil**: a (r)evolução de um esporte. 2004. Dissertação (Mestrado em Educação Física) – Universidade Metodista de Piracicaba, Piracicaba, 2004.

BODO-SCHMID. **La Gimnasia Rítmica Deportiva**. Barcelona: Hispano Europea, 1985.

CBG – CONFEDERAÇÃO BRASILEIRA DE GINÁSTICA. **Código de Pontuação em Ginástica Rítmica**. Rio de Janeiro: Palestras Editoras Esportivas, 2005.

_____. **Curso técnico regional em Ginástica Rítmica Desportiva**: treinamento de alto rendimento. Rio de Janeiro: Palestras Editoras Esportivas, 2003.

CONSENTINO, I. E. E. **Escuela Clásica del Ballet**. Viña Del Mar: [s.e], 1954.

FARO, A. J. **Dicionário de Ballet e Dança**. Rio de Janeiro: Jorge Zahar, 1989.

FEDERAÇÃO INTERNACIONAL DE GINÁSTICA. **Regulamento técnico**, 2003.

_____. **Regulamento técnico**, 2004.

_____. **Regulamento técnico**, 2005.

_____. **Regulamento técnico**, 2006.

GAIO, R. **Ginástica Rítmica Desportiva "Popular"**: uma proposta educacional. Campinas: Robe Editorial, 1996.

GAIO, R.; BATISTA, J. (Org.). **Ginástica em questão**. Ribeirão Preto: Tecmedd, 2006.

ISKANDAR, J. I. **Normas da ABNT**: comentadas para trabalhos científicos. Curitiba: Juruá, 2003.

LAFFRANCHI, B. **Treinamento desportivo aplicado à Ginástica Rítmica**. Londrina: Unopar, 2001.

MICHAUT, P. **História do Ballet**. São Paulo: Difusão Europeia do Livro, 1979.

MOLINARI, Â. **Ginástica Rítmica, história e desenvolvimento**. Belo Horizonte: Cooperativa do Fitness, 1999.

PORTINARI, M. **História da Dança**. Rio de Janeiro: Nova Fronteira, 1989.

_____. **Nos passos da Dança**. Rio de Janeiro: Nova Fronteira, 1985.

RÓBEVA, N.; RANKÉLOVA, M. **Escola de campeãs**: Ginástica Rítmica Desportiva. São Paulo: Ícone, 1991.

ROSAY, M. **Dicionário de Ballet**. 3. ed. Rio de Janeiro: Editorial Nórdica Ltda., 1980.

ROYAL ACADEMY OF DANCE. Prefácio de Dame Margot Fontain de Arias. **Curso de Ballet**. São Paulo: Martins Fontes, 1998.

SECRETARIA MUNICIPAL DE SÃO PAULO. **Ballet da Cidade de São Paulo**. São Paulo: Formarte, 1998.

Souza, E. P. M. **Ginástica Geral**: um campo de conhecimento da Educação Física. 163f. Tese (doutorado em Educação Física) – Faculdade de Educação Física, Universidade Estadual de Campinas, 1997.

Verderi, E. B. L. P. **Dança na Escola**. Rio de Janeiro: Sprint, 1998.

6

A Dança Moderna na preparação técnica e artística em Ginástica Rítmica

Marília Velardi

Maria Luiza de Jesus Miranda

A crescente exigência na complexidade técnica dos movimentos na Ginástica Rítmica (GR) tem requerido das ginastas movimentos corporais cada vez mais elaborados. Sem dúvida, essa exigência redunda em níveis cada vez maiores de *performances* e, portanto, tanto a preparação técnica quanto a física devem ser revistas e modificadas constantemente.

Há muito tempo na GR a utilização da dança folclórica, do Balé e da Dança Moderna tem sido citada como parte importante da preparação técnica e artística das ginastas, justificada pela sugerida melhora do nível de execução de determinados padrões de movimento, bem como do desenvolvimento de aspectos relacionados ao potencial expressivo dos movimentos e da própria composição das séries (Crause, 1985; Agnollucci e Cimino, 1988; Vieira, 1989). Além disso, o Código de Pontuação mostra a necessidade de incorporação de passos rítmicos na composição das séries individuais e em conjunto, destacando que devem ser incluídos nas séries individuais e em conjunto: "os passos de dança clássica, folclóricos, passos rítmicos previstos nos manuais de Educação Física, com ou sem deslocamento, mas sempre estritamente ligados à música" (FIG, 2007).

Na década de 1990, Langsley (1990, 1991a-b) verificou a crescente utilização de elementos das danças folclóricas para enriquecer as séries, conferindo-lhes um caráter pessoal e criativo. Nesse período, as ginastas de composições individuais e de conjunto da Bulgária, por exemplo, recorriam às músicas com toques regionais, não raras do compositor húngaro Bela Bartók, cujas composições apresentam forte influência de pesquisas sobre o folclore da antiga região Abissínia-Hungárica (Maron, 2006). A partir da música, as dificuldades e os passos rítmicos remetiam, muitas vezes, às danças tradicionais e regionais do folclore búlgaro.

Nesse mesmo período, as ginastas espanholas passaram a utilizar com frequência elementos da dança folclórica espanhola e flamenca em seus mais variados estilos e ritmos (como *sevillanas*, fandangos, *tanguillos, alegrías* e *bullerías*) na composição de suas séries, conseguindo grande aceitação por parte do público e da arbitragem.

A dança característica de cada região, país, povo ou comunidade, expressada em muitas formas de folclore, gera nos povos um sentido especial de ritmo e música e tende a despertar a capacidade de dançar e sentir essa dança como parte de si mesmo (Valle, 1991). Para a imprensa especializada, essa aceitação deve-se ao fato de que a utilização dos elementos da dança folclórica em GR permite, ainda, uma diversificação de estilos capaz de agradar tanto ao público quanto à arbitragem, confere identidade às séries e marca a cultura a qual as ginastas pertencem, além de traduzir e materializar tanto a criatividade quanto a originalidade, quando é atingido o equilíbrio na utilização dos exercícios ginásticos associados às técnicas da dança.

No entanto, é entre o Balé e a GR que encontramos maiores referências às relações objetivas. A prática do Balé é quase uma unanimidade na preparação técnica de ginastas em GR, bem como de outros ginastas de competição (Honeyman 1981; Mendizábal e Mendizábal, 1985; Pica, 1988; Gula, 1990; Jastrjembskaia e Titov, 1998).

Segundo a literatura, os exercícios do Balé são utilizados para enriquecer e auxiliar a preparação técnica das ginastas, já que são considerados capazes de desenvolver a denominada postura básica e o posicionamento correto dos segmentos corporais (pernas, pés, braços e cabeça), além de serem importantes na manutenção de uma aparência elegante e graciosa (Hernández, 1983; Bott, 1986).

Além disso, no caso específico da GR, alguns elementos corporais característicos da modalidade fazem referência às técnicas específicas do Balé. Verifica-se no Código de Pontuação a menção aos saltos, como *grand jeté* e *jeté tournant*, acrescidos de posições como *grand écart*, *cambré* e *cabriole*, bem como os equilíbrios e os pivôs em *grand écart*, *attitude* ou arabesque (FIG, 2007). Essas denominações demonstram a incorporação explícita da técnica do Balé como parte da movimentação específica da técnica corporal em GR. Por esse motivo, já há muito tempo a literatura específica da GR afirma que os exercícios do Balé são considerados importantes no ensino dos elementos técnicos similares aos da GR e, ainda, na coordenação de combinação de movimentos (Heinss, 1978; Hernandéz, 1983; Jastrjembskaia e Titov, 1998). Considera-se que o Balé proverá as ginastas com um trabalho de base indispensável à formação na modalidade.

Contudo, o Balé como técnica corporal tem características distintas daquelas sugeridas como dificuldades na GR. Observa-se que a utilização dos deslocamentos, das passagens de solo e dos elementos acrobáticos, das amplitudes de movimento e energia aplicada e dos posicionamentos dos segmentos e do tronco, bem como a interação entre música, material e movimento na execução das séries em GR, são os aspectos mais marcantes em relação à diversidade entre essas atividades.

Um exemplo pode ser a descrição da exigência dos saltos, quando, no Código de Pontuação, vê-se a afirmação de que um salto sem boa altura, sem uma forma definida e fixada ou sem uma amplitude suficiente não é considerado dificuldade e, portanto, será penalizado em sua execução (FIG, 2007).

No caso do Balé, um salto como o *grand jeté*, por exemplo, deve ser executado com excelente amplitude, assim como a requerida em GR. No entanto, a fase de voo, em geral, não permite a manutenção da posição no ar, exceto na execução dos saltos masculinos, nos quais os bailarinos demonstram a força do homem em contraposição à leveza feminina. No caso de um *grand jeté* em GR, a necessidade de uma fase aérea quase em suspensão "sustentada" pode ser continuamente observada na execução das séries de ginastas de alto nível, diferente daquilo que é observado no Balé.

Por coerência, a preparação técnica no Balé relaciona-se à ideia de repertório e movimentação específica dessa arte. Assim, o que é realizado na barra, no centro ou nos deslocamentos reflete a busca e um desempenho específico na representação de um repertório próprio do Balé.

Para Bott (1986), os posicionamentos do tronco em GR são muito mais livres que os utilizados pelo Balé, fato que pode ser confirmado pela análise do Código de Pontuação. Na edição de 2007, essa questão fica bastante evidente no item 2.1.3.3. *"El tronco y la cabeza deben utilizarse de un modo variado, es decir que deben seguir siempre los movimientos corporales de los demás segmentos corporales con movimientos pequeños y grandes en diferentes planos, direcciones y formas"* (FIG, p. 22). Além disso, a dinâmica nas movimentações do tronco, mantido muitas vezes *fora do eixo* vertical e modificado após a execução da dificuldade corporal exigida nos equilíbrios, nos giros e nos pivôs, tende a adicionar valor à dificuldade. Isso reafirma a ideia de maior liberdade e dinâmicas particulares de movimento na GR, especialmente nas ações motoras de tronco, membros e cabeça, quando comparadas àquelas que são características do Balé.

Em relação à execução das dificuldades corporais, é importante ressaltar que o Código de Pontuação enfatiza a penalização para a falta de harmonia e sincronização na velocidade, na amplitude e na intensidade da expressão dos movimentos corporais durante a execução das séries, o que também é indicado para a ausência ou a pouca exploração do dinamismo na utilização do espaço em diferentes níveis, direções, trajetórias e modos de exploração (FIG, 2007).

Essas exigências envolvem a organização da série de modo que um *jeté*, por exemplo, seja combinado a uma dificuldade no solo, seguida de um novo impulso para a posição em pé ou em adição a uma nova dificuldade aérea. Essa dinâmica que está presente em algumas técnicas de dança (e, portanto, em sua técnica de base ou na preparação técnica de dançarinos) é praticamente inexistente no repertório do Balé e, assim, o modo como os bailarinos são preparados para saltar ou girar não leva em conta a necessidade de uma dinâmica diferenciada, tanto na junção dos elementos ou das dificuldades corporais quanto na distribuição das dificuldades no tempo e no espaço.

Há, ainda, que se considerar que, no caso do Balé, a expressividade normalmente está voltada ao campo da expressividade estética, o que tende a limitar a utilização de elementos externos à técnica apurada (a exploração do espaço e a interação com objetos, por exemplo) como meio de expressão. Aliada à técnica corporal, a expressividade é considerada vital no trabalho técnico em Dança Moderna. Nesta, diferentemente do Balé, o movimento deve ser estabelecido como um agente expressivo, capaz de explicitar as diferentes nuances de um sentimento. Essas qualidades são conhecidas como capazes de conferir ao movimento uma condição expressiva particular, em suspensão, balanceado, percussivo, vibratóro ou em queda. Associados ao trabalho de técnica corporal específica, as qualidades do movimento expressivo em Dança Moderna são capazes de salientar um ou outro sentimento ou ideia a partir da aplicação adequada de energia para a contração e a descontração muscular. Essas qualidades fazem parte da preparação técnica em Dança Moderna e são associadas aos movimentos da técnica corporal, sendo capazes de ampliar ainda mais o vocabulário de movimentos.

Toda essa reflexão é necessária para que possamos considerar a necessidade de utilização de novas possibilidades de preparação técnica e artística, que, em conjunto com o Balé, possam auxiliar de maneira direta a preparação de ginastas em GR. Analisando com atenção, podemos concluir que as características próprias da GR, no que se refere à ocupação do espaço, à relação com objetos externos, ao tipo de dificuldades corporais, às suas mais diversas formas e às suas relações com o espaço, o tempo e a fluência na execução, aproximam-na da Dança Moderna.

Para nós, que "vivemos" a GR e a Dança Moderna como participantes e como atentas e críticas espectadoras, essas reflexões nos têm apontado a necessidade de maior compreensão, por parte de técnicas, ginastas e preparadores físicos, das possibilidades de desenvolvimento técnico na GR em face da utilização das técnicas de Dança Moderna.

Para esses autores, a incorporação de elementos coreográficos (como a ocupação espacial e as variações de tempo e espaço) favoreceria maior compreensão e conferiria maior expressividade às séries, o que ampliaria o controle das ginastas sobre as composições, compreendendo-as como uma unidade, e não uma junção ou somatória de dificuldades corporais e de manipulação.

Além disso, uma razão ainda mais evidente que relaciona a GR à Dança Moderna é o fato de que os movimentos do centro do corpo, característicos da Dança Moderna por meio do uso de contrações, *releases, spirals*, ondas corporais e movimentos em que o tronco fica fora do eixo vertical, são largamente utilizados na GR (Figura 6.1). Por esse motivo, um trabalho específico com essa técnica pode ser capaz de auxiliar a movimentação do tronco e da cabeça, conferindo a estes a capacidade de serem elementos de manifestação da expressividade da ginasta (Honeyman, 1981; Schmid, 1989; Vieira; 1985; Pica, 1988; Valle, 1991).

FIGURA 6.1 - Exemplos de dificuldades de equilíbrios e pivôs com o tronco fora do eixo vertical (FIG, 2007).

Além de considerarmos a incorporação de técnicas da Dança Moderna, levando em consideração seu impacto sobre o desempenho das ginastas, é importante salientar o fato de que essas duas atividades foram construídas com base nos mesmos princípios. Tanto a GR quanto a Dança Moderna são produtos do século XX, período em que se desenvolveram como atividades competitiva e artística, respectivamente, motivadas pela busca de uma linguagem adequada ao mundo que se apresentava, em busca da liberdade de expressão.

Utilizar as técnicas da Dança Moderna como meio de capacitar de maneira cada vez mais adequada as ginastas em GR também é um reencontro com a identidade do esporte, uma vez que as formas de expressão e as intenções originais, embora caminhando por distintas vias, foram construídas com base em uma forma muito particular de enxergar o movimento humano: livre, dinâmico, amplo, ocupando todos os espaços e utilizando-se das mais diversas variações temporais para expressar-se, sem barreiras.

A Dança Moderna

No início do século XX, o Balé tal qual se apresentava passou a ser criticado tanto por seu excessivo rigor acadêmico quanto pela busca da exibição quase exclusiva dos virtuosismos técnicos, tornando-se uma arte desumanizada (Garaudy, 1980; Arnoldi, 1982; Mendes, 1985). Para Garaudy (1980, p. 42), o Balé havia se tornado uma *língua morta*. Seu vocabulário tornou-se rígido e preso não só em relação ao que era coreografado, mas, especialmente, ao que se realizava em sua preparação técnica. A repetição de padrões idênticos de movimentação, com determinada música, assumindo posturas também fixas, em que a posição do centro do corpo é, muitas vezes, inflexível, leva os bailarinos a raramente serem desafiados a sair de seu eixo (Louis, 1992).

Com base no pensamento dos precursores de uma nova estrutura de compreensão e expressão do movimento humano (Noverre, Delsarte, Dalcroze e Isadora Duncan), a Dança Moderna surgiu em um período pós-Revolução Industrial, contra os artifícios do Balé, contestando o rigor acadêmico no qual se fundamentava. Procurando encaminhar a dança para sua essência, complementou as transformações ocorridas com o movimento Romântico.

A Dança Moderna é considerada o fruto de uma nova forma de pensamento, da busca de uma vida mais flexível e natural, expressando um impulso interior. A técnica da Dança Moderna teve seu desenvolvimento por meio de diversos dançarinos, que podem ser considerados os criadores de uma nova técnica em dança. Entre esses vários dançarinos que buscavam o ideal da Dança Moderna, Mary Wigman, Ruth St. Dennis, Ted Shawn, Martha Graham e Doris Humphrey experimentaram e desenvolveram a técnica básica da Dança Moderna, sobre as quais nomes como Kurt Joss, Charles Weidman, Jose Limon, Lester Horton, Merce Cunningham e, posteriormente, Alwin Nikolais, Murray Louis, Alvin Ailey etc. puderam desenvolver seus estudos e trabalhos, dando-lhes outro enfoque e propostas sempre em evolução, características da Dança Moderna.

Havia diversidade nas explorações de espaço e tempo, relações entre pessoas, objetos e ambiente, liberdade de movimentação para tronco e membros, contato com o solo, na interação com objetos cênicos. Cada um dos criadores da Dança Moderna conduziu seus trabalhos na direção de suas histórias pessoais. Por esse motivo, o processo de ensino-aprendizagem na Dança Moderna passou a centralizar-se no aluno, relacionando a arte a outros pontos de vista, e não a uma única realidade estética (Knauckfuss, 1988).

Em relação às diversas técnicas em Dança Moderna, podem ser encontrados vários pontos em comum. Um corpo mais flexível às características daquilo que se desejava expressar deveria se refletir em uma nova forma de utilização do corpo, a partir de um fluxo de movimento que o atingisse como um todo (Garaudy, 1980; Andrade, 1987; Knauckfuss, 1988; Faro e Sampaio, 1989; Portinari, 1989; Martin, 1991). Por esse motivo, a utilização do tronco em Dança Moderna passa a ser vital, de onde emanam todos os movimentos, e não mais um simples suporte no qual se "atarraxavam" os membros (Baril, 1977).

A ideia de que uma maior abertura seja dada em relação à movimentação corporal não culmina apenas com novas formas de utilização do corpo, mas com outras possibilidades de exploração do espaço. Contrariamente ao Balé, a Dança Moderna utiliza-se do solo em suas aulas e coreografias, não ape-

194

nas como plataforma, mas os pés descalços estabelecem estreita relação entre o corpo e o espaço, aproximando o homem de sua realidade (Baril, 1977).

Em síntese, os grandes criadores da Dança Moderna buscaram a formulação de técnicas e métodos que permitissem o desenvolvimento gradual de um corpo que pudesse responder às exigências que a adoção de um novo ideal lhes impunha. Mary Wigman e a sua relação com o movimento expressionista alemão, Ruth St. Dennis e a dança como uma experiência mística e sensual e Ted Shawn, pedagogo, fortemente influenciado por Delsarte, trouxeram para a Dança Moderna a importância dos trabalhos em grupo e da preparação física dos dançarinos (Shawn, 1950; Baril, 1977).

No entanto, é possível afirmar que a técnica codificada da Dança Moderna foi estruturada por Martha Graham (1894-1991), entre as décadas de 1930 e 1990, aproximadamente. Quando lhe perguntavam sobre sua técnica e a codificação do método de preparação de dançarinos, Martha costumava dizer que ela havia apenas redescoberto o que o corpo podia fazer (Horosko, 2002).

A técnica de Martha Graham é, até hoje, aquela em que se baseia a preparação técnica em Dança Moderna, sendo considerada a única técnica de dança codificada a sobreviver além do Balé (Cohan, 1986; Dekle, 1991).

Martha Graham foi, segundo Baril (1977), a mais excepcional "arquiteta" da Dança Moderna, responsável pela criação tanto de uma técnica quanto de um repertório inovador. Aliou a dança a outras manifestações artísticas, como as artes plásticas (muitos artistas plásticos construíam verdadeiras instalações artísticas como cenários para suas coreografias), e acreditava que os dançarinos deveriam estar preparados para a interação com o cenário e a interpretação dessas composições, a partir de um conjunto de técnicas que permitissem grande variedade de movimentos e possibilidades de ações corporais.

Com a música, Martha Graham também estabelecia estreita relação, tanto em sua técnica quanto em suas coreografias. Suas aulas sempre eram realizadas com música, muitas vezes interpretadas por instrumentos de percussão. Quanto às coreografias, por inúmeras vezes, criou-as junto aos músicos. Coerente com sua proposta, escolheu as composições de músicos que representavam a modernidade da música erudita da primeira metade do século XX. Debussy, Ravel, Bártok, Villa-Lobos e Copeland, cujas composições são marcadas por uma métrica irregular e extremamente complexa (Maron, 2006), foram, muitas vezes, escolhidos para suas coreografias.

Para Martha Graham, a estrutura do Balé era boa para o Balé. Isso significava que ela buscava formas de movimentação e interpretação diferentes. A técnica deveria ser capaz de desenvolver o controle do dançarino sobre seu corpo, para que pudesse ser um meio de expressão da liberdade e espontaneidade dos movimentos (Graham, 1950). Antes de Martha Graham, os movimentos da porção anterior do tronco eram praticamente inexistentes. Foi ela quem conseguiu captar o potencial expressivo da contração abdominal, identificando-a com a manifestação visceral das emoções humanas, tanto das gargalhadas quanto das tristezas.

Após Martha, muitos dançarinos criaram novas técnicas para a Dança Moderna e se desenvolveram como construtores de novas formas em dança, na maior parte das vezes, partindo dos referenciais da técnica de Graham. Entre eles, talvez sejam Lester Horton e Paul Taylor (entre tantos espetaculares nomes que continuam criando e recriando a dança em nossos tempos) que contribuíram definitivamente com a incorporação de elementos para uma técnica de preparação para dançarinos.

Lester Horton (1906-1953) foi conhecido por ser carismático e provocativo na sala de aula, sempre apoiando a individualidade de seus alunos e conduzindo-os em direção aos seus limites. Sua imaginação inesgotável poderia levá-lo a sessões durante todo o dia e toda a noite, nas quais improvisava exercícios e progressões pelo solo, gritando espontaneamente encorajamentos e direções e tocando gongos e tambores. Aprender a dançar, ele dizia, não se trata de como é o passo, mas do que *diz* o passo.

Horton propôs uma técnica de dança pautada no conhecimento sobre fisiologia e anatomia humana para desenvolver e aumentar os limites de movimento e expressão, não para limitar, criando uma técnica estilística. Propôs uma técnica que corrigiria possíveis falhas na postura e na movimentação básicas, utilizando a maior amplitude de movimento possível, com ênfase em movimentos completos. Sua técnica está codificada em uma série de estudos, planejados para cobrir uma diversidade de movimentos, alguns para fortalecer e alongar, outros para mover-se pelo espaço em todos os níveis possíveis – no solo, em pé, no ar, realizados com acompanhamento de frases musicais de várias dinâmicas e durações. Ele queria seguir tudo o que preparasse um dançarino para qualquer tipo de dança, dando à técnica uma qualidade dramática e rica.

Ao redor da década de 1950, a técnica de Horton transformou-se em um imenso vocabulário de movimentos, que incluiu exercícios para todas as partes do corpo, mesmo os olhos e a língua. Seu objetivo era dotar os dançarinos com força, extensão, lirismo, fluência e, o mais importante, versatilidade.

Por sua vez, Paul Taylor (nascido em 1930) teve inúmeras rupturas com a história da dança. Suas primeiras obras não eram acompanhadas por música ou então ele procurava coreografar utilizando sons do cotidiano. Enquanto enfatizava a humanidade dos dançarinos, com gestos estranhos e movimentos desajeitados, Paul Taylor também proporcionava prazer com o virtuosismo. Começou sua carreira em meados do século XX e é uma referência crucial para a formação da Dança Moderna. Ele iniciou sua carreira apreciando os pioneiros. Foi solista da Martha Graham Dance Company e também trabalhou com os "gigantes" Doris Humphrey, Merce Cunningham e George Balanchine. Mais tarde, como diretor de sua própria companhia, criou uma dinâmica de trabalho para dançarinos para que eles se tornassem coreógrafos, inspirando uma geração de artistas contemporâneos, como Twyla Tarp, David Parsons e Daniel Ezralow. Fundou a Paul Taylor Dance Company, no ano de 1954.

Para Paul Taylor, a arte da dança aparece por meio do dançarino. Assim, considerava que os seres humanos são tanto criadores quanto instrumentos. A manifestação física de suas ideias e seus sentimentos é o corpo humano vivo e respirando. Na dança, o corpo é a figura móvel ou a forma sentida pelo dançarino vista pelos outros. A forma corporal é, algumas vezes, relativamente estável e, outras, mutável, conforme o dançarino se move no lugar ou em deslocamentos pelo espaço. Seja movendo-se ou parando, os dançarinos estão vivos, com movimentos internos, sentimentos e pensamentos.

Considerando as características desses três grandes codificadores da Dança Moderna, nosso objetivo, agora, é mostrar características de suas técnicas, que acreditamos serem reflexões iniciais para a utilização sistemática da Dança Moderna na preparação técnica em GR.

A técnica da Dança Moderna aplicável à Ginástica Rítmica

Martha Graham criou e codificou cerca de 1.960 exercícios básicos para a preparação de dançarinos em sua técnica, com variações que indicam os diversos níveis de complexidade adequados a diferentes níveis de desenvolvimento na técnica (Horosko, 2002). De qualquer modo, todos os exercícios criados por ela partiram de um profundo estudo da anatomia humana e centravam-se na preparação do tronco como eixo e ponto de partida para toda a movimentação corporal, inclusive para os movimentos dinâmicos como saltos e giros.

A postura corporal era, para Martha Graham, a base de um movimento corporal eficiente e considerada capaz de expressar as mais diversas nuances de emoção e ideias por meio de seu posicionamento. Para Graham, a correta postura relacionava-se ao que era necessário em determinado momento, e não uma posição estática, como a proposta no Balé. Contudo, o posicionamento inicial do tronco, a partir do qual toda a movimentação se inicia, deve estabelecer-se por uma linha perpendicular que, segundo ela, fosse capaz de "conectar" o céu à terra (Graham, 1950). Martha Graham chamava a coluna de *A árvore da vida* (Horosko, 2002).

Segundo Graham (1950), a chave de seu método era adquirida por meio de intensa preparação técnica baseada em aprimorar as habilidades básicas do corpo humano a partir de exercícios realizados no solo – preparatórios para uma posterior elevação. Esses exercícios têm como ponto de partida os movimentos de inspiração e expiração associados a contrações, *releases*, *high releases* e *spirals* (Graham, 1950; Horosko, 2002):

- *Contração* realiza-se desde a caixa torácica até os genitais; a cada contração, uma expiração deveria estar associada;
- *Release* consiste em retomar a postura – tronco e quadril – ao seu eixo longitudinal; a inspiração corresponde ao *release*, que Graham associou a uma liberação ou expansão;
- *High release*, partindo da postura básica (ou do *release*), consiste em ampliá-la e acentuá-la, executando-se um *release* alto, em uma projeção do plexo solar para o alto;
- *Spiral* consiste em uma rotação do tronco a partir do quadril, associada a um movimento em espiral, contínuo.

Para Martha Graham, era na dinâmica da utilização das ações do tronco (contrações, *releases*, *high releases* e *spirals*) que todo movimento em dança deveria ser iniciado. É evidente a importância de o início de toda ação dar-se em virtude do movimento do tronco, considerando que os segmentos se movem em consequência das ações do tronco, e não o oposto. Braços, pernas e cabeça acompanham e se movem a partir do tronco (Dekle, 1991; Horosko, 2002). Essa dinâmica favorece, ainda, tanto o equilíbrio estático quanto o dinâmico quando da retomada da estabilidade após deslocamentos e mudanças de direção e sentido.

Os exercícios no solo foram elaborados e codificados como suporte para a preparação técnica na técnica de Graham, com três propostas básicas (Horosko, 2002):

- Alongar, considerando que estar no solo aumenta a necessidade de sentar sobre os ísquios e, portanto, favorece o alongamento da porção posterior de membros inferiores e costas.

- Executar as movimentações do tronco (contrações, *releases*, *high releases*, *spirals* e quedas) sem que os movimentos comecem pelos membros inferiores, já que a posição no solo limita a movimentação destes. Nesse ponto, a ideia é a compreensão de que toda a movimentação corporal parte das ações do tronco.
- Flexionar e estender as articulações dos membros inferiores, que refletem uma grande preocupação de Martha Graham em relação ao fortalecimento dos músculos flexores e extensores dos joelhos, responsáveis pelos impulsos e pelos amortecimentos para os saltos que, em geral, possuem uma fase aérea muito acentuada e, portanto, necessitam da força muscular.

FIGURA 6.2 – Exercícios no solo, no qual a posição do tronco em espiral conduz o movimento de rotação e a transferência de peso, liberando a perna que está atrás (Fonte: Marília Velardi, em foto de Paulo Maron).

Após os exercícios no solo, a técnica de Graham prevê a execução dos exercícios no centro, em pé, com elevações das pernas, de extensão e flexão das articulações e adaptados da técnica do Balé, porém executados com utilização sistemática dos movimentos do tronco. Assim, exercícios como *battements*, *pliés* e *tendus* são realizados com o tronco em contração, *release*, *high release* ou *spiral*. Em seguida, são realizados os exercícios em deslocamento, inclusive giros e saltos, e, posteriormente, os exercícios preparatórios para quedas. Todas as partes de seu trabalho são executadas em diferentes ritmos e velocidades, direções e sentidos (Graham, 1950; Horosko, 2002).

Todos os movimentos devem ser executados conscientemente, ou seja, com controle voluntário sobre cada movimentação, desde o movimento articular até o uso necessário de tensão para sua realização. Essa movimentação voluntária, com compreensão daquilo que se realiza, é um princípio básico para todo dançarino que vivencia sua técnica. Isso demonstra que os exercícios não devem ser apenas repetidos com um fim em um desempenho exterior ao indivíduo, mas como um exercício de compreensão das estruturas que estão em ação quando um movimento voluntário é realizado.

Graham preocupava-se em observar a lei de economia do esforço, a fim de que os dançarinos expressassem com exata intensidade a essência do sentimento ou da ideia que é necessário exprimir no contexto da Dança Moderna (Baril, 1977). Além disso, sua técnica prepara os dançarinos para paradas e mudanças bruscas de direção, equilíbrios e saltos com joelhos e tornozelos flexionados, tronco fora do eixo e quedas e deslocamentos no plano baixo. Esses movimentos têm o solo como origem e devem ser considerados em relação ao corpo como um todo (Garaudy, 1980).

No caso da técnica proposta por Lester Horton, podemos identificar princípios e exercícios que fazem parte da técnica de Martha Graham, especialmente em relação à respiração e aos exercícios de solo. No entanto, desde o aquecimento, são propostos movimentos em que o tronco se desloca do eixo vertical e assume inúmeras posições distintas no espaço. Em sua técnica, notam-se elementos que visam ao fortalecimento tanto da musculatura anterior quanto da posterior do tronco, ao alongamento dos músculos posteriores de glúteos e coxas e ao fortalecimento dos músculos dos membros inferiores.

FIGURA 6.3 – O tronco fora do eixo longitudinal: exemplos de como a técnica de Graham pode proporcionar o controle da movimentação (Martha Graham em coreografia de sua autoria: *Letter to the World*, de 1941, fotografada por Barbara Morgan; disponível em <http://www.voiceofdance.com>, acessado em 02 fev. 2009).

Essa preocupação está especialmente direcionada à movimentação proposta por Horton, visível em sua técnica de mover o tronco em oposição à posição dos membros inferiores, com grande amplitude. As formas que são usadas por meio de todo o treinamento na técnica de Horton envolvem *flat backs*, *primitive squads*, *deep lunges*, balanceios de tronco e membros e equilíbrios sobre o cóccix (Dinerman, 2007).

Além disso, é proposto o desenvolvimento das qualidades expressivas dos movimentos, que, quando realizado, tende a auxiliar a manifestação expressiva:

- *Balanceado* (*swinging*): caracterizado por um movimento pendular ou em forma de oito. Pode manifestar um sentimento de liberdade.
- *Sustentado* (*sustained*): resultado de uma aplicação equilibrada de tensão, produzido em movimento estável, sem acentos perceptíveis. A demanda de energia deve permitir que o músculo se contraia suavemente e em continuidade. Pode ser utilizado para exprimir algo como suspense.

- *Percussivo* (*percussive*): inicia-se com rápida contração dos músculos que têm sua fluência contida por um movimento marcado e bloqueado após curto intervalo.
- *Suspenso* (*suspended*): quando duas forças opostas equilibram-se. Durante um salto, a impulsão e a força da gravidade equilibram-se e, por um breve momento, para-se no ar. Pode ser, portanto, associado à antecipação e ao êxtase.
- *Vibratório* (*vibratory*): produzido a partir de rápidas sucessões de movimentos percussivos, por meio da execução intermitente de pequenas contrações. Associa-se ao medo ou à fúria.
- *Queda* (*colapsing*): a força da gravidade vence a tensão de uma parte ou de todo o corpo. Algumas vezes, utiliza-se a recuperação entre a ação da gravidade e a queda, com o intuito de suspender-se e reverter o efeito da força da gravidade. Dessa forma, a fluência entre as quedas e as suspensões torna-se evidente.

FIGURA 6.4 – O dançarino Ray Tadio em performance na qual demonstra a relação de oposição entre membros superiores, tronco e membros inferiores, característica da técnica de Horton (Disponível em <http://www.stepsnyc.com>, acessado em 02 fev. 2009).

Lester Horton criou uma técnica única em estilo e energia. Queria uma técnica que não impusesse limitações em como o corpo pode se mover. É baseada em exercícios corretivos e, como resultado, dá ampla variedade e complexidade de ações (Dinerman, 2007).

Em relação à técnica de Paul Taylor, destacamos os elementos do desenho coreográfico (tempo, espaço e energia) como aspectos importantes a serem considerados no trabalho em GR. Para cada coreografia, é importante considerar as escolhas sobre como, quando e onde realizar cada ação, ou seja, a aplicação das variáveis de energia, tempo e espaço em suas ações. Juntos, os elementos dão uma gama de aspectos a partir da qual é possível fazer escolhas em relação à dinâmica entre os movimentos que são utilizados, tanto em cada movimento quanto na ligação entre eles. Escolhas sobre qualquer um dos três elementos tendem a afetar outras escolhas, mas, analisando-os separadamente, a compreensão e a ideia que cada um encerra em si pode ser facilitada:

- A *energia*

Como? é a questão relacionada à energia, à força ou à qualidade dinâmica de uma ação. Escolhas sobre energia incluem variações na fluência do movimento e do uso de força, tensão e peso. Alguns exemplos de ações dirigidas por escolhas diferentes de energia são: uma corrida pode ser livre, em termos de fluência, ou facilmente brecada, poderosa ou sutil, presa ou livre, pesada ou leve; um salto pode ter uma qualidade de energia pequena ou grande, ser vigoroso ou "fraco"; uma pessoa pode rolar pesadamente sobre o solo ou usar uma energia explosiva em um salto; pode-se empurrar gentilmente ou com energia.

Escolhas de energia podem, também, revelar estados emocionais. Por exemplo, um empurrão com força pode implicar agressão ou confiança, dependendo da intenção e da situação; um toque delicado pode refletir afeto e intimidade ou, talvez, precisão e habilidade.

Alguns tipos de energia podem ser descritos em palavras, outros, causados pelos movimentos e difíceis de nomear. Algumas vezes, as diferenças no uso da energia são fáceis de perceber, outras vezes, muito sutis. Variações na fluência, na força, na tensão e no peso podem ser combinadas de muitas formas e comunicadas por meio de amplo espectro de estados emocionais.

- *O tempo*

Quando? é a questão sobre tempo, ou *timing*. Escolhas sobre tempo incluem questões relativas à duração, à velocidade e às divisões do tempo (métrica), tempo dos acentos e padrões rítmicos.

Escolhas temporais são aplicadas às ações: um giro, por exemplo, pode ser gradual ou rápido; uma parada pode ser subitamente seguida por uma pausa; um grande salto pode ser acelerado, em velocidade diminuída ou ritmado com batidas constantes; uma sequência de ações, como sentar, ficar em pé e alongar-se, pode ocorrer em consonância com uma cadência, durante pouco ou muito tempo. Essas ações podem ser acentuadas com pausas em intervalos regulares ou que ocorreriam ocasionalmente. As ações corporais podem ser encadeadas em uma sequência rítmica a partir de inúmeras possibilidades em termos de tempo, porque as suas variações podem ser aplicadas às ações em muitas combinações diferentes.

- *O espaço*

Onde? é a pergunta relacionada ao espaço. Escolhas sobre o uso do espaço incluem variáveis como posição, tamanho, amplitude, nível, direções e trajetórias. Um saltito pode ser feito em qualquer direção, seja diagonal, à frente ou para um dos lados da sala; um giro pode ser realizado bem alto ou em direção ao solo; uma corrida pode ser feita no lugar ou, talvez, percorrer certa distância em determinada trajetória; a trajetória pode ser curva, reta ou em ziguezague; os movimentos podem traçar trajetórias no ar, com movimentos ondulatórios de cotovelos, um movimento de quadril para o lado, a cabeça movendo-se em arco, para baixo e para cima. A amplitude desses movimentos pode variar desde tão pequena, quase imperceptível, até tão grande quanto o alcance do corpo ou do tamanho da área ocupada. Há incontáveis variações e combinações de maneiras de o movimento ocorrer no espaço.

Possibilidades da Ginástica Rítmica

FIGURA 6.5 - Dançarinos da Paul Taylor Dance Company e sua relação com o espaço coreográfico (Disponível em: <http://www.ptdc.org>, acessado em 02 fev. 2009).

O desenvolvimento da técnica em Dança Moderna dá-se em dois aspectos fundamentais: técnica corporal e capacidade expressiva dos movimentos (Lockhart, 1975; Pica, 1988).

O desenvolvimento da técnica corporal em Dança Moderna utiliza-se de exercícios executados no solo, na barra, no centro e em deslocamento, que associam técnicas do Balé aos elementos específicos da técnica de Graham, Taylor e Horton: contrações, *releases*, *high releases*, *spirals*, quedas e suspensões, ondas e balanceados. Como a origem dos exercícios em Dança Moderna está no tronco, todos esses movimentos partem de uma postura ereta, com a coluna e o quadril mantendo seu eixo longitudinal. O desafio da Dança Moderna é aperfeiçoar a técnica no sentido de criar novas formas de movimentação a partir dos exercícios preestabelecidos (Graham, 1950; Lockhart, 1975; Louis, 1992).

Os exercícios executados no solo estão baseados na possibilidade de isolar grupos musculares de pernas, quadril e tronco, sendo possível realizar-se um trabalho específico. Ênfase é dada a contrações, movimentação da coluna vertebral, *releases*, *high releases* e *spirals* realizados a partir da movimentação do tronco e do quadril, associados aos movimentos de inspiração e expiração, bem como a preparação para quedas e suspensões a partir do tronco e de outros segmentos corporais, além de movimentos específicos para as articulações, realizados em posições sentada, em decúbito, em quatro e em seis apoios (Graham, 1950; Cohan, 1986).

Além de estabelecer uma relação estreita com o solo, muito utilizado pelas composições em GR, o trabalho da Dança Moderna executado no solo pode proporcionar às ginastas maior percepção e consciência do posicionamento e da movimentação dos segmentos corporais, que se desenvolvem a partir do centro do corpo. A exata noção de colocação do eixo corporal proporcionada pelos exercícios no solo preparará as ginastas para, quando em pé, executarem uma superposição de movimentos de maneira consciente, segura e equilibrada.

Os exercícios executados em pé, com apoio sobre uma barra ou no centro, têm como objetivo, a partir do alinhamento corporal e da consciência do centro do corpo, desenvolver a coordenação e o equilíbrio estático, dinâmico e recuperado. Nesse momento, são executados exercícios do Balé, inclusive os giros e aqueles preparatórios para os saltos. Com base nesses exercícios, são associados diversos tipos de posicionamentos e dinâmica dos segmentos corporais: cabeça, tronco, braços, mãos, pernas e pés (Graham, 1950; Lockhart, 1975; Cohan, 1986).

É nesse momento que a técnica da Dança Moderna pode preparar as ginastas para girarem e se equilibrarem com o tronco fora do eixo, em contração, com *high release* ou *spiral*, com joelhos e tornozelos flexionados, braços, mãos e cabeça com movimentos dinâmicos e diferenciados. Esses elementos poderão aumentar o nível de dificuldade dos movimentos corporais, à medida que a superposição de movimentos executados com técnica adequada aumenta o valor técnico dos exercícios em GR.

Os deslocamentos no espaço serão executados a partir das formas básicas de movimento – andar, correr, saltitar, saltar e girar – combinadas aos movimentos dinâmicos de tronco e quadril, pernas e pés, braços, mãos e cabeça (Graham, 1950; Winearls, 1958; Cohan, 1986). Assim, a técnica da Dança Moderna prepara seus dançarinos e pode preparar as ginastas para saltos, saltitos e outros deslocamentos, de forma criativa e diferenciada, possíveis de serem realizados a partir da superposição de movimentos. Além disso, os deslocamentos no espaço serão explorados por meio de movimentos com apoio de todas as partes corporais que possibilitem movimentação. São associados, também, aos exercícios de quedas e suspensões, para que os movimentos possam formar frases contínuas (Lockhart, 1975; Cohan, 1986).

Nesse sentido, a composição e a execução de exercícios no solo e dos elementos acrobáticos utilizados em GR podem ser favorecidas a partir da dinâmica estabelecida na relação entre a fluência do movimento, o deslocamento em posições no solo e o desenvolvimento da técnica das quedas e das suspensões.

Além de favorecer especificamente esses movimentos, há a preocupação da utilização do espaço em todos os níveis, de maneira técnica, expressiva e coerente, tão vital nas composições em GR. A ocupação do espaço em Dança Moderna deve ser considerada a partir de suas propriedades, níveis e dimensões, que deverão ser explorados por meio de diferentes direções, trajetórias, planos e extensões, aspectos que se aplicam diretamente às necessidades de ocupação espacial na GR. Segundo Vieira (1989), o estudo das possibilidades expressivas que podem ser desenvolvidas pela utilização do espaço cênico é muito importante.

O espaço possui linhas e zonas de energia crescentes e decrescentes que possibilitam uma mobilização interna, a qual aumenta o poder de comunicação entre o executante e o espectador, destacando o conteúdo das mensagens a serem transmitidas. Outro aspecto importante pode ser associado, ainda, ao desenvolvimento das formações nos trabalhos em grupos, que, na Dança Moderna, são considerados elementos da expressividade.

Para Ossona (1984), em cada formação (círculo, fileiras, colunas etc.) associada ao posicionamento corporal (de costas para o público, frente a um companheiro, em oposição etc.), há um conteúdo simbólico a ser transmitido. A formação do grupo e seus deslocamentos são elementos expressivos que, associados à técnica corporal e ao caráter da música, são responsáveis por transmitir a ideia ou o sentimento que motivou a composição.

Em relação à GR, especificamente no trabalho de conjuntos, a observação dessa possibilidade comunicativa das formações no espaço será capaz de ampliar as formas de utilização desse elemento, enriquecendo e dinamizando a composição.

É importante que todo o processo de preparação técnica e artística em GR, utilizando a técnica da Dança Moderna, esteja sempre associado a um acompanhamento musical. Cada exercício deve ser trabalhado como um ato de dança, como se os movimentos fossem palavras capazes de expressar o sentimento ou a ideia que a música inspira. Por meio da aplicação da técnica da Dança Moderna em GR, aspectos, como desenvolvimento e aprimoramento da técnica corporal, especialmente dos gestos inerentes ao esporte, de expressividade na movimentação corporal e na relação desta com o espaço e a música, no desenvolvimento e no estímulo à criatividade e à improvisação, podem, dessa forma, ser desenvolvidos sistematicamente.

Considerações finais

A diversidade de influências que compõem a técnica da Dança Moderna pode fornecer um excelente conteúdo se aplicada à preparação técnica em GR, levando as ginastas a desenvolverem, a partir do posicionamento centrado da técnica do Balé, diferentes formas de posicionamento e movimentação dos segmentos corporais, importantes para uma ampliação do repertório de movimentos, tão requerido por esse esporte.

Em síntese, essa preparação técnica pode ser desenvolvida ao longo das seguintes propostas:

- dos exercícios de respiração, contrações, *releases, high releases, spirals, lat backs, primitive squads, deep lunges,* ondulações, flexões e extensões das articulações;
- da utilização sistemática e dinâmica desses exercícios e da movimentação de quadril, braços, mãos e cabeça associada aos movimentos técnicos do balé;

- dos exercícios preparatórios para quedas e suspensões, que podem favorecer especialmente o aprendizado e a execução das passagens de solo e exercícios acrobáticos;
- da utilização racional de espaço, tempo e formações espaciais como agentes da expressividade;
- do desenvolvimento da capacidade comunicativa e expressiva dos movimentos corporais a partir das qualidades do movimento da Dança Moderna;
- da criatividade, a partir da possibilidade de superposição de uma extensa gama de movimentos corporais;
- da fluidez na execução de encadeamentos por meio da aplicação adequada de energia para a ação muscular – alternância entre contração e descontração muscular.

Outro aspecto determinante da utilização da técnica da Dança Moderna em GR é a preocupação de que os exercícios aplicados sejam desenvolvidos de forma consciente, visando não afirmar um pseudovirtuosismo, mas tendo como ponto de partida a compreensão dos mecanismos motores fundamentais, preparando o corpo para uma aquisição consciente das técnicas, ampliando, assim, a capacidade de movimentação e expressividade (Robinson, 1988).

Nesse contexto, a técnica deve ser considerada um meio, e todos os exercícios deverão estar baseados na fluência que caracteriza a movimentação natural do ser humano. A mecanização da técnica deve ser desencorajada, e a relação entre movimento e expressão, estimulada (Graham, 1950; Winearls, 1958; Lockhart, 1975; Robinson, 1988).

Essa relação estabelecida entre técnica, fluidez e expressividade do movimento em Dança Moderna constitui um importante aspecto que pode determinar a preparação das ginastas para a realização de séries dinâmicas, complexas e executadas com consciência e controle em todas as fases de execução dos movimentos. É a relação entre esses três aspectos que, observada nas ginastas de alto nível, é capaz de diferenciar uma ginasta tecnicamente perfeita, mas incapaz de uma movimentação fluente e expressiva, daquela capaz de conferir à sua série um sentido de unidade, em que seja admirável a arte de se expressar por meio da técnica corporal impecável, diversificada e criativa.

Fundamentar a aquisição e o desenvolvimento de habilidades motoras de maneira consciente tanto na Dança Moderna quanto na GR pode promover, ainda, um aprendizado mais sólido, exigindo mais que a capacidade meramente mecânica, abrangendo todas as possibilidades motoras, sem impor um estilo particular, mas, antes, conduzindo a ginasta a tirar partido das possibilidades intrínsecas de seu corpo, aprimorando e desenvolvendo suas condições naturais, ampliando a gama de movimentações possíveis.

O corpo, dessa forma, deverá atingir tal estado de disponibilidade e adaptação que poderá assumir, posteriormente, qualquer estilização para a composição coreográfica. Assim, a variedade de estilos que as ginastas podem apresentar em suas séries poderá aumentar o valor técnico e expressivo das composições.

Pode-se concluir que os princípios do trabalho em Dança Moderna vêm ao encontro das necessidades da preparação de ginastas em GR. Contudo, há a preocupação de que a utilização dessa técnica não seja meramente "estilística", ou seja, que não se copiem movimentos da Dança Moderna, mas, acima de tudo, sua técnica seja utilizada em essência, para que as ginastas sejam capazes de apresentar vários estilos, se não somente um, em suas composições.

Além desses aspectos técnicos, tanto a GR quanto a Dança Moderna tiveram os mesmos precursores (Noverre, Delsarte, Isadora Duncan, Dalcroze) e foram criadas em um período em que, no campo das artes e do esporte, foi incentivada a busca pela retomada do movimento humano como forma de expressão da identidade e dos valores internos de quem o executava. Essa origem comum leva-nos a concluir que a busca pelo desenvolvimento do ser humano, tornando-o um ser capaz de ampliar e desenvolver o máximo de suas potencialidades, aliado à expressão de seu interior, da manifestação de sua personalidade e de suas ideias, estabelece estreita relação entre essas atividades, o esporte e a arte. Mesmo trilhando caminhos particulares, reaproximá-las pode ser, em última análise, uma questão de coerência.

Referências

AGNOLOUCCI, M.; CIMINO, C. Programazzione ed organizzazione dell'allenamento della squadra búlgara de gimnastica ritmica sportiva. **Gymnica**, Roma: FIG/CONI/FGI, v. 1, n. 4, p. 18-23, 1988.

ANDRADE, M. Isadora Duncan: o que ainda temos a aprender. **Trilhas**, Campinas, Instituto das Artes da Unicamp, n. 1, p. 51-64, jan./abr.1987.

ARNOLDI, M. A. G. C. **Treino em balé clássico e desenvolvimento da imagem corporal avaliada pelo desenho e autodesenho de uma pessoa**. 1982. Tese (Doutorado) – Instituto de Psicologia, USP, São Paulo, 1982.

BARIL, J. **La Danse Moderne**. Bélgique: Vigot, 1977.

BOTT, J. **Ginástica Rítmica Desportiva**. Barueri: Manole, 1986.

COHAN, R. **La Danse**. Barcelona: Editións Robert Laffont, 1986.

COOPER, H. M. Bode expression gymnastics. In: ROGERS, F. R. **Dance**: a basic educational technique. 2. ed. New York: McMillan Co, 1950. p. 283-97.

CRAUSE, I. I. **Ginástica Rítmica Desportiva: um estudo sobre a relevância da preparação técnica de base na formação de ginastas**. 1985. Dissertação (Mestrado) – UFRJ, Rio de Janeiro, 1985.

DEKLE, N. Martha's Missionaries. **Dance Magazine**, v. 65, n. 7, p. 32-3, jul. 1991.

DELIMBEUF, J. Evolução do Conceito de expressão corporal. **SPRINT Revista Técnica de Educação Física e Desportos**, v. 5, n. 2, p. 66-70, 1987.

DINERMAN, D. Lester Horton: modern dance pioneer. **Dance Teacher**. Disponível em: <http://www.dance-teacher.com/articles/060517horton.shtml>. Acesso em: 07.4.2007.

ENDERS, G. L. The place of Dalcroze Eurhythmics in Physical Education. In: ROGERS, F. R. **Dance**: a basic educational technique. 2. ed. Nova Iorque: McMillan Co, 1950. p. 268-82.

FAHLBUSCH, H. **Dança Moderna-Contemporânea**. Rio de Janeiro: Sprint, 1990.

FARO, A. J.; SAMPAIO, L. P. **Dicionário do balé e da dança**. Rio de Janeiro: Jorge Zahar, 1989.

FÉDERATIÓN INTERNATIONALE DE GYMNASTIQUE. **Código de Puntuación de Gimnasia Ritmica**. Comite Tecnico de Gimnasia Rítmica, 2007. Disponível em: <http://www.fedintgym.com/rules/>. Acesso em: 22.5.2007.

GARAUDY, R. **Dançar a vida**. 5. ed. Rio de Janeiro: Nova Fronteira, 1980.

GRAHAM, M. A modern dance primer for action. In: ROGERS, F. R. **Dance**: a basic educational technique. 2. ed. Nova Iorque: McMIllan Co, 1950.

_____. **Memória do sangue**. Tradução Cláudia Martinelli Gama. São Paulo: Siciliano, 1993.

GULA, D. A. **Dance Choreography for Competitive Gymnastics**. Champaign: Human Kinetics, 1990.

HELLMERICH, L. **História da Dança**. São Paulo: Companhia Editora Nacional, 1988.

HERNANDÉZ, A. O. F. **Gimnasia Ritmica Deportiva I**. Guantánamo: Combinado Polígrafo De Guantanamo, 1983.

HOLLANDA, S. B. A Idade Moderna 1453-1789. In: **A história da civilização**. 7. ed. São Paulo: Companhia Editora Nacional, 1979. p. 167-221.

HOLM, H. The attainment of conscious controlled movement. In: ROGERS, F. R. **Dance**: a basic educational technique. 2. ed. Nova Iorque: McMIllan Co., 1950.

HONEYMAN, J. **Dance training and choreography for gymnasts**. Londres: Stanley Paul & Co., 1981.

HORTON, L. **Technique**: the warm-up. Produção de Kultur Video. Nova Jersey: Kultur Video, 1990. 1 videocassete (45 min), VHS, son., color.

HUMPHREY, D. My approach to the Modern Dance. In: ROGERS, F. R. **Dance**: a basic educational technique. 2. ed. Nova Iorque: McMIllan Co., 1950.

HOROSKO, M. **Martha Graham**: the evolution of her dance theory and training. 2. ed. rev. Miami: Florida University Publisher, 2002.

JACQUOT, A. **Gymnastique Moderne**. 3. ed. Paris: Amphora, 1974.

JASTRJEMBSKAIA, N.; TITOV, Y. **Rhythmic Gymnastics**. Champaign: Human Kinetics, 1998.

KNAUCKFUSS, C. B. B. **Competências definidoras do professor de dança**. 1988. Dissertação (Mestrado) – UFRJ, Rio de Janeiro, 1988.

KOVALYOVA, L. Oksana Skaldina. **Internacional Gymnastics Magazine**, Oceanside, v. 33, n. 3, p. 44-5, 1991.

KROLL, N. Martha Graham: Dance on Film. Nova Iorque: Criterion Collection, 2007 (DVD).

LANGLADE, A.; LANGLADE, N. R. **Teoría general de la gimnasia**. Buenos Aires: Stadium, 1970.

LANGSLEY, E. Panova regains top form. **International Gymnastics Magazine**, Oceanside, v. 33, n. 1, p. 39-41, 1990.

_____. Skaldina still hot in rhytmic world. **International Gymnastics Magazine**, Oceanside, v. 33, n. 1, p. 40-47, 1991a.

_____. European rhythmic championship. **International Gymnastics Magazine**, Oceanside, v. 33, n. 2, p. 9-13, 1991b.

LEVER, M. **Isadora**. São Paulo: Martins Fontes, 1988.

LOCKHART, A. **Modern Dance**: Building and teaching lessons. Nova Iorque: WMC Brown, 1975.

LOUIS, M. **Dentro da dança**. Rio de Janeiro: Nova Fronteira, 1992.

MARON, P. **Afinando os ouvidos**: um guia para quem quer ouvir melhor e saber mais sobre música clássica. 2. ed. São Paulo: Annablume, 2006.

MARTIN, J. The Modern Dance. In: ROGERS, F. R. **Dance**: a basic educational technique. 2. ed. Nova Iorque: McMillan Co., 1950. p. 68-74.

_____. **La Danse Moderne**. Arles: Actes Sud, 1991.

MENDES, M. G. **A Dança**. São Paulo: Ática, 1985.

MENDIZÁBAL, S.; MENDIZÁBAL, I. **Iniciación a la gimnasia rítmica deportiva**. Madri: Gymnos, 1985.

MIRANDA, M. L. J. **A Dança como conteúdo específico nos cursos de educação física e como área de estudo no ensino superior**. 1991. Dissertação (Mestrado), EEFUSP, São Paulo, 1991.

OSSONA, P. **Educação pela dança**. São Paulo: Summus, 1984.

PALLARÉS, Z. **Ginástica Rítmica**. 2. ed. Porto Alegre: Prodil, 1983.

PENROD, J. Dance dynamics-ballet in higher education. **Joperd**, Reston, v. 53, n. 1, p. 39-40, 1981.

PICA, R. **Dance training for gymnastics**. Illinois: Leisure Press, 1988.

PORTINARI, M. **História da Dança**. Rio de Janeiro: Nova Fronteira, 1989.

RÓBEVA, N.; RANKÉLOVA, M. **Escola de Campeãs**. São Paulo: Ícone, 1991.

ROBINSON, J. **Éléments du Langage Choreographique**. Paris: Vigot, 1988.

SCHMID, A. B. **Gimnasia Ritmica Deportiva**. Barcelona: Hispano-Europea, 1985.

SHAWN, T. Pre-dance body training. In: ROGERS, F. R. **Dance**: a basic educational technique. 2. ed. Nova Iorque: McMillan Co., 1950. p. 227-44.

STODELLE, E. The contraction. **Dance magazine**. Special issue Martha Graham, p. 33. 1991.

TERRY, W. Classic forms of dance. In: ROGERS, F. R. **Dance**: a basic educational technique. 2. ed. Nova Iorque: McMillan Co., 1950. p. 58-67.

VALLE, A. F. **Gimnasia Ritmica**. Spain: Comité Olímpico Español, 1991.

VIEIRA, R. M. M. **O fenômeno da expressão na ginástica rítmica desportiva**. 1989. Dissertação (Mestrado) – EEFUSP, São Paulo, 1989.

WINEARLS, J. **Modern Dance**. Londres: Adam & Charles Black, 1958.

7

Ginástica Rítmica
Exercício de conjunto: cinco ginastas, um só corpo

Thais Franco Bueno

Vivenciando a Ginástica Rítmica (GR) de competição por trinta anos (inicialmente como ginasta e posteriormente como técnica), gostaria de compartilhar com os colegas dessa modalidade algumas reflexões sobre as relações humanas e o estresse no processo de treinamento e competição de um conjunto. Esse tema é vasto e complexo, pois envolve várias frentes de um treinamento esportivo, principalmente na área psicológica.

Contamos com uma bibliografia escassa, não específica e que não satisfaz nossas necessidades. A partir de relatos de experiências e análises bibliográficas, incidiremos no texto que segue não à procura de respostas exatas, mas para partilhar a busca no entendimento das relações humanas entre ginastas e técnicos na rotina dos treinamentos das séries de conjunto. Além disso, abordaremos o estresse, decorrente de inúmeras causas, sejam elas emocionais, psicológicas ou físicas, que influenciam em maior ou menor grau os atletas e seus treinadores no momento da competição, deixando uma reflexão do quanto esses aspectos poderiam influenciar nos resultados de nossas equipes.

A competição de conjunto é um espetáculo à parte na GR. A harmonia, a sincronia e a expressão das ginastas tornam-se um *show* aos olhos do público nos ginásios do mundo afora. Independentemente da categoria, desde a pré-infantil até a adulta, uma execução e composição envolvente sacia os olhos de todos: público, arbitragem, imprensa e ginastas.

A perfeição do enlace de aparelhos e corpos parece ser alcançada com facilidade no decorrer de 2min30s de apresentação, mas, por trás do espetáculo, existe uma rotina de trabalho. Nós, professores e técnicos de GR, vivenciamos em nosso dia a dia o caminho árduo, mas prazeroso, da preparação de um conjunto: os percalços da periodização de treinamento; os conflitos interpessoais no ginásio; as intervenções, mesmo que não permissivas, dos "pais *experts* em Ginástica"; a guerra contra a balança; a cobrança de resultados dos superiores; o *collant*, "que não deu certo"; a quantidade de fichas de composição a serem preenchidas "corretamente"; o estresse das ginastas e da comissão técnica durante as competições; enfim, muitos outros obstáculos comuns de enfrentar em nossa profissão. Obstáculos que procuramos transpor até o ultimo minuto que antecede a apresentação do grupo.

Gostaria de destacar a preocupação dos técnicos, que parece ser geral, quando se trata dos poucos minutos antes da entrada das ginastas no tablado durante uma competição. Ginastas de individual e conjunto e técnicas demonstram tensão nesse momento, pois o treinamento de meses será colocado à prova naquele único instante.

FIGURA 7.1 – Seleção Infantil da cidade de Campinas, formada por ginastas do Clube Campineiro de Regatas e Natação, nos Jogos da Juventude do Estado de São Paulo, Osvaldo Cruz, de 04 a 12.6.2001 – conjunto de arco em concentração para a entrada na área de competição. (Acervo pessoal do Prof. Marcelo B. Sálvio).

Mesmo técnicos mais experientes relatam que

> é crucial que uma ginasta esteja segura e serena no momento que entra numa competição... E nas provas de conjunto, como tranquilizar cinco pessoas de diferentes personalidades? [...] Após anos preparando equipes de individual e conjunto para as competições internacionais, ainda sobrevém a tensão de colocar uma ginasta na quadra. (Laffranchi, 2001, p. 100)

> Ao chegar o momento da grande competição, em que esperava, acima de tudo sair vitoriosa, gelava de medo [...] o estresse me preocupa há 20 anos [...] Como enfrentar o estresse, esse monstro que nos ataca exatamente na hora mais indesejável? Que não fiz para encontrar a resposta a essa pergunta? Procuro-a há 20 anos. (Róbeva, 1991, p. 309)

Para aliviar a tensão antes da competição, algumas técnicas afirmam que a repetição dos movimentos se configura como o melhor remédio, tendo em vista que isso trará segurança à ginasta. Creio que o estresse ocorra com a maioria das atletas, mas, observando eventos internacionais, como Campeonatos Mundiais e o Torneio Anual de Corbeil Essonnes, na França, constatei que algumas ginastas de alto nível não se preocupam em demasia com um alto número de repetições dos elementos pouco antes da competição. A concentração se realiza por meio de algumas repetições de passagens de série e exercícios de respiração ou de uma postura mais introspectiva, provavelmente, revendo a série mentalmente.

Em todos os esportes, existe a tensão pré-competitiva, mas, na GR, há algumas particularidades que a tornam mais acentuada: a precisão dos movimentos que devem ser realizados em um curto espaço de tempo (1min15s a 1min30s para os individuais e de 2min15s a 2min30s para o conjunto),

223

não havendo possibilidades de erro para um bom rendimento da série; a preocupação com o ritmo da música; o julgamento, que implica aspectos ainda subjetivos, apesar de um desenvolvimento mais objetivo do Código de Pontuação; o medo de errar e prejudicar o grupo, no caso das ginastas de conjunto. Por ser um esporte em que a beleza plástica conta pontos, vários elementos podem despertar ansiedade nas ginastas, que se preocupam, também, em apresentar uma vestimenta que agrade arbitragem e público. Elas ficam apreensivas para que o aparelho utilizado não "voe" para fora do tablado durante a execução da série e torcem para que uma chuva intensa não caia durante sua apresentação, podendo prejudicar o manejo do aparelho fita. Essas e outras situações fazem a tensão aumentar para as nossas ginastas.

De Rose (2001), em pesquisa sobre meninas praticantes de esporte, relata que atletas de esportes analisados subjetivamente são mais suscetíveis às situações de estresse próprias de uma competição. Mesquita (2007) argumenta que, provavelmente, o estresse competitivo é um dos grandes influenciadores na alteração da *performance* das ginastas, pois, nos treinamentos, a mesma série da competição é executada várias vezes, sem erros, com mais segurança e técnica. A autora destaca, também, em entrevistas feitas com atletas de conjunto, que todas relatam que, nesse tipo de exercício, tem-se uma divisão da ansiedade despertada pela situação de competição. Contudo, tem-se um aumento da responsabilidade, visto que um erro individual pode comprometer todo o grupo.

Ainda colaborando com essa linha de reflexão, Fiorese Vieira, Botti e Lopes Vieira (2005) acrescentam, em análise desenvolvida com a Seleção Brasileira Juvenil de GR, que os fatores que mais influenciam negativamente no rendimento das atletas são o receio de serem prejudicadas pelos juízes, seguido por discordâncias diversas, como conflitos com o treinador, com as demais companheiras e ou com os integrantes da família. Os autores defendem que os fatores de estresse são decorrentes de múltiplas causas, sejam elas emocionais, psicológicas ou físicas, no ambiente competitivo, constituindo--se como aspectos determinantes para o rendimento esportivo.

Não podemos nos esquecer de uma particularidade de nosso esporte, que se configura no fato de nossos atletas fazerem parte de um universo feminino, de maneira que só a alteração hormonal dos ciclos já se mostra um fator relevante para a acentuação do estresse. A contribuição de Lavoura, Botura e Machado (2006), em estudo sobre ansiedade entre gêneros de atletas de canoagem *slalom* (esporte de aventura competitivo), sugere-nos que indivíduos do sexo feminino, em situações pré-competitivas, tendem a manifestar nervosismo, desconforto e repreensão maior quando comparados aos do sexo masculino, algo constatado tanto na literatura nacional quanto internacional. Todas essas situações levam a um estado psicológico indesejável, caracterizado por Weineck (1999) como tensão e medo.

Caminhando paralelamente ao aspecto do estresse, temos outro fator que influencia diretamente o treinamento e o rendimento de nossas ginastas e o comando dos técnicos: as relações interpessoais que estão intrínsecas na rotina dos treinamentos diários da GR. Nesse sentido, Gardner (1995), estudioso das Inteligências Múltiplas (teoria que reconhece que as pessoas têm diferentes potenciais cognitivos, que a mente é multifacetada, existindo muitas maneiras de ser inteligente), considera que a Competência Interpessoal faz que o indivíduo se relacione bem com as outras pessoas, distinguindo sentimentos (intenções, motivação, estados de ânimo) pertencentes ao outro, reagindo em virtude desses sentimentos. Essa capacidade faz que o indivíduo saia do seu centro para interagir com o outro e, consequentemente, aumente sua capacidade para trabalhar com eficácia com outras pessoas.

Goleman (1995, p. 131) caracteriza como Inteligência Social algumas aptidões interpessoais descritas a seguir:

- *Organizar grupos*: aptidão essencial no líder, que inicia e coordena os esforços de uma rede de pessoas.
- *Negociar soluções*: talento do mediador, evitando os conflitos ou resolvendo os que explodem.

- *Ligação pessoal*: talento de empatia e ligação reage adequadamente aos sentimentos e preocupações das pessoas. Essas pessoas dão bons "jogadores de equipe".
- *Análise social*: poder detectar e ter intuições dos sentimentos, motivos e preocupações das pessoas.

Tomados juntos esses fatores, Goleman (1995) acredita que essas aptidões constituem a matéria do verniz interpessoal, os ingredientes necessários para o encanto, o sucesso social e até mesmo o carisma. Pessoas com essas aptidões expressam o sentimento coletivo e o articulam de modo a orientar o grupo para suas metas. São aquelas pessoas com as quais os outros gostam de estar, por serem emocionalmente renovadoras. Pode-se dizer que as aptidões elencadas seriam as que gostaríamos de encontrar em todos os membros de nossas equipes de competição. Na prática, nossas equipes são formadas por diferentes pessoas com personalidades distintas, de maneira que, por mais que tornemos um conjunto uníssono no trabalho corporal e técnico com o aparelho, jamais conseguiremos que as ginastas tenham as mesmas reações frente às adversidades ou ao sucesso. Assim, conflitos sempre existirão, em menor ou maior grau, e o problema é quando esses tomam um alto grau a ponto de prejudicar todo o processo de um trabalho. Nesses casos, até periodizações realizadas em longo prazo acabam ficando à mercê das emoções humanas.

Esses conflitos interpessoais estão sempre presentes em equipes esportivas de qualquer modalidade, inclusive nas de alto nível. Rezende (2006, p. 77), nosso famoso Bernardinho, relata em seu livro que, em 1993, quando foi convidado a dirigir a Seleção Feminina de Vôlei, encontrou um ambiente nada tranquilo, em que "crises de relacionamento tinham tornado a Seleção num – para usar o termo que me passaram – 'soco de gatos'".

Róbeva (1991, p. 329) narra um episódio do Campeonato Mundial de Londres de GR, em que "o conjunto cometeu falhas no primeiro dia. Durante a noite, as ginastas discutiam, jogando a culpa umas sobre as outras. No outro dia novas falhas ocorreram".

Em minhas experiências, recordo que, há alguns anos, pertencia à nossa equipe uma ginasta de conjunto que descontava as desavenças pessoais em uma colega durante o treinamento, realizando sempre trocas erradas dos aparelhos para esta, prejudicando o bom andamento da equipe. Já presenciei, também, em meu trabalho e observando outras equipes em campeonatos, ginastas criticarem e culparem a menina mais tímida do conjunto pelos erros de todas, cometidos durante a apresentação. Há casos de as mais habilidosas serem líderes benevolentes, que estão sempre prontas a ajudar as mais fracas tecnicamente e a proporcionar uma harmonia dentro do grupo. Em contrapartida, há ginastas com ótimo desempenho técnico, mas sem nenhuma habilidade interpessoal, que estão sempre prontas a criticar, às vezes até de modo mais arrogante, aquelas com menos capacidade ou mais vulneráveis emocionalmente. A mais experiente, melhor tecnicamente e carismática com o grupo inspira e transmite segurança às outras ginastas, mas existe uma linha tênue para que esta não acabe sendo sobrecarregada nas suas responsabilidades perante as demais atletas do conjunto.

O Código de Pontuação (2005 a 2008) determina que as características típicas de um exercício de conjunto são: *participação* de cada ginasta no desenrolar deste, de forma homogênea e com *espírito coletivo*; a composição deve mostrar, ainda, a *colaboração* entre todas as ginastas em todas as partes do exercício; a execução exige perfeita *sincronia e harmonia entre todas as ginastas*.

As características que o Comitê Técnico de GR da FIG exige, em seu Código de Pontuação, para as séries de conjunto, podem facilmente ser transportadas para o terreno das habilidades interpessoais de um grupo.

Participação, espírito coletivo, colaboração, sincronia e harmonia entre todas as ginastas

Tais características são metas que devemos tentar alcançar, mas não antes de enfrentar alguns obstáculos. Marques, Gutierrez e Almeida (2006, p. 34) acreditam que:

> a relação entre esporte e relação interpessoal é mais complexa, pois nessa prática estão inseridos sentimentos de autoafirmação e competitividade exacerbada, que podem vir nortear as atitudes dos praticantes, desviando o objetivo de integração.

Esses sentimentos somam-se a insegurança, medo, necessidade de aceitação, raiva, companheirismo, amizade, amor e tantos outros sentimentos que estão presentes no cotidiano esportivo de uma equipe de GR de conjunto.

Alguns estudos podem acrescentar nosso repertório para atuar com essas questões. Veiga e Miranda (2006), em trabalho sobre *A importância das inteligências intrapessoal e interpessoal no papel de profissionais da área de saúde*, mostra-nos alguns aspectos relevantes para melhorar as relações dos profissionais que trabalham com o contato humano (Veiga e Miranda, 2006, p. 6):

- empatia (colocar-se no lugar do outro, percebê-lo segundo seu ponto de vista);
- comunicação afetiva, no que se refere a aspectos verbais, visuais e não verbais;
- administração adequada de emoções de raiva, tristeza, ansiedade e alegria;
- administração adequada de conflitos e frustrações.

A *empatia* é um aspecto que devemos cultivar dentro de nossos ginásios. Como técnicos, a cobrança de um bom trabalho diário sempre está presente, sendo que, em relação a um conjunto, as atletas também se cobram entre si em vários momentos dos treinos e das competições. É importante, no entanto, que todos nós, envolvidos nesse processo de trabalho, saibamos nos colocar no lugar do outro em determinadas situações. Por exemplo: as ginastas devem se ajudar na resolução dos problemas de execução e composição de um conjunto, procurando, juntas, a melhor alternativa para questões técnicas e práticas do treinamento; no caso do técnico, é importante saber ouvir suas ginastas, principalmente no aspecto da elaboração da composição de uma série de conjunto. Às vezes, não aceitamos a sugestão quando uma ginasta diz *que não vai dar para chegar na formação*, e, nessa situação, cabe ao técnico discernir com *empatia* se trata-se de uma falha técnica da ginasta ou um erro seu de estrutura da composição, sendo necessário, nesse ponto, rever deslocamentos e formações.

No quesito referente à *administração de conflitos, frustrações, raiva e alegria*, defendo que a administração adequada dessas questões está diretamente relacionada ao fato de o técnico conhecer com profundidade suas ginastas em seus aspectos emocionais, observando que frases e atitudes não têm o mesmo efeito desejado em diferentes pessoas. Assim, cabe a nós, técnicos, ter a sensibilidade de reconhecer em nossas atletas o que as motivarão no processo de periodização do treinamento, da fase de preparação básica até a competição e o período transitório.

O item *comunicação afetiva* é considerado pertinente quando se trata das situações práticas vividas no ambiente de treinamento da GR. As contínuas passagens de séries, a correção dos técnicos e o cansaço das ginastas acarretam alterações de humor em toda a equipe, surgindo os conflitos entre a opinião técnica e as ginastas. Nesse sentido, nota-se que ginastas, de modo geral, reclamam que os técnicos são, na sua maioria, exigentes e severos, o que é muito bom. Observo que essas características são comuns a excelentes treinadores, que, além de agregar valores como obstinação, determinação, perfeccionismo, energia e impulsividade, demonstram a temperança em alguns momentos. Somos humanos, por isso, passíveis de erros, e, assim, temos de questionar continuamente nosso trabalho, com o objetivo de colaborar para o crescimento de todos da equipe. Sempre que sou mal interpretada por alguma ginasta, recordo-me de uma técnica búlgara que dizia:

> Outras vezes, ouço minhas ginastas dizerem: "Quando eu for treinadora, sempre estarei no ginásio com boa disposição, sorridente e bem-humorada; no trabalho, somente vozes de alegria". Aceito tudo como pequena crítica contra mim. Dizem que nunca gritarão, como querendo lembrar que eu grito. Naturalmente, compreendo suas queixas, porque o sorriso raramente brilha em meu rosto. Dizem que vão lisonjear suas ginastas; enquanto eu falo em erros. Muito bem. Sorriso. O seu dia de treinadora chegará. Vou entrar em seu ginásio, sentar-me quietamente, a um canto, para sentir-me no paraíso. Assim os religiosos imaginam o paraíso: música, sorrisos! Maravilha! (Róbeva, apud Róbeva e Rankélova, 1991, p. 177)

Quem um dia foi ou ainda é técnico de GR, ao ler essa citação, entenderá os sentimentos de Neska Róbeva.

Ainda continuando nossa reflexão por esse tema, nas questões de relacionamento em um conjunto de GR, acredito que a *interação com o outro* seja o elemento-chave. As cinco ginastas de um conjunto, por mais que pensem diferente, no momento de um treinamento ou uma competição, devem se transformar em um só corpo, interagindo de forma assertiva. Esse entrelaçar de diferentes personalidades, por mais sintonia que haja entre o grupo, necessita de uma orquestração. É nesse momento que entra a figura do técnico esportivo.

Moreno e Machado (2004), em estudo referente ao *Simbolismo inconsciente de jovens atletas frente à figura do técnico esportivo*, contribuem com esse raciocínio, argumentando que uma equipe possui, no bojo de seus componentes, diferentes histórias individuais e expectativas dos jovens atletas que, mesmo partilhando de um mesmo técnico, buscam figuras referenciais diferentes, pois esperam e anseiam pelo pronto atendimento de suas necessidades. Ela vê, na figura do técnico, a possibilidade da realização de suas expectativas, pois este assume um simbolismo inconsciente para cada atleta. Essa relação de técnico e seus comandados se configura como um processo dinâmico, caracterizado por interações constantes. Por sua vez, essa dinâmica, na relação entre as duas partes, desempenhará a função de instrumento canalizador de boas ou péssimas *performances* no âmbito esportivo.

Além de nós, técnicos, buscarmos espírito de coletividade e relação entre todas as ginastas na composição de uma coreografia de conjunto, também nos cabe, como líderes na prática dos treinamentos diários e das competições, monitorarmos nossa relação com essas jovens. É nossa função manter-nos atentos às necessidades emocionais das atletas, acompanharmos de perto os conflitos do grupo, tentando mostrar que todos almejamos um objetivo em comum, apesar de algumas desavenças no processo para alcançar o objetivo maior, isto é, uma boa apresentação do conjunto que levará à vitória de todos.

O vínculo que se cria nesse processo entre a ginasta e o técnico é muito intenso, e, ainda segundo Moreno e Machado (2004, p. 24), "Ao tentar a auto-superação, o atleta encontra na figura do técnico esportivo alguém que o auxilie, que funcione como suporte, de maneira a possibilitar a realização de suas expectativas". Esses autores afirmam que a figura do técnico assume um papel simbólico na mente do jovem atleta, que passa a encará-lo como pai, líder, professor, criando, ainda, a expectativa de sentir-se valorizado por ele.

Compreendo que, para administrar toda essa expectativa que as ginastas têm em relação a nós, técnicos, necessitamos cultivar a ideia de que, dentro do grupo, todas são fundamentais e que elas não estão sozinhas. Nossa comunicação com o grupo deve almejar e propiciar um clima de respeito, segurança, confiança e perseverança. Só assim, as ginastas superarão os desafios diários de um treinamento de conjunto.

Refletindo sobre a importância de cada integrante do conjunto, faz-se pertinente abrir um espaço, agora, para se pensar na figura das *ginastas reservas*. De forma geral, as ginastas veem essa posição como ingrata, contudo, ela é essencial para uma boa *performance* do conjunto no processo de treinamento.

Sabe-se que uma equipe de conjunto sem reservas se acomoda, visto que as integrantes sabem que a técnica dependerá somente da "boa vontade" das titulares. As reservas, sempre que solicitadas, estão dispostas a mostrar determinação e atenção e, muitas vezes, apresentam um desempenho melhor que o das titulares em competições. Vejo que, em nosso país, caminhamos cada vez mais para que nossas ginastas reservas sejam "titulares" em potencial.

Róbeva e Rankélova (1991, p. 197) acrescentam sobre o tema que a participação no conjunto "exige um espírito de coletividade e de disciplina e uma constituição psicológica sadia".

Nós, técnicos de GR, compreendemos a importância das questões psicológicas. Lanaro Filho (2001) confirma em seus estudos que técnicos de GR entendem as variáveis psicológicas de controle de nível de estresse (CNS), controle do nível de atenção (CNA), motivação para o treinamento (MT), motivação para competição (MC), nível de atenção (NA), capacidade de concentração (CC), tomada de decisão (TDE), nível de responsabilidade (NR) e tolerância à dor (TD) como fatores preponderantes para a obtenção de elevado desempenho esportivo na modalidade.

Carecemos, ainda, de mais dados na Psicologia para nossa modalidade. Róbeva e Rankélova (1991, p. 310) relatam que "a particularidade da atividade da Ginástica exige algo diferente do proposto em linhas gerais pela Psicologia". Elas defendem que o papel de compreensão psicológica acerca das ginastas era desempenhado pelos próprios técnicos em suas seleções, que, diariamente, acompanhavam o desenvolvimento das ginastas e as conheciam melhor que qualquer máquina. Vale ressaltar que o campo de conhecimento e contribuição da Psicologia não era subestimado. Contudo, até aquele momento, mostrava-se incipiente na área do esporte.

Compartilho a ideia de que os treinadores conhecem as particularidades de suas ginastas, já que algumas vemos crescer e se tornar mulheres. Entretanto, atualmente, a Psicologia Esportiva avançou, dando-nos suporte de estudo, mesmo que pouco específico para a GR. Nossa busca por estratégias para dar suporte a nossas atletas para um equilíbrio emocional no ambiente de treinamento e competição deve ser constante. Temos o papel de facilitadores em todo esse contexto.

FIGURA 7.2 - Conjunto da China, Atenas (2004) (Fonte: <http//www.jamd.com/image/g/72570200).

Essas reflexões dinâmicas pela busca de uma sincronia emocional dentro de nosso trabalho em GR reflete o engajamento que comissão técnica e atletas deveriam focar. O fato de se ter um grupo mais talentoso de ginastas não implica o alcance de melhor desempenho. As relações positivas, o controle das emoções e a reciprocidade entre ginastas e técnicos são fatores preponderantes para que boa composição e execução alcance seu apogeu dentro do tablado. Um conjunto, no momento de sua apresentação, representa toda uma "família" construída em um ambiente esportivo, em busca de um objetivo comum.

É, também, imprescindível não esquecer que o ser humano possui sentimentos, emoções e capacidade de envolvimento e que as relações têm, no mínimo, duas partes envolvidas. Em nosso contexto, ginastas e técnicos devem cultivar a sensibilidade no sentido de aprender a lidar com conflitos, angústias, decepções, alegrias, vaidades e expectativas, comuns no cenário esportivo. Cada um de nós deve se reconhecer como peça-chave no equilíbrio dinâmico de todo o processo do trabalho, já que, dessa maneira, teremos a capacidade de nos superar, de aprender e ensinar uns aos outros.

Referências

Conjunto da China nos Jogos Olímpicos de Atenas (2004). Disponível em: <http//www.jamd/image/g72570200.com>. Acesso em: 10 mar. 2007).

Federação Internacional de Ginástica. **Código de Pontuação de Ginástica Rítmica** – 11º Ciclo. Nova edição, 2007.

De Rose, D. Situações causadoras de stress no basquetebol de alto rendimento: fatores extra competitivos. **Revista Brasileira Ciência e Movimento**, Brasília, v. 9, n. 1, p. 25-30, 2001.

Fiorese Vieira, L.; Botti, M.; Lopes Vieira, J. L. **Ginástica Rítmica** – análise dos fatores competitivos motivadores e estressantes da Seleção Brasileira Juvenil. Maringá, v. 27, n. 2, p. 207-15, 2005.

Gardner, H. **Inteligências Múltiplas**: a teoria na prática. Porto Alegre: Artmed, 1995.

Goleman, D. **Inteligência Emocional**. Rio de Janeiro: Objetiva, 1995.

Laffranchi, B. **Treinamento Desportivo Aplicado à Ginástica Rítmica**. Londrina: Unopar Editora, 2001.

Lanaro Filho, P. **Referenciais para detecção, seleção e promoção de talentos esportivs em GRD**. 2001. Dissertação (Mestrado) – Escola de Educação Física e Esporte, USP, São Paulo, 2001.

Lavoura, T.; Botura, H.; Machado, A. Estudos da ansiedade e as diferenças entre os gêneros em um esporte de aventura competitivo. **Revista Brasileira de Educação Física, Esporte, Lazer e Dança**, v. 1, n. 3, p. 74-81, set. 2006. Disponível em: <http://www.refeld.com.br/pdf/19estudo.pdf>. Acesso em: 14 abr. 2007.

MESQUITA, L. **Diferenças entre ginastas de individuais e de conjunto com relação ao nível de stress pré-competitivo na Ginástica Rítmica Desportiva**. Disponível em: <http://sosesporte,blogspot.com>. Acesso em: 17, fev. 2007.

MARQUES, R.; GUITIERREZ, G.; ALMEIDA, M. Esporte na empresa: a complexidade da integração interpessoal. **Revista Brasileira de Educação Física e Esporte**, São Paulo, v. 20, n. 1, p. 27-36, jan./mar. 2006.

MORENO, B.; MACHADO, A. O simbolismo inconsciente de jovens atletas frente à figura do técnico esportivo. **Revista Movimento e Percepção**, Espírito Santo de Pinhal, v. 4-5, jan./dez. 2004.

REZENDE, B. R. **Transformando suor em ouro**. Rio de Janeiro: Sextante, 2006.

RÓBEVA, N.; RANKELOVA, M. **Escola de Campeãs**: Ginástica Rítmica Desportiva. São Paulo: Ícone, 1991.

VEIGA, E.; MIRANDA, V. **A importância das inteligências intrapessoal e interpessoal no papel dos profissionais da área da saúde**. 2006. Disponível em: <http//cienciasecognicao.org/artigos/v09/m31682.htm>. Acesso em: 13 abr. 2007.

WEINECK, J. **Treinamento Ideal**. Barueri: Manole, 1999.

ks
Um panorama da Ginástica Rítmica no Paraná

Adriana Maria Wan Stadnik

Falar da Ginástica Rítmica (GR) no Paraná é falar de um esporte que tem encontrado respaldo na alma de um povo. É dessa forma que tenho percebido a modalidade no estado, pois a GR não se encontra apenas nos grandes centros, nas cidades mais importantes e desenvolvidas ou nos centros de treinamento mais bem equipados e elitizados, ela está em todos os lugares, driblando as dificuldades e desafiando a criatividade e a nossa imaginação.

Ao contrário do que se possa imaginar, baseando-se no alto nível dos resultados obtidos pelo estado em competições nacionais e internacionais, a modalidade tem sido praticada especialmente por crianças e jovens, com variados biótipos e níveis técnicos, o que caracteriza a busca pela massificação e pela disseminação do esporte.

O Paraná tem sido um celeiro na produção de ginastas de GR, especialmente para os conjuntos. Uma situação que exemplifica bem esse fato é o Campeonato Paranaense de Conjuntos 2006, níveis I e II, realizado na cidade de Londrina, onde competiram 32 diferentes conjuntos, sendo 12 deles na categoria pré-infantil, 8 na infantil, 11 na juvenil e 1 na adulto, representando 16 instituições de 10 diferentes cidades. Nos anos de 2007 e 2008, esses fatos repetiram-se: observou-se a ocorrência de dados parecidos com os já relatados, em variados eventos promovidos pela Federação Paranaense de Ginástica. Com dados de abrangência nacional, posso citar o Campeonato

Brasileiro de GR Ilona Peuker, 2008, realizado em Goiânia (GO), contando com a participação de 22 diferentes conjuntos de 6 estados brasileiros, sendo 10 conjuntos paranaenses, em 4 categorias (pré-infantil, infantil, juvenil e adulta). Os primeiros lugares em todas as categorias ficaram com equipes do Paraná.

Esses exemplos nos dão uma pequena amostra de que contamos com polos da prática esportiva, nomeadamente de alto nível – mas, também, em outros níveis –, em cidades geograficamente espalhadas pelo estado, e, quando se trata de competição, nossas atletas estão, normalmente, destacando-se em variadas categorias, pois a GR de alto nível acaba sendo um objetivo de quase todos os envolvidos com a modalidade, para além da massificação, que já vem se tornando uma realidade.

Temos a prática da GR em diversas escolas – e, especialmente em escolas, em geral como atividade extracurricular, esta é uma das características fortes do estado –, universidades – que também atuam por meio de projetos de pesquisa e extensão, além do ensino –, polos esportivos, clubes, associações e afins, caracterizando, como já referido, a prática da modalidade por um grupo bastante expressivo de pessoas.

Contamos com uma federação atuante e participativa, na qual os dirigentes envolvidos procuram desenvolver alternativas para campeonatos, festivais, cursos e distribuição de recursos, objetivando a disseminação das práticas de ginásticas em geral e também específicas – no caso particular da GR, por meio de seu comitê, que tem procurado efetivamente solucionar os problemas levantados por filiados e outras entidades participantes dos eventos promovidos pela Federação Paranaense de Ginástica.

No tocante à história da GR no Brasil, é possível dizer que o Paraná imprimiu, e continua a fazê-lo, uma marca significativa nos caminhos que a modalidade tomou, seja em termos de reconhecimento nacional e internacional, seja no processo de ensino-aprendizagem, treinamento, pesquisa e atenção à comunidade (projetos).

Finalmente, posso afirmar, depois de tudo que vi, ouvi e vivenciei, que temos, também, a vontade, o amor e a dedicação de um grupo de profissionais da área que parece não desanimar nunca, ao contrário, apresenta forças renovadas a cada ano, vencendo barreiras e criando inovações.

É importante, e necessário, esclarecer que este texto não tem a pretensão de abordar tudo o que a modalidade representou e/ou representa no estado do Paraná. O próprio título indica isso. A ideia é oferecer um panorama, uma vista – a minha vista, a vista da autora –, que se apoia na sua própria experiência na área, experiência essa que, obviamente, foi se modificando ao longo dos anos e deixando suas marcas, lembranças e aprendizagens, com reflexos na sua própria formação ao longo da vida, que começa como ginasta, passando a auxiliar técnica, depois técnica, árbitra, professora e, mais recentemente, dirigente e pesquisadora.

Adicionalmente, para dar cabo à produção deste texto, a opção foi uma metodologia de origem qualitativa, que procuro esclarecer na sequência, após a exposição do objetivo geral do estudo.

Objetivos gerais

Oferecer um panorama da GR no estado do Paraná, visando auxiliar na construção de conhecimentos gerais que possam ser utilizados na compreensão da teoria, da prática, da organização, da democratização, da massificação e da disseminação, traduzindo-se no desenvolvimento da modalidade, além de realizar um registro histórico desta no Estado e procurar analisar seu desenvolvimento, para, dessa forma, inspirar outras regiões do país.

Metodologia

Para a consecução do objetivo do estudo, a opção foi por uma abordagem de origem qualitativa, em que a pesquisadora é o principal instrumento de recolhimento e análise dos dados, por meio da análise e da interpretação de materiais advindos de um conjunto de procedimentos técnicos de coleta de dados. Foram realizadas pesquisa bibliográfica, entrevista não estruturada, em forma de levantamento, e análise documental, baseando-se especialmente em documentos da Federação Paranaense de Ginástica.

Foram entrevistadas dez pessoas, sendo um homem e nove mulheres, todos com trabalhos prestados à modalidade de GR no estado do Paraná. As entrevistas foram realizadas nos meses de março e abril de 2007 e envolveram representantes das cidades paranaenses de Curitiba, Araucária, Contenda, Balsa Nova, Londrina, Maringá, Toledo e Umuarama.

Para Ruquoy (1997, p. 95), "A entrevista é mais uma arte do que uma técnica [...]. Baseia-se na ideia segundo a qual para saber o que pensam as pessoas basta perguntar-lhes". Foi o que fiz, perguntei a essas pessoas (meus entrevistados) sobre o seu trabalho com a GR no estado e, também, quando possível, pedi uma visão mais abrangente, envolvendo uma vista do todo, indo além do próprio trabalho. Minha escolha foi pela entrevista não estruturada, em que cada um dos entrevistados foi inquirido a partir do tema *Um relato sobre a GR no Estado do Paraná*, cujo ponto de partida era sua própria experiência.

As entrevistas variaram entre 3 e 16 minutos, foram todas audiogravadas e transcritas, permitindo a inclusão de alguns trechos desse relato oral no texto que se segue, aparecendo, quase sempre, sem revelar a identidade do entrevistado, entre aspas e em itálico, respeitando o quanto possível o vocabulário utilizado, fazendo as articulações necessárias para adaptar o discurso oral ao escrito.

Definição e características da Ginástica Rítmica

A GR tem seu princípio como uma modalidade feminina, composta de movimentos e exercícios gímnicos, com ou sem aparelhos manuais. A união desses movimentos e exercícios objetiva dar origem a uma sequência coreográfica, que é, normalmente, acompanhada por algo com a função de imprimir um ritmo, como a música, as palmas, a contagem, os tambores, o canto (a partir de 2002, oficialmente, sem emitir palavras), o pandeiro, entre outros.

No entanto, especialmente na atualidade, a principal característica da GR, que é uma modalidade olímpica (desde 1984), é a combinação de uma técnica corporal exigente e apurada, aliada ao manejo, também exigente e apurado, de aparelhos manuais – arco, corda, bola, maças e fita –, buscando fluência absoluta entre a ginasta, sua expressividade, seu aparelho e o ritmo, do tipo em que o corpo da ginasta e seu aparelho manual acabam por se tornar algo único – um passa a ser a extensão do outro –, e, em geral, a música, que deixou de ser um simples acompanhamento rítmico, passa a desempenhar um papel fundamental, muitas vezes tematizando a coreografia e/ou a própria expressão corporal (interpretação) da ginasta.

Destaca-se, adicionalmente, o fato de a GR estar constantemente à procura do novo, do original, do criativo. Criatividade e originalidade são elementos tão fundamentais para a modalidade a ponto de aparecerem no Código Internacional de Pontuação da GR (Mayer-Tibeau, 1996).

Essa perfeita, especialmente no sentido de harmoniosa, e criativa junção entre ritmo, espaço, movimento, material e interpretação determinam, a meu ver, a expressão artística da GR, visto que considero a arte, também, como a superação da técnica. Por outras palavras, uma técnica (corporal e de manejo de aparelho) exigente e apurada, aliada ao ritmo, à expressividade, à originalidade e à criatividade, proporcionando movimentação de grande beleza plástica e prazer, traduzindo-se em satisfação estética e encantando sua plateia, permite-nos refletir sobre a relação esporte-arte que percebo muito presente na GR.

Autoras como Róbeva e Rankélova (1991), Laffranchi (2001), Lourenço (2003), Laffranchi e Lourenço (2006) e Pereira e Vidal (2006) destacam essa ligação entre a GR e a arte, referindo-a, especialmente, à busca do belo, do criativo, do virtuosismo técnico e da complexidade, resultando em composições que encantam.

Segundo Laffranchi (2001, p. 3), "Para se buscar a arte neste esporte, é necessário percorrer o difícil caminho de tentar encontrar a força criativa capaz de gerar composições excepcionais".

Lourenço (2003) considera que o crescimento da GR brasileira de conjunto no exterior, processo iniciado pela Seleção Brasileira de GR de Conjunto, treinando no Estado do Paraná,[1] é em virtude, em grande parte, de uma possível valorização do artístico nas coreografias, a partir da exploração da cultura brasileira como arte.

Porém, para a referida autora, que realizou uma pesquisa qualitativa por meio de entrevistas com técnicas brasileiras da modalidade, essa teoria ainda não é visível, ao menos totalmente, nem facilmente identificada pelas treinadoras do Brasil. Ela acredita que esse é o motivo pelo qual ainda levará um tempo para que uma identidade própria dentro da modalidade no Brasil seja construída, a partir desta perspectiva artística na GR.

Ginástica Rítmica e gênero: uma curiosidade

A GR é um esporte essencialmente feminino em nível competitivo, pois, na realidade, há possibilidade de a modalidade ser praticada também por homens. Não é muito comum, mas tive oportunidade de presenciar o caso do Japão, que tem um grupo masculino realizando demonstrações de GR nas Gymnaestradas Mundiais, abrindo, dessa forma, mais uma possibilidade para a prática.

No Paraná, ainda não temos notícias da prática da GR masculina, mas temos uma curiosidade para a realidade brasileira da modalidade: o primeiro árbitro masculino da modalidade saiu do estado, foi Carlos Augusto Saddock de Sá, que realizou seu curso de arbitragem em 1997, na cidade de Curitiba.

---

[1] A Seleção Brasileira de GR de Conjunto treinou na cidade de Londrina, no Paraná, entre 1995 e 2004.

Sua primeira oportunidade de atuação como árbitro surgiu em Santa Catarina, a convite da árbitra internacional Ellen Kegel para arbitrar os Jogos Abertos de Santa Catarina, em 1998, na cidade de Chapecó. Segundo o próprio, sobre esse acontecimento: *Arbitrar GR nesta competição foi interessantíssimo, pois foi um choque geral, por parte de atletas, técnicos, árbitros, dirigentes e esportistas em geral quando souberam que havia um homem arbitrando.*

Na opinião de Carlos, o preconceito já diminuiu bastante, mas ainda causa estranhamento ver um homem arbitrando uma modalidade eminentemente feminina.

Um pouco da história da Ginástica Rítmica no Paraná

A GR no Paraná, no início da década de 1970, já era praticada nas cidades de Londrina, em 1972, com o trabalho da professora Elizabeth Laffranchi; Curitiba, com o trabalho de Arli de Fátima A. de Oliveira, na Escola Técnica Federal do Paraná, atualmente Universidade Tecnológica Federal do Paraná (UTFPR), iniciado em 1973; e Maringá, também em 1973, com a professora Sara Genare, que lecionava na Universidade Estadual de Maringá, fez um curso na Argentina e começou a desenvolver um trabalho no município.

Em relação ao desenvolvimento da GR em Curitiba, à época, era um trabalho muito forte e competitivo na área. Contudo, especialmente pelo fato de desenvolver a prática com alunas mais velhas, a maior parte já na categoria adulto, o trabalho foi ficando cada vez mais difícil, principalmente pelo alto nível das competições no estado. Aos poucos, a equipe foi se transformando em um grupo de Ginástica e Dança e, em 2000, assumiu a Ginástica para Todos como prática. Atualmente, a Universidade Tecnológica Federal do Paraná tem um trabalho pioneiro na área da Ginástica para Todos no Estado do Paraná desde 2000 organizando e promovendo, em parceria com a Federação Paranaense de Ginástica, o Festival de Ginástica para Todos de

Curitiba e, a partir de 2007, o Festival Universitário de Ginástica para Todos do Paraná – que também conta com a parceria de outras universidades do Estado, sendo realizado em diferentes locais a cada ano.

Em Londrina, apaixonada pela GR e inspirada no trabalho de Ilona Peuker, Elizabeth Laffranchi formou a primeira equipe objetivamente de competição no estado e criou o Polo de GR, visando proliferar o esporte e atrair crianças para a prática da modalidade, transformando a cidade em um dos maiores centros formadores da GR no Brasil (Laffranchi, 2001).

Em Maringá, inicialmente, não se tratava de um trabalho com objetivo competitivo. Apenas na década de 1980, por meio de um projeto da Secretaria de Esportes do Paraná (Polos Esportivos), a cidade entra no circuito competitivo da modalidade e cresce muito neste sentido.

Paralelamente, em 21 de junho de 1974, na cidade de Curitiba, é fundada a Federação Paranaense de Ginástica, ou FPRG, com a finalidade de desenvolver a prática da Ginástica em todo território estadual (Federação Paranaense de Ginástica, 2005).

Também, segundo seu *site* oficial (www.cbginastica.com.br), em 1978, oficializou-se o órgão específico para dirigir a Ginástica no Brasil, a Confederação Brasileira de Ginástica ou CBG, que teve como primeiro presidente Siegfried Fischer, do Rio Grande do Sul, eleito em 25 de novembro de 1978. Siegfried Fischer, falecido em 2003, presidiu a entidade por dois mandatos (de 1979 a 1984); Fernando Augusto Brochado (de 1985 a 1987); Mário César Cheberle Pardini (de 1988 a 1990), falecido em 2002; Vicélia Ângela Florenzano, que assumiu a presidência em 1991, permanecendo por cinco mandatos consecutivos até o ano de 2008. Durante todo esse período da presidência da primeira mulher à frente da CBG, sua sede oficial foi a cidade de Curitiba. Em fevereiro de 2009, tomou posse Maria Luciene Cacho Resende, ex-vice-presidente do órgão no último mandato. Essa nova diretoria eleita administra a entidade no Ciclo Olímpico de 2009 a 2012, até as Olimpíadas de Londres (Inglaterra).

Pode-se afirmar que, concomitantemente, cresceram no estado: a prática da GR, que, aos poucos, foi atingindo níveis mais elevados em sua atuação e disseminação; a Federação Paranaense de Ginástica, que foi desenvolvendo um trabalho sério e constante; e a Confederação Brasileira de Ginástica, que firmou o país no cenário mundial da Ginástica, particularmente com o crescimento dos bons resultados internacionais alcançados pela Ginástica Rítmica e Artística brasileira. No caso da GR, sua história no Paraná acompanhou de perto todo esse cenário, sendo o palco de muitas convocações e, mais tarde, sede da Seleção Brasileira de GR na modalidade de conjunto – cidade de Londrina, entre 1995 e 2004.

Lourenço (2003) nos revela um pouco dessa história. A Confederação Brasileira de Ginástica, por meio de uma convocação, reuniu, em 1987, na cidade de Londrina – por essa cidade ser a sede do clube campeão brasileiro de conjunto naquele ano –, 13 ginastas oriundas de vários clubes do Brasil, visando selecionar oito atletas com o objetivo de compor a Seleção Nacional para a participação no 13º Campeonato do Mundo, em Varna, na Bulgária, tendo como técnica Bárbara Laffranchi. Com essa participação, o Brasil obteve o 19º lugar na competição de conjuntos, entre vinte participantes.

Nessa época, Bárbara Laffranchi, que estava com 20 anos, foi a mais nova técnica que o Brasil já teve (Unopar, 2007).

Na opinião de Lourenço (2003), o Brasil, na GR, teve poucas experiências em organizações de seleções. Na maior parte dos casos, sem estrutura para oferecer às equipes, a CBG acabava "qualificando" o conjunto do clube campeão na categoria adulta para representar o país. Portanto, a equipe que ficava em primeiro lugar representava o país, e a técnica responsável poderia ou não, dependendo de suas necessidades, convidar ginastas de outros clubes para reforçar sua equipe para o evento internacional.

> A dificuldade em se organizar Seleções Nacionais estava realmente na falta de recursos financeiros para oferecer estruturas técnicas e de acomodação aos envolvidos, bem como um projeto que pudesse prever o nível técnico que se encontrariam as prováveis ginastas dessas seleções.
> (Lourenço, 2003, p. 48)

Paralelamente a tudo isso, em 1990, começa na cidade de Toledo o trabalho de Anita Klemann, que, aos poucos, foi mostrando a que veio, trazendo inúmeros títulos regionais, estaduais, nacionais e internacionais para a cidade.

Em 1995, ainda sob a direção de Bárbara Laffranchi, o grupo, então Seleção Brasileira de GR (conjunto), com sede de treinamento na cidade de Londrina, conquistou o 3º lugar nos Jogos Pan-Americanos de Mar Del Plata, Argentina. Em 1997, o conjunto fez mais duas importantes conquistas: o 3º lugar na Copa Quatro Continentes, em Sidney, Austrália, e o 1º lugar no Pan-Americano de Ginástica, na Colômbia (Unopar, 2007).

É importante esclarecer que se trata da equipe de conjunto e que foi, especialmente, o que elevou o estado à condição de sede da Seleção Brasileira de GR. As ginastas selecionadas para os eventos internacionais dentro da representação na modalidade individual treinavam em seus próprios clubes, sem uma sede de treinamento específica. A sede foi uma conquista do estado, apoiada pela Confederação Brasileira de Ginástica.

Em 1999, veio a maior conquista dessa seleção dirigida pela técnica Bárbara Laffranchi: a medalha de ouro nos Jogos Pan-Americanos de Winnipeg, no Canadá. Sobre esse assunto, Lourenço (2003, p. 57) escreve que, nessa ocasião, a equipe despertou uma imprevisível reação no público:

> Espontaneamente se levantou para aplaudir o conjunto brasileiro que havia realizado uma apresentação com alta precisão técnica, mas principalmente com uma alta dose de beleza e criatividade misturadas com a ginga do samba e do forró brasileiro.

O feito é considerado um marco para a GR brasileira. No ano seguinte, o conjunto colocou o Brasil entre os melhores do mundo, voltando com o 8º lugar da Olimpíada de Sidney, na Austrália. Nos anos que se seguiram, outras importantes conquistas: em 2001 e 2002, o 1º lugar no Pan-Americano de Cancun, México; o 1º lugar na Copa Quatro Continentes, em Curitiba; o

3º lugar no GP International Rhythmic Gymnastics Tournament, em Iliana, Bulgária; e o 8º lugar no Mundial de Ginástica de New Orleans, EUA. Em 2003, conquistou o ouro no Pan-Americano de Santo Domingo. Em 2004, nas Olimpíadas de Atenas, o conjunto, repetindo a *performance* de Sidney, ficou em 8º lugar (Unopar, 2007). Em 2007, o conjunto brasileiro, treinando com a professora Monika Queiroz, do Espírito Santo, e tendo uma ginasta do estado do Paraná, Nicole Muller, manteve sua posição, ficando com o 1º lugar nos Jogos Pan-Americanos, disputados no Rio de Janeiro. Nas Olimpíadas de 2008, o grupo perdeu algumas posições, encerrando a disputa em 12º lugar.

Reflito, a partir destes dados referidos, que o fato marcante é a presença do estado em três Ciclos Olímpicos seguidos, algo a ser destacado e comemorado.

Enquanto isso, nossas equipes, em outras categorias além da adulto, também foram crescendo e aparecendo, desenvolvendo um trabalho de altíssimo nível e conquistando importantes feitos dentro e fora do estado, muitos, inclusive, internacionalmente. É impossível deixar de comentar o trabalho de alto nível, ao longo dos anos, das equipes de Maringá, que, segundo as entrevistadas da cidade, atualmente já não é tão forte e passa por um período de mudanças, mas é uma cidade que conta com variados centros de treinamento e profissionais atuantes, com vontade de vencer; Curitiba, que tem, atualmente, duas equipes muito fortes, lutando para alcançar as primeiras posições, além de outras, interessadas em crescer e se fortalecer; Toledo, uma referência no que diz respeito ao treinamento de alto nível e um exemplo de projeto sustentado pela iniciativa privada (Sadia); e Londrina, também uma referência em termos de pesquisa, ensino na área, projetos e, obviamente, treinamento.

Historicamente, mais dados relativos à GR competitiva na categoria adulto são trazidos à tona, o que até penso ter uma explicação plausível, pois, segundo Laffranchi (2001), a GR é um esporte para a mulher, com sua maturidade técnica, psicológica e plena expressividade artística, e não para a garota. A implantação de métodos eficazes em curto prazo pode ser uma tentação para muitos treinadores, afinal, pode elevar o rendimento de uma equipe precocemente, produzindo resultados gímnicos positivos, com grande êxito nas competições infantis e juvenis. Entretanto, pode provocar diminuição da longevidade esportiva e problemas físicos e psíquicos, além da perda da perspectiva de obtenção de *performances* elevadas durante a idade considerada ótima, ou seja, na GR, assim como em outras modalidades esportivas, é fundamental ter paciência, pensando em um trabalho em longo prazo, encarado com seriedade e muito estudo e respeitando a atleta e seu desenvolvimento físico, psíquico, social e emocional.

No entanto, e apesar de a categoria adulto ter se destacado mais, neste breve histórico da modalidade no Estado do Paraná, é importante ressaltar que os festivais e os campeonatos de GR organizados pela Federação Paranaense, seus filiados e/ou convidados têm apresentado a prevalência de ginastas nas categorias mais jovens. O relatório 2006 da FPRG confirma esse dado (Federação Paranaense de Ginástica, 2007). Acredito que esses dados só vêm reforçar a ideia de que o Estado se prepara, cada vez mais e melhor, para a GR do futuro, fazendo sua parte no presente, que é buscar a massificação da prática.

Em 2001, nasce mais um novo trabalho, com a professora Lígia Gonçalves, que inicia um projeto de GR na cidade de Umuarama, onde, segundo ela, *a primeira perspectiva era só a popularização do esporte e aí como eu já tenho uma vivência na ginástica nós começamos então a ter interesse e olhar com outros olhos aquelas crianças que frequentavam o projeto.*

Esse novo olhar acabou dando frutos e origem a mais uma forte equipe no estado, a da Universidade Paranaense – UNIPAR, que já traz inúmeras conquistas em seu currículo.

Em 2005, a Confederação Brasileira de Ginástica optou por dissolver a Seleção Brasileira de GR de Conjunto, modificando essa estrutura inicial, que tinha sede em Londrina, objetivando a criação de mais polos da prática de alto nível da modalidade. Inicialmente, foram criados três polos, Joinville, Santa Catarina; Vitória, Espírito Santo; e Aracajú, Sergipe, e há uma procura por mudanças mais constantes nessas sedes, visando promover a participação de ginastas de mais estados brasileiros. Para as Olimpíadas de 2008, grande parte dos treinamentos foi realizada em Vitória, no Estado do Espírito Santo, por exemplo.

Acredito que o árduo trabalho de técnicos, professores e dirigentes do estado continuará a colocar o nome do Paraná e, por consequência, do Brasil no cenário nacional e internacional da modalidade. Em uma das entrevistas que realizei com uma técnica paranaense, ela me disse o seguinte sobre o Estado: *há muita concorrência [...] o nível técnico cada vez mais alto, mais alto.*

Eu, particularmente, espero que continue assim. Contudo, como a própria técnica nos lembra, comentando sobre a importância e a necessidade de um comportamento ético, correto e honesto, é preciso ter sempre em mente e reforçar sem cessar essas questões, que devem permear todas as ações humanas e prevalecer constantemente, para que alcancemos a glória de forma virtuosa. Penso que não há valor em se estar no lugar mais alto do pódio se isso não vier de forma honrosa.

Encerramos este breve histórico, com as palavras de Paulo Freire (2006, p. 54), que nos solicitou incansavelmente a ética universal do ser humano, como marca da natureza humana, indispensável à nossa convivência, e que, sobre a História, nos diz o seguinte: "minha presença no mundo não é a de quem a ele se adapta mas a de quem nele se insere. É a posição de quem luta para não ser apenas *objeto*, mas sujeito também da História".

Praticando Ginástica Rítmica na escola: o papel da universidade

É amplamente reconhecido que a prática da GR no Paraná não se dá apenas em clubes, associações e afins, mas encontra-se em muitas escolas e, até mesmo, em universidades, ou seja, a prática da Ginástica está relacionada, especialmente, aos centros educacionais formais. No entanto, o que se observa é que a prática da GR tem sido tratada apenas como uma atividade extracurricular, sendo menos comum como um conteúdo curricular das aulas de Educação Física, e isso ocorre não apenas no que se refere à prática da GR, mas da Ginástica e do conteúdo da cultura corporal ginástica como um todo. A partir da minha percepção pessoal e, também, tomando por base os estudos de Pimentel (2006), observo que ainda são poucos os professores que utilizam a Ginástica como conteúdo das aulas de Educação Física.

Resumirei uma pesquisa empírica, realizada na cidade de Maringá e região, no estado do Paraná, em 2001, pelos acadêmicos de uma universidade local, durante o estágio de observação de Prática de Ensino. Foram questionados 346 alunos, 144 do Ensino Fundamental e 202 do Ensino Médio, de escolas públicas e privadas. O foco da investigação foram as representações dos escolares acerca da Educação Física (Pimentel, 2006).

Algumas constatações dessa investigação foram que a expectativa dos alunos do Ensino Fundamental em aprender os conteúdos está distribuída da seguinte forma: esportes (34,64%), jogos (25,49%), lutas (15,03%), ginásticas (14,37%) e danças (10,45%). Já no Ensino Médio, o esporte permanece predominante e crescente (48,9%), porém a Ginástica é realçada (15,72%), por se acreditar em seus efeitos sobre emagrecimento e ganho de massa muscular; as lutas (15,28%) são consideradas, tanto por meninas – autodefesa – quanto por meninos – modismo, virilidade –; os jogos (11,35%) perdem espaço por serem considerados coisa de criança; finalmente, as danças (8,73%), muito pouco valorizadas por falta de interesse dos professores, restrições religiosas etc., merecendo mais estudos.

Para Pimentel (2006), a valorização da Educação Física é dada, especialmente, em virtude de seus conteúdos, e o interesse pela disciplina em idade escolar decresce, especialmente em razão da pouca variabilidade de estratégias de ensino e dos próprios conteúdos. A ideia predominante é a do esporte, como conteúdo. No entanto, outras práticas (conteúdos) foram levantadas, como denotam os dados apresentados. Falta ao professor valorizar, também, outros conteúdos.

Podemos pensar que os alunos só podem valorizar aquilo que tiveram oportunidade de conhecer, aquilo a que lhes foi dado acesso. É fundamental que a escola preocupe-se em oferecer uma visão geral dos conteúdos em todas as áreas. Segundo Coletivo de Autores (1992), a ginástica é um dos conteúdos curriculares da Educação Física Escolar que deve abordar os elementos da chamada Cultura Corporal. Por meio do estudo desse conhecimento, objetiva-se a apreensão da expressão corporal como linguagem. Os Parâmetros Curriculares Nacionais (PCNs) (Brasil, 1997, 1998) adotaram essa ideia do Coletivo de Autores. Os PCNs são referenciais para a renovação e a elaboração do currículo de cada escola, promovendo orientações para a educação no país, de forma flexível, objetivando a constante discussão sobre o que e de que forma ensinar. Para eles, são conteúdos das aulas de Educação Física, para as turmas do primeiro, segundo, terceiro e quarto ciclos do Ensino Fundamental brasileiro (1º ao 9º ano), ginásticas, esportes, lutas e danças; atividades rítmicas e expressivas.

Na cidade de Curitiba, conheço o trabalho das professoras Martha Picaz Glomb e Viviane Fuggi Lopes, que realizam a prática da Ginástica tanto como atividade curricular nas aulas de Educação Física quanto como atividade extracurricular na própria escola, no horário do contraturno. Elas são professoras do Ensino Fundamental da Rede Municipal de Ensino de Curitiba e desenvolvem, especialmente, a Ginástica Geral, na qual trabalham, entre outros conteúdos ginásticos, a GR. Acredito que deve haver outros bons trabalhos nas aulas de Educação Física Escolar em todo o estado, mas, admito, não são tão comuns.

Nesse sentido, os estudos de Barbosa-Rinaldi e Cesário (2005), duas professoras universitárias e pesquisadoras do estado, são reveladores. Elas realizaram uma pesquisa em 2002, nas cidades de Londrina e Maringá, que tratou de diagnosticar a presença ou a ausência da GR nas aulas curriculares de Educação Física. A escolha das escolas foi aleatória, englobando públicas e privadas, sendo 37 escolas de Maringá e 31 de Londrina, entrevistando um total de 81 professores. Os dados foram coletados pelas pesquisadoras e por acadêmicos da Universidade Estadual de Maringá (UEM) e da Universidade Estadual de Londrina (UEL). A pergunta feita ao professores foi: *você traba-*

lha o conteúdo GR nas suas aulas de Educação Física? Se a resposta fosse afirmativa: *como trabalha?* Se a resposta fosse negativa: *por que não trabalha?*

Os resultados da coleta foram tratados por meio de uma análise estatística descritiva e de conteúdo e são os seguintes: em Maringá, 69,23% dos professores entrevistados não trabalham com a GR em suas aulas de Educação Física e 30,77% disseram trabalhar com esse conteúdo nas aulas. Em Londrina, 76,19% disseram não trabalhar com a GR e 23,81% afirmaram trabalhá-la em suas aulas.

O principal motivo para não trabalharem a GR como um conteúdo nas aulas de Educação Física Escolar é o fato de se considerarem não capacitados para o trabalho, ou seja, *falta de conhecimento*; também alegaram *falta de espaço físico e material adequado*, o que, na opinião de Barbosa-Rinaldi e Cesário (2005), evidencia a ideia da GR ligada ao esporte competitivo, unicamente no formato institucionalizado, vinculada durante a formação profissional. Adicionalmente, alguns professores disseram que a GR *não está prevista como conteúdo curricular da escola* e, em muitos casos, *já é trabalhada como conteúdo extracurricular*, demonstrando desconhecimento sobre a literatura da área e o projeto pedagógico do Estado do Paraná para os ensinos Fundamental e Médio que estabelece a Ginástica como um conteúdo a ser trabalhado na escola, nas aulas de Educação Física.

Mais outra categoria de respostas relata o seguinte: *falta interesse, por parte dos alunos, pela GR e trabalha outras manifestações ginásticas por não considerar a GR um conhecimento importante para a Educação Física Escolar*. Nesse caso, Barbosa-Rinaldi e Cesário (2005) reforçam a ideia da falta de conhecimento por parte dos professores e comprometimento com a prática pedagógica, pois não é possível afirmar que os alunos não se interessam por determinado conhecimento se este nunca lhes foi oferecido.

No caso dos professores que trabalham com a GR nas aulas de Educação Física, os 30,77% de Maringá e os 23,81% de Londrina, o que foi percebido é que eles tendem a reproduzir aquilo que lhes aconteceu durante o processo de formação, a sua história de vida (educação formal e não formal) e a sua formação inicial. Ainda, alguns professores disseram que *trabalham a GR como iniciação ao esporte*, confirmando essa tendência de reproduzir o aspecto tecnicista de sua formação inicial. Parece claro que trabalhar a GR nos moldes do esporte competitivo, em qualquer nível (fundamental, médio ou superior), é mais fácil, pois está pronto, não precisa ser refletido, dando continuidade ao paradigma vigente da mera transmissão de conhecimentos (Barbosa-Rinaldi e Cesário, 2005).

Baseando-se nos estudos de Carreiro da Costa (1996) e Carvalho (1996), sobre a fase que antecede a formação inicial de professores de Educação Física (educação formal, informal e não formal), é possível afirmar que a fase anterior à formação formal na área, em que os candidatos a professor de Educação Física já começam a aprender o que é a Educação Física e o significado de ser professor nessa área, é profundamente marcada por uma aprendizagem prévia, por observação, proporcionando-lhes uma referência sobre o ensino-aprendizagem da disciplina.

Não é incomum que o professor tenha sido um atleta ou, ao menos, praticado algum esporte com certa frequência. Assim, de alguma maneira, o profissional de Educação Física traz consigo, antes mesmo da entrada no curso de formação inicial e/ou depois da realização do curso, uma bagagem de aprendizagem por observação considerável e acaba a reproduzindo em sua prática pedagógica, durante as aulas de EF Escolar, por exemplo.

Essa socialização antecipatória não pode/deve ser negligenciada pela formação inicial, ao contrário, deveria intervir sobre essas crenças e aquisições por meio de reflexão e análise, articulada ao desenvolvimento de conhecimentos (técnicos e críticos) úteis para a profissão (Carreiro da Costa et al., 1996), ou seja, para que o conteúdo Ginástica e, por consequência, a GR possam aparecer nas aulas de Educação Física Escolar, é necessário que o professor compreenda que a escola é um espaço onde os diferentes elementos da cultura corporal podem – e devem – ser abordados, sem a exclusão de saberes ou apenas o reforço daqueles mais conhecidos (Futebol, Voleibol etc.) (Barbosa-Rinaldi e Cesário, 2005). É importante que, durante o curso universitário, o professor tenha oportunidade de refletir sobre essas questões e, ao mesmo tempo, adquirir um repertório mínimo de conhecimentos que o possibilite transitar pelas diversas disciplinas.

Para Marcelo (1999), a formação inicial do professor precisa levá-lo a adquirir variados conhecimentos: o *conhecimento profissional*, relacionado a ensino-aprendizagem, manejo da classe e estratégias de ensino; o *conhecimento do conteúdo*, sobre a matéria que ensina; o *conhecimento didático do conteúdo*, a combinação entre o conhecimento da matéria e a forma de ensinar; e o *conhecimento do contexto*, onde e a quem ensinar.

A partir desses conhecimentos e da constante reflexão sobre as próprias ações, os professores, em qualquer nível de ensino, poderão articular novos saberes, proporcionando aos seus alunos as diferentes manifestações da cultura corporal, como a Ginástica.[2]

A Federação Paranaense de Ginástica e o desenvolvimento da Ginástica Rítmica no Estado

À FPRG compete a direção, a difusão, a promoção, a organização e o aperfeiçoamento das Ginásticas (Artística, Rítmica, para Todos, Aeróbica Esportiva, Trampolim e Acrobática) no estado do Paraná. Para tanto, deve promover a realização de campeonatos, festivais, torneios, cursos, pesquisas, intercâmbios e qualquer ato que objetive o desenvolvimento e o fomento da Ginástica no estado. Também, entre outras atribuições, deve cumprir e fazer cumprir os mandamentos dos organismos nacionais a que esteja filiada, assim como os atos legalmente expedidos por órgãos ou autoridades que integram os poderes públicos (Federação Paranaense de Ginástica, 2005).

A diretoria da FPRG é constituída por presidente e vice-presidente, eleitos de acordo com as normas do estatuto da FPRG, e por diretor secretá-

---

[2] Para aprofundamento sobre a Ginástica nas universidades, sugiro a tese de doutorado da Prof[a]. Ieda Parra Barbosa Rinaldi, da Universidade Estadual de Maringá, intitulada *A Ginástica como área de conhecimento na formação profissional em Educação Física: encaminhamentos para uma estruturação curricular*, Unicamp: Campinas, 2004.

rio, diretor financeiro e diretores técnicos de cada um dos comitês – na atual situação, Comitê Técnico de Ginástica Artística Masculina (CTGAM), de Ginástica Artística Feminina (CTGAF), de GR (CTGR) e de Ginástica para Todos (CTGPT) – designados pelo presidente, que anuncia esses nomes na Assembleia anual da entidade (Federação Paranaense de Ginástica, 2005).

É importante destacar que essa diretoria realiza um trabalho voluntário, objetivando a evolução da Ginástica no estado.

A FPRG ainda não conta com todas as modalidades/manifestações ginásticas oficiais no seu quadro. As encontradas são: GR, Ginástica Artística Masculina e Feminina e Ginástica para Todos.

Especificamente sobre a modalidade GR, destaco as palavras da presidente Lucélia Pissaia, em seu Relatório 2006:

> *Ginástica Rítmica*: vem apresentando um excelente trabalho e a cada ano o número de praticantes vem aumentando, fato observado nos festivais e campeonatos promovidos pela FPRG, o que demonstra o excelente trabalho de nossas técnicas junto às suas Instituições.
>
> O trabalho de base no estado tem sido primordial e isto vem sendo comprovado nos resultados que as equipes paranaenses vêm conquistando em todos os eventos que participam.
>
> No ano de 2006 registramos e parabenizamos as ginastas do Paraná que integraram a Seleção Brasileira de GR Individual e de Conjunto. Agradecemos Ana Paula Scheffer, Nicole Muller, Angélica Kvieczynski, Lais Cardoso, Renata Lima e Karin Piccini. (Federação Paranaense de Ginástica, 2007, p. 4)

Apenas a título de exemplificação, citarei os eventos realizados pela Federação na modalidade GR durante o ano de 2006 e suas respectivas cidades de realização, visto que são eventos que se repetem ao longo dos anos, apresentando modificações, de acordo com as avaliações realizadas pelo seu comitê técnico específico (CTGR):

- Copa de Estreantes, em Araucária;
- Torneio Elisabeth Laffranchi, em Londrina;
- Campeonato Paranaense Pré-infantil e Infantil, em Contenda;
- Campeonato Paranaense Juvenil e Adulto, em Toledo;
- Campeonato Interescolares, em Maringá;
- Torneio Elisabeth Laffranchi, em Maringá;
- Campeonato Nível II, em Londrina;
- Campeonato Paranaense de Conjuntos, em Londrina.

Para além desses eventos estaduais realizados pela FPRG, normalmente em parceria com algum clube filiado ou outra entidade promotora, há os eventos nacionais da CBG organizados pelas Federações. A FPRG, também contando com parcerias, em 2006 realizou os seguintes eventos:

- Campeonato Brasileiro Infantil de GR, em Curitiba;
- Campeonato Brasileiro Ilona Peuker de Conjuntos de GR, em Toledo.

As informações relativas a esses eventos foram encontradas no Relatório 2006 da FPRG (Federação Paranaense de Ginástica, 2007).

Em relação ao trabalho desenvolvido pela FPRG, uma das entrevistadas relatou-me o seguinte, quando inquirida sobre a GR no Paraná: "*A atuação da Federação*", revelando a importância e a necessidade de uma federação atuante, e disse mais adiante:

> A um tempo atrás, eu te diria exatamente quantos anos, uns sete, oito anos atrás, a gente tinha dois, três clubes que competiam no paranaense e competiam no brasileiro e pronto, acabou. Também tinham bons resultados, em nível nacional. Unopar já tava aí [...]. Maringá

também tinha um bom trabalho em nível nacional, já se destacando, mas era só isso, então esse grupo de profissionais com essa visão de que a Ginástica é mais do que eu ter uma medalha no peito que criou uma dinâmica diferenciada dentro da federação pra proporcionar a popularização da GR. Para proporcionar o acesso a pessoas iniciantes, a profissionais iniciantes, a campeonatos, aí vem o Campeonato de Estreantes. O estado deixou de fazer o campeonato, os Jogos Escolares (antigo) agora voltaram com Jogos Colegiais, mas a Federação não parou. O dia, o ano que o estado parou de fazer Jogos Escolares, no ano seguinte, a Federação já criou o Campeonato Escolar, para que as escolas não deixassem de praticar a GR.

Adicionalmente, a entrevistada comenta que foram criados torneios com um grau menor de exigências – os grandes festivais de incentivos – e cita a criação do Campeonato Nível II, que acontece nos mesmos moldes do Torneio Nacional da Confederação Brasileira, como se fosse uma segunda divisão. *É uma ideia do Paraná. Até podem dizer assim: não foi uma ideia do Paraná, isso já existe, qualquer um sabe que pode ser feito Nível I, Nível II, categoria 1, categoria 2, sim, mas a iniciativa aconteceu aqui.*

Mais à frente, ela relata que é um diferencial o fato de a FPRG preocupar-se em realizar esse trabalho fortalecendo as bases do esporte e a sua popularização. *O resto é consequência. Se você treinar muito, tiver um bom trabalho, consequentemente sua ginasta tirará boas notas.*

Outra entrevistada me disse que o comitê técnico da modalidade acabou desenvolvendo um trabalho de massificação, aumento do número de participantes por meio de cursos técnicos e eventos que possibilitaram a participação daqueles que não tinham alto nível técnico. Ela acha que tudo isso foi muito importante, contudo percebe que ainda há muito a ser feito, concluindo que os participantes dos comitês técnicos são voluntários e, com isso, acabam tendo outros trabalhos, outras funções a desenvolver em suas vidas pessoais, inviabilizando que se despenda mais tempo para a atuação na área.

259

Ela também comenta sobre a estrutura da FPRG, que não é uma Federação rica, que tenha condições materiais, estruturas física e econômica ótimas para poder auxiliar mais. Dessa forma, faz o que é possível, trabalha muito dentro do mundo das ideias e a partir da boa vontade dos voluntários.

Considero que a entrevistada foi bastante clara e objetiva em sua percepção da realidade da federação. Penso que isso pode servir de inspiração para outras federações do nosso país, pois não é preciso, ainda que seja bom e até desejável, uma grande estrutura; o mais importante são as pessoas e a sua vontade em realizar o trabalho. Mas há novidades para o ano de 2009 na FPRG, com a eleição da nova presidência da entidade para o ciclo 2009 – 2012, tendo como nova presidente a ex-presidente da CBG, Vicélia Angela Florenzano. O estado que encerrou excelentemente o ano de 2008, sob a presidência de Lucélia Pissaia, com ginastas de equipes paranaenses de GR nos pódios de todas as competições nacionais, passa a contar com uma série de novos e ambiciosos projetos e toda a experiência dos anos de sucesso à frente da CBG da nova presidente e de sua equipe, preservando muitos dos antigos colaboradores, agora aliados aos novos. A FPRG passou a contar, adicionalmente, com parte da estrutura anteriormente cedida à CBG e pertencente ao estado do Paraná.

Finalmente, depois da minha pesquisa, pude observar mais de perto que muitos são os locais onde a GR é praticada no estado do Paraná. Para dar uma noção mais clara ao leitor, apresento um mapa do estado, no qual destaco as cidades que oferecem a prática da modalidade. Acredito até que possa haver outras cidades das quais nem tenhamos conhecimento, pois o crescimento da modalidade tem sido realmente expressivo.[3]

---

[3] Elaborei este mapa objetivando ilustrar o artigo com as linhas geográficas divisórias do estado do Paraná. Para incluir as cidades, tomei por base informações obtidas em consulta à Federação Paranaense de Ginástica, a partir das inscrições nos festivais e campeonatos promovidos pela instituição.

FIGURA 8.1 – Mapa da GR no Estado do Paraná.

Centro de Excelência Caixa Jovem Promessa de Ginástica

O Centro de Excelência Caixa Jovem Promessa de Ginástica foi criado no início de 2008, pela Confederação Brasileira de Ginástica, por meio de um projeto de autoria da professora Vicélia Angela Florenzano, e recebe o patrocínio da Caixa Econômica Federal. O projeto abrange, inicialmente, 14 estados brasileiros com 18 Centros de Excelência para a prática da Ginástica. Nove desses centros são de Ginástica Artística (GA) Masculina e Feminina e nove são de GR. A ideia central dessa iniciativa é promover a prática esportiva da Ginástica, detectar jovens promessas na área, formar novos técnicos nas modalidades de GA e GR e difundir ensinamentos de uma possível *Escola Brasileira de Ginástica*, baseando-se nos bons resultados obtidos pelo país em eventos internacionais e na importância e na necessidade de fomentar e massificar a prática destes esportes no Brasil. Cada um dos Centros Nacionais de Excelência tem capacidade para atender no mínimo 150 crianças, entre 5 e 9 anos de idade.

O estado do Paraná recebeu três desses Centros: um de GR, sediado na Universidade Tecnológica Federal do Paraná, em Curitiba, outros dois de GA, um sediado na cidade de Toledo e outro, projeto piloto, funcionando na atual sede da FPRG, em Curitiba.

É relevante destacar que não houve uma seleção inicial para a entrada das crianças que participam do projeto, apenas a idade (entre 5 e 9 anos) e, no caso específico da GR, o gênero (sexo feminino), foram os limitadores para a entrada das crianças. Portanto, mais do que um Centro de Excelência para a formação de atletas, trata-se de um espaço de participação, oportunizando novas e variadas experiências ginásticas para a população.

Sabemos que a Educação Física é um direito fundamental de todas as pessoas (CONFEF, 2005), importante vertente na promoção da saúde (Pereira e Carvalho, 2006) e de um estilo de vida saudável (Fernandes e Pereira, 2006), especialmente relacionada à melhoria da qualidade de vida dos seres humanos, por meio da criação e da manutenção de hábitos saudáveis ao longo de toda a vida. Daí a importância e a necessidade de iniciativas públicas e privadas de incentivo às práticas esportivas e recreativas. Adicionalmente, segundo Fernandes e Pereira (2006), elevados níveis de atividade física durante a infância e a juventude aumentam a probabilidade de participação similar quando na vida adulta.

O projeto abrange: aquisição de equipamentos de GR e/ou GA; aquisição de uniformes para as crianças participantes; contratação de monitores pelo Centro de Integração Escola Empresa (CIEE); criação, confecção e distribuição de um Manual; apoio para a realização de um torneio estadual; e demais despesas como: material gráfico (carteirinhas, fichas de inscrição, cartazes, *banners*) e frete.

Os Centros de Excelência são gerenciados pelas Federações Estaduais filiadas à CBG, e coube a essas federações sensibilizar autoridades para cessão sem ônus de um local para implantá-lo e desenvolvê-lo.

No final de 2008, foi realizado, em Curitiba, um encontro com todos os coordenadores dos Centros espalhados pelo país, mais um ginasta e um monitor de cada um desses locais onde o projeto ocorre. A avaliação final do primeiro ano, ainda não encerrada naquela ocasião, foi positiva. Nesse encontro, todos os participantes tiveram a oportunidade de trocar informações e integrar o curso de implantação do Manual II.

Considero que projetos como este podem realmente ajudar o Brasil a alcançar patamares maiores ainda dos que já alcançados pela Ginástica brasileira, especialmente por promoverem a prática a um número considerável de crianças e formação profissional na área para estudantes de Educação Física.

FIGURA 8.2 – Aula pública do Centro de Excelência Caixa Jovem Promessa de GR UTFPR, *campus* Curitiba (outubro de 2008).

Considerações finais

É perceptível o envolvimento do estado com a GR, com os clubes, as associações, as universidades, os vários centros esportivos de norte a sul do estado promovendo a prática da GR. Trata-se de um trabalho de base não apenas para ginastas de alto nível, mas para o fortalecimento da modalidade esportiva. O alto nível atingido, as medalhas, as conquistas e o reconhecimento por parte da comunidade são apenas uma consequência do trabalho.

Todos os representantes das cidades paranaenses de Curitiba, Araucária, Contenda, Balsa Nova, Londrina, Maringá, Toledo e Umuarama que tive a oportunidade de entrevistar comentaram sobre os projetos de iniciação desenvolvidos em suas e em outras cidades do estado, reforçando a importância e a necessidade do trabalho de massificação, democratização e disseminação da prática. Todos, sem exceção, abordaram o grande número de pessoas praticando GR.

Em geral, são garotas de variados biótipos, idades e condições socioeconômicas que têm sido convidadas à prática. Por quê? Como me disse uma entrevistada:

> é importante para a saúde, a cidadania, a valorização da mulher. É um esporte feminino, fala de postura, de aparência, de estética – a estética do movimento, da questão de posicionamento. Essa coisa da cidadania, que está incutida no esporte, é muito forte. A GR é mais do que os resultados.

Outro destaque fica por conta dos trabalhos de ensino, pesquisa e extensão desenvolvidos por variadas universidades no estado. É a GR com uma cara nova, pensada não como fim, mas como meio para se atingirem objetivos maiores, refletidos. Esses objetivos vão desde a formação inicial e continuada de professores até a prática comunitária, a abertura de novos campos de trabalho e a divulgação do esporte e do próprio nome da entidade além do desenvolvimento de verdadeiras campeãs, das contribuições à pesquisa e da disseminação de diversos exercícios, técnicas e outros.

Há, também, o trabalho da Federação Paranaense de Ginástica, que organiza e promove cursos de iniciação à área, bem como cursos de arbitragem, campeonatos, torneios, festivais e outros, de acordo com as necessidades percebidas pelo Comitê Técnico de GR e pela comunidade como um todo.

Vi, ouvi e vivenciei tantas coisas interessantes ao longo da minha história de vida dentro da Ginástica associadas a essa oportunidade de escrever, pesquisar e entrevistar pessoas sobre o assunto, que não posso me furtar a recomendar e/ou sugerir algumas ideias para estudos futuros na área da GR e da Ginástica como um todo.

Especificamente no estado do Paraná, sugiro pesquisas em nossos centros de prática, treinamento e desenvolvimento em Ginástica, em variadas áreas do conhecimento: fisiologia, formação de professores, psicologia, lazer, nutrição, fisioterapia, dança, expressão corporal, projetos sociais, projetos de extensão etc.

Sugiro, também, uma pesquisa histórica mais abrangente, contando a História da GR do Paraná com ricos detalhes, bem como a história de algum centro de formação, cidade, prática e/ou treinamento em particular – por meio das entrevistas, pude observar como cada um tem uma história interessante para revelar.

Adicionalmente, sugiro que mais investigações sejam realizadas sobre a prática da Ginástica na escola, como atividade curricular e extracurricular, visando a diferentes focos, como o professor, os alunos, as políticas institucionais, a comunidade envolvida, entre outros.

Finalmente, reflito que, ao longo dessa investigação, uma coisa foi ficando cada vez mais clara e já não tenho mais dúvida: o crescimento e o contínuo desenvolvimento da GR no Paraná devem-se ao trabalho incansável de alguns "apaixonados" pela área, que "contaminaram" grande número de pessoas, levando-as a se dedicarem efetivamente à modalidade.

Referências

BARBOSA-RINALDI, I.; CESÁRIO, M. Ginástica Rítmica: realidade escolar e possibilidades de intervenção. **Fiep Bulletin**. v. 75, n. 2, jan. 2005, p. 36-40.

BRASIL. Secretaria de Educação Fundamental. **Parâmetros Curriculares Nacionais**: terceiro e quarto ciclos do ensino fundamental: introdução aos parâmetros curriculares nacionais. Brasília: MEC/SEF, 1998.

_____. **Parâmetros Curriculares Nacionais**: introdução aos parâmetros curriculares nacionais. Brasília: MEC/SEF, 1997.

CARREIRO DA COSTA, F. Formação de Professores: Objectivos, Conteúdos e Estratégias. In: CARREIRO DA COSTA, F. et al. **Formação de Professores em Educação Física**: concepções, investigação, prática. Lisboa: FMH, 1996. p. 9-36.

CARREIRO DA COSTA, F. et al. As Expectativas de exercício profissional dos alunos de um curso que habilita para a docência: a formação não passa por aqui? In: _____. **Formação de Professores em Educação Física**: concepções, investigação, prática. Lisboa: FMH, 1996. p. 57-74.

CARVALHO, L. M. A Formação Inicial de Professores Revisitada: Contributos da Investigação sobre a Socialização dos Professores. In: CARREIRO DA COSTA, F. et al. **Formação de Professores em Educação Física**: concepções, investigação, prática. Lisboa: FMH, 1996. p. 37-56.

COLETIVO DE AUTORES. **Metodologia do Ensino de Educação Física**. 12. reimpressão. São Paulo: Cortez, 1992.

CONFEDERAÇÃO BRASILEIRA DE GINÁSTICA. Site oficial (2007). Disponível em: <http://www.cbginastica.com.br>. Acesso em: 13 abr. 2007.

CONFEF – Conselho Federal de Educação Física. **Carta brasileira de Educação Física**. Rio de Janeiro: CONFEF, 2005.

FEDERAÇÃO PARANAENSE DE GINÁSTICA. **Estatuto – FPRG/2005**. Curitiba: Federação Paranaense de Ginástica, 2005.

_____. **Relatório 2006**. Curitiba: Federação Paranaense e Ginástica, 2007.

FERNANDES, S.; PEREIRA, B. A prática desportiva dos jovens e a sua importância na aquisição de hábitos de vida saudáveis. In: PEREIRA, B.; CARVALHO, G. (Coord.). **Actividade física, saúde e lazer**. Lisboa: Lidel, 2006. p. 39-48.

FREIRE, P. **Pedagogia da Autonomia**: saberes necessários à prática educativa. 34. edição. São Paulo: Paz e Terra, 2006.

LAFFRANCHI, B. E. **Treinamento desportivo aplicado à ginástica rítmica**. Londrina: Unopar Editora, 2001.

LAFFRANCHI, B. E.; LOURENÇO, M. Ginástica Rítmica – da iniciação ao treinamento de alto nível. In: GAIO, R.; BATISTA, J. (Org.). **A ginástica em questão**. Ribeirão Preto: Tecmedd, 2006. p. 129-46.

LOURENÇO, M. **Ginástica rítmica no Brasil**: a (r)evolução de um esporte. 2003, 176f. Dissertação (Mestrado em Educação Física) – Universidade Metodista de Piracicaba, Piracicaba, 2003.

MARCELO, C. **Formação de professores** – Para uma mudança educativa. Porto: Porto, 1999.

MAYER-TIBEAU, C. Em busca da pedagogia da criatividade – um estudo do processo criativo na ginástica rítmica desportiva. **Congresso Latino-Americano "Esporte, Educação e Saúde no Movimento Humano"**. Coletânea 3, julho de 1996. Cascavel: Gráfica Universitária, 1996. p. 176-87.

PEREIRA, B.; CARVALHO, G. **Actividade física, saúde e lazer**. Lisboa: Lidel, 2006.

PEREIRA, P.; VIDAL, A. Las Habilidades Creativas como Fundamentos de la Gimnasia Rítmica: una propuesta para su aprendizaje y desarrollo. In: GAIO, R.; BATISTA, J. (Org.). **A Ginástica em Questão**. Ribeirão Preto: Tecmedd, 2006. p. 147-61.

PIMENTEL, G. Educação física escolar e lazer: ações e reflexões. In: MOREIRA, E. (Org.). **Educação física escolar**: desafios e propostas. Jundiaí: Fontoura, 2006. p. 87-104.

RÓBEVA, N.; RANKÉLOVA, M. **Escola de campeãs**: ginástica rítmica desportiva. São Paulo: Ícone, 1991.

RUQUOY, D. Situação de entrevista e estratégia do entrevistador. In: ALBARELLO, L. et al. **Práticas e Métodos de Investigação em Ciências Sociais**. Lisboa: Gradiva, 1997. p. 84-116.

UNOPAR – UNIVERSIDADE DO NORTE DO PARANÁ. Site oficial da Ginástica Rítmica na Unopar. Disponível em: <http://www.gr.unopar.com.br>. Acesso em: 13 abr. 2007.

9

Estratégias de ensino na Ginástica Rítmica

Cynthia C. Pasqua M. Tibeau

Ensinar pressupõe uma tomada de decisão por parte do professor, que determinará o alcance de objetivos de forma eficiente. O problema de ensinar não se situa basicamente nos conteúdos, mas em como se aprende e se deve ensinar. Este capítulo apresenta, analisa e discute métodos, metodologias e dicas de aprendizagem mais adequados ao processo de ensino-aprendizagem na Ginástica Rítmica (GR). As informações contidas no texto podem contribuir para a melhora da qualidade do ensino da GR e do treinamento de categorias de base, além de alertar professoras e técnicas para a necessidade de se considerarem métodos de ensino eficientes, juntamente com estratégias cognitivas que facilitem a aprendizagem e motivem a prática de GR em qualquer idade.

Características da Ginástica Rítmica como esporte e conteúdo da Educação Física Escolar

Analisando a GR, vários autores concluíram que, em sua evolução histórica, ela incorporou movimentos de outras atividades físicas, mas que, em sua essência, se tornou única e suas características são próprias. Comparam-

-na com a Ginástica Artística de solo e a dança, pela semelhança de sua técnica corporal e por ser uma atividade de expressão que utiliza música. Assemelha-se, também, às atividades circenses, pois o manejo de materiais se compara à habilidade e à destreza do malabarismo e a elasticidade dos movimentos corporais está próxima ao contorcionismo.

Conhecida como um esporte, a GR é uma atividade acíclica (de movimentos coordenados muito variados) e invariável (aquilo que se treina é o que será apresentado em competições ou demonstrações).

Tibeau (1988) caracteriza a GR por três elementos básicos, que formam entre si uma unidade e fundamentam sua própria existência: movimentos corporais, manuseio de materiais ou aparelhos e acompanhamento musical. Le Camus (1982, p. 21) vê na GR três dimensões que complementam essa ideia: "a dimensão motriz, resultado do movimento do próprio corpo; a dimensão perceptiva, determinante de uma forma de relação com o material; a dimensão simbólica, que é a expressão da mensagem que a ginasta quer transmitir".

Apesar de sua conceituação como esporte, esse tipo de Ginástica possui características que a tornam bastante interessante para a Educação Física Escolar, uma vez que possibilita o alcance de objetivos educacionais. A dimensão conceitual, procedimental e atitudinal que advém dos conteúdos da Ginástica é indispensável para a formação de crianças e adolescentes, além de ser uma atividade prazerosa, que estimula a criatividade e as relações socioafetivas em qualquer idade e contexto.

Encontramos na literatura argumentos que comprovam que, além da diversidade de possibilidades de movimento, as atividades da GR requerem certas capacidades psíquicas, como atenção, memória e "imaginação criativa". Koleva e Moravenova (1987) verificaram a influência positiva da GR sobre certos processos psíquicos em crianças de 5 a 8 anos, que são pré-requisitos reais para o desenvolvimento da criatividade.

Le Camus (1977, p. 45) afirmou com bastante propriedade que a GR se diferencia de outras atividades físicas e esportivas porque "o gesto motor interessa simultaneamente e alternativamente aos dois braços, e que cada mão intervém numa motricidade fina".

Outro aspecto importante diz respeito à estruturação das percepções espacial e temporal. Ambas estão associadas e podem ser influenciadas positivamente por meio de atividades que envolvem música, movimento corporal e materiais.

O desenvolvimento da percepção de espaço passa por três fases distintas e é também influenciado pelas ações cotidianas da criança. A discriminação direita-esquerda, frente-trás e alto-baixo se estrutura a partir do momento em que o espaço se torna projetivo e intelectualizado, ou seja, quando pontos de referência são exteriores ao próprio corpo da criança (caso dos materiais).

Os Parâmetros Curriculares Nacionais (PCNs) da Educação Física (Brasil, 2000) sugerem conteúdos que estão divididos em três blocos. Um deles, o de atividades rítmicas e expressivas, inclui as "manifestações da cultura corporal, que têm características comuns à intenção de expressão e comunicação mediante gestos e a presença de estímulos sonoros como referência para o movimento corporal" (p. 51), porém o enfoque principal é o conteúdo de dança como linguagem artística, incluindo a diversidade do folclore nacional.

Outro bloco sugere a GR e a Ginástica Artística (GA) como conteúdos, ressaltando suas características de competitividade. No entanto, entendemos que essas duas formas de Ginástica possuem um valor educativo que vai além da forma competitiva que apresentam: por um lado, o aspecto de movimentos corporais associados a pequenos materiais e música (GR) e, por outro, a diversidade de destrezas motoras em aparelhos (GA), que deveriam ser mais valorizados.

O ensino da Ginástica Rítmica

O processo de ensino-aprendizagem de habilidades motoras está subordinado aos estágios de aprendizagem, que poderiam ser sintetizados em:

verbal-cognitivo, motor-associativo e autônomo. A passagem de um estágio a o outro depende da motivação, das instruções que o aluno recebe e de como a prática é organizada.

Ensinar habilidades motoras requer do profissional uma tomada de decisão quanto às estratégias de ensino que deverão adotar em sua ação pedagógica. Em todos esses anos de trabalho e pesquisa, não encontramos na literatura um consenso em relação aos termos que se referem à organização da prática. Método, metodologia, estratégias e modelos são utilizados, muitas vezes, como sinônimos e, outras, definidos de forma diferente.

Para os propósitos deste capítulo, optamos por considerar *método* como sendo o tratamento que se dá ao conteúdo a ser aprendido, ou seja, como o professor trabalha com o conhecimento a ser ensinado. *Metodologias* ou *estilos de ensino* serão definidos como comportamento ou atuação do professor frente à aprendizagem do seu aluno. Mais adiante, utilizaremos como referencial o espectro de estilos e as considerações de Mosston e Ashworth (1996).

Métodos de ensino

Na área da Educação Física, em especial da Ginástica, as primeiras observações sobre métodos de ensino aparecem com Guths Muths, que considerava que a regra mais importante da Ginástica era ir, passo a passo, do fácil para o difícil. A partir de 1920, surgem os reformadores da Educação Física Escolar, que difundiram três princípios básicos, entre eles o da totalidade, que se refere ao método global, sem divisão da tarefa em partes sem sentido (Tibeau, 1988).

Os métodos de ensino utilizados na Educação Física têm diferentes nomenclaturas: método parcial, das partes ou fracionado; método global ou do todo; e método misto etc. (Xavier, 1986; Magill, 2000).

A literatura especializada indica o *método parcial* como sendo a maneira de conduzir a aprendizagem dividindo a habilidade em partes, treiná-las separadamente para, depois, juntá-las. Uma das vantagens apresentadas por esse método é a ênfase que se dá ao desempenho de cada parte da tarefa a ser aprendida. Resulta em rápido melhoramento da técnica do movimento, mas tem como desvantagem a possível perda de continuidade deste.

Outra indicação é o chamado *método global*, que propõe a aprendizagem das atividades ou tarefas em sua forma completa. Esse método permite uma compreensão de como é a atividade em sua forma real, é mais motivante e oferece maiores possibilidades de expressão dos alunos.

O *método misto* consiste em apresentar a tarefa em sua forma completa, separar as partes que devem ser aprendidas e depois juntá-las novamente. Dessa maneira, os alunos têm uma visão geral da atividade a ser aprendida e podem aprender as partes mais difíceis separadamente, para, depois, uni-las novamente.

Tradicionalmente, tanto no âmbito escolar quanto no esportivo, tem sido o costume iniciar o ensino da GR pelos exercícios a mãos livres, que englobam uma diversidade muito grande de ações motoras. Isso foi constatado por Tibeau (1988) e Caçola (2006), em sondagens assistemáticas junto a professoras e técnicas. As revisões literárias realizadas pelas duas autoras não encontraram nenhum estudo sobre estratégias de ensino na GR. Se, em 1988, as professoras e as técnicas de GR utilizavam o método parcial sem uma fundamentação teórica consistente, em 2006, essa tendência parece ainda marcar as práticas pedagógicas na GR, como foi constatado pelas autoras. De acordo com a estratégia de trabalho utilizada por essas profissionais, somente quando as alunas conseguem executar os exercícios a mãos livres (saltos, equilíbrios, pivôs, ondas e movimentos de grande flexibilidade) corretamente e com técnica adequada, inicia-se a aprendizagem de manuseio dos materiais oficiais. A música raramente acompanha as aulas e o treinamento, sendo uma preocupação somente no momento em que treinadora e ginastas necessitam dela para a elaboração de séries.

Um fato que nos chama a atenção nas pesquisas sobre os métodos de ensino é o entendimento que se faz da habilidade a ser aprendida. No âmbito das atividades físicas e esportivas, a habilidade é caracterizada como sendo uma ação ou tarefa que requer movimento e deve ser aprendida para ser executada corretamente.

As habilidades motoras específicas de um esporte devem ser analisadas como se apresentam. Por exemplo, o saque do tênis é uma habilidade motora específica que só existe se houver um executante, que empunha uma raquete e tem a intenção de impulsioná-la ao encontro de uma bola, ou seja, não se pode representar o saque do tênis sem esses componentes. Ensinar o saque dividindo-o em partes pode perder o significado e o sentido para quem aprende e, além disso, descaracteriza a habilidade motora específica.

O mesmo ocorre com a GR. As habilidades motoras apresentadas em séries de GR são específicas, pois requerem movimento corporal associado ao manuseio do material e acompanhado de música. Ensinar e treinar uma habilidade por partes, iniciando com o salto, por exemplo, descaracteriza a GR, assim como ensinar movimentos com bola, arco ou corda, isoladamente. Indo mais longe: praticar a GR sem a utilização da música, além de tornar a aprendizagem menos motivadora e causar problemas no momento de juntá-la à composição de movimentos, também a descaracteriza.

Deve-se deixar claro aqui que as séries de GR devem ser ensinadas por partes, pois são compostas de uma variedade muito grande de habilidades motoras que requerem memória, mas, quando nos referimos às habilidades motoras que compõem as séries, entendemos que estas devem ser aprendidas em sua totalidade, preservando a especificidade da GR. A combinação de um salto com o movimento da corda constitui uma habilidade específica que perde sua fluidez quando ensinada em partes separadas.

Nossa experiência prática com iniciantes (crianças e adolescentes) e em aulas de GR para a formação de profissionais de Educação Física mostrou-nos que, quando se atinge um nível considerado ideal de técnica corporal e se inicia a aprendizagem da técnica de materiais, as alunas costumam apresentar um decréscimo na amplitude, na coordenação e na estética dos movimentos. Isso também foi observado e comentado por Caçola (2006, p. 1): no momento em que as alunas precisavam juntar os movimentos corporais com os do material, "era uma nova aprendizagem... parecia que todo o tempo destinado para ensinar as partes da habilidade tinha sido perdido, pois era necessário aprendê-la novamente".

Parece existir, portanto, uma regressão em relação ao adquirido, provavelmente causada pela dificuldade de incorporação do novo, perdendo-se, nesse processo, tempo até que a aluna volte à sua forma anterior. Outro importante aspecto a ser mencionado é o fato de que a não introdução dos materiais, já nas primeiras aulas, conflitaria com a expectativa das alunas que, ao optarem pela GR, têm nos materiais um forte fator motivacional.

Como afirmamos anteriormente (Tibeau, 1988, p. 79) e também salientado por Caçola (2006):

> Se, por um lado, pode parecer, intuitivamente, mais fácil aprender as partes componentes das atividades de GRD, por outro lado, torna-se difícil acreditar que um método de ensino que causa pobreza rítmica no desenvolvimento da tarefa limita a possibilidade de expressão do aluno e ignora a necessidade que os alunos têm de desenvolver um quadro geral da atividade que quer executar, possa ser adequado para a GRD, dependente principalmente destes aspectos para seu desenvolvimento.

Essas autoras discutem os métodos de aprendizagem e deixam considerações fundamentais: a GR, como uma modalidade esportiva ou atividade de valor educativo, deve ser entendida como um "todo" pelos que a ensinam. Acreditamos que a utilização do método global ajuda a criança a aprender a pensar como um todo, e não em fragmentos, em partes. A divisão em partes, sejam elas quais forem, é entendida pelas autoras como necessária quando se trata de aperfeiçoar um movimento.

Estilos ou metodologias de ensino

Em Educação, buscamos uma proposta de trabalho na qual o aluno seja o centro e o professor, o facilitador da aprendizagem. Mas será que isso é possível quando se trata de treinamentos, que visam à formação de ginastas que possam ganhar campeonatos?

Partimos da premissa de Mosston e Ashworth (1996) de que o processo de ensino-aprendizagem está baseado nas relações entre o professor e o aluno. Esses autores são conhecidos há mais de três décadas pela construção de um espectro de estilos de ensino, no qual apresentavam formas de trabalho que iam do comando à criatividade. Reformularam suas propostas na obra *La Reforma de los estilos de enseñanza* e discutiram a não controvérsia entre os estilos, ou seja, mostraram as possíveis relações entre as opções de ensino. Dessa forma, não existe supremacia de um estilo em relação a outro. É possível e recomendável utilizar uma metodologia durante um tempo determinado e, quando os objetivos forem cumpridos, eleger outro estilo.

Para uma melhor compreensão dos estilos de ensino, elaboramos um quadro, inspirado nas orientações dos autores, que sinaliza a linha da descoberta (*umbral del descubrimiento*), uma síntese das diferentes características dos dois grupos de estilos e a direção do desenvolvimento da autonomia ou da independência dos alunos. As letras representam os diferentes estilos preconizados no espectro, da seguinte forma:

A – estilo de ensino por comando;
B – estilo por tarefa;
C – estilo recíproco;
D – estilo de autoavaliação;
E – estilo de inclusão;
F – estilo por descoberta dirigida;
G – estilo divergente ou resolução de problemas;
H – estilo de programa individualizado;
I – estilo para alunos iniciados;
J – estilo de autoaprendizagem.

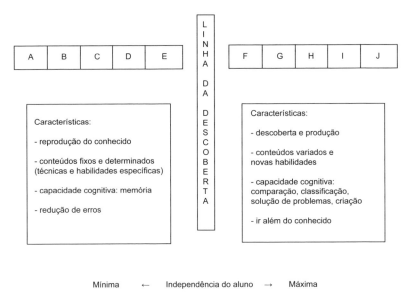

FIGURA 9.1 – Os estilos de ensino de Mosston e Ashworth (1996) (Adaptado por Tibeau, 1996).

O *estilo por comando* ou mando direto é caracterizado pela relação entre o estímulo do professor e a resposta do aluno. Cabe ao professor determinar as tarefas e ao aluno, executá-las. Essa forma de trabalho é muito criticada no meio educacional, mas é necessário que se entendam quais objetivos podem ser alcançados por meio dessa atuação do professor. Se a busca é por uniformidade, execução sincronizada, aprendizagem de técnicas, precisão de movimentos, eficiência de tempo útil e segurança etc., o comando é o estilo mais apropriado. A utilização desse tipo de metodologia, de forma indiscriminada e por períodos de tempo prolongado, não é indicada e prejudica o alcance de objetivos de independência do aluno.

O *ensino baseado na tarefa* propõe a tomada de decisões por parte do aluno em determinada parte da atividade. Dessa forma, o professor mostra o que deve ser feito, determina repetições e o aluno executa em seu próprio ritmo. Enquanto isso, o professor pode circular pela quadra, fornecer *feedback* individual e auxiliar alunos que apresentem dificuldades. Esse procedimento é muito comum em treinamentos de GR, principalmente nas séries individuais.

A estrutura e a aplicação do *estilo recíproco* oferece possibilidades de uma maior interação entre os alunos e condições de *feedback* mais imediato. O professor determina a tarefa a ser executada e os possíveis erros, e os alunos trabalham em duplas: um como executante e o outro como observador. Isso lhes possibilita o entendimento da tarefa sob dois ângulos diferentes e promove uma relação socioafetiva entre eles: um se torna responsável pelo desempenho do outro e vice-versa. Esse procedimento em aulas e treinamento de GR se mostra bastante vantajoso, principalmente em exercícios nos quais a informação imediata é necessária (por exemplo, em exercícios de lançar e recuperar um material, executando um rolamento). É interessante a utilização de uma ficha para o aluno-observador que contenha a descrição da tarefa, os critérios para a correção e anotação de acertos e erros.

Um quarto estilo apontado pelos autores é denominado *autoavaliação*. Semelhante ao estilo por tarefa, no qual o professor determina a tarefa a ser executada, essa metodologia oferece ao aluno a possibilidade de desenvolver a consciência da própria execução e a realizar um *feedback* intrínseco. Uma alternativa já utilizada por um de nossos grupos de GR consistia em filmar algumas tentativas de execução da tarefa pela ginasta. Imediatamente após, ela assistia ao vídeo e podia visualizar erros e acertos, produzindo seu próprio *feedback*. Essa metodologia requer tempo e aceitação plena por parte do aluno e do professor e se torna desnecessária quando a tarefa pode ser mais bem realizada por meio de outro estilo.

Os quatro estilos mencionados apresentam um único modelo de execução da tarefa, decidido e demonstrado pelo professor e que deve ser executado pelo aluno. O exposto anteriormente demonstra o sentido da possibilidade de alcance da independência e da autonomia do aluno. O *estilo por comando* representa o de maior dependência do aluno em relação ao professor, e os demais, gradativamente, apresentam maior participação do aluno. O *estilo de inclusão* propõe criar condições para que todos os alunos participem, estabelecendo diferentes níveis de execução do exercício. Mosston e Ashworth (1996) apresentam uma série de conteúdos que podem ser trabalhados por meio desse estilo e salientam sua importância para as aulas de Educação Física Escolar.

Os demais estilos que seguem a orientação dos autores supracitados estão relacionados a operações cognitivas e implicações socioafetivas que levam à criatividade. Descrevem formas de trabalho nas quais o aluno é protagonista do processo e a principal meta é sua autonomia. O aluno é estimulado a buscar novas respostas, a inventar, a aprender a aprender, a ir além do conhecido, e o professor se torna o mediador e facilitador da construção de conhecimento do aluno. Isso exige que o docente esteja preparado para propor problemas e situações relevantes, aceitando e valorizando as ideias e as soluções encontradas pelos alunos.

O *estilo por descoberta dirigida* implica uma relação professor-aluno na qual uma sequência de perguntas do primeiro leva o segundo a elaborar uma série de respostas. Traduz-se em um processo convergente, que leva o aluno a descobrir um conceito, um princípio ou uma ideia. Uma regra para a utilização dessa estratégia refere-se ao comportamento de aceitação, paciência e aprovação do professor pela resposta do aluno. Além disso, o *feedback* positivo proporciona uma motivação e um ambiente ideal para a participação ativa do aluno no processo.

Na *resolução de problemas* ou no *estilo divergente*, o professor estimula os alunos por meio de pergunta, problema ou situação. Essa iniciativa leva o indivíduo a buscar soluções ou respostas variadas e fora do comum. Os objetivos principais dizem respeito à possibilidade de o aluno alcançar um nível de segurança afetiva que lhe permita ir além das respostas convencionais. Após essa busca, os alunos avaliam as ideias e elegem a mais adequada. Esse estilo de ensino vai ao encontro das nossas ideias em relação ao desenvolvimento do potencial criativo do aluno. Como veremos mais à frente, a resolução de problemas é uma das partes que definem a criatividade como capacidade humana.

Alonso (2000), em sua tese de doutorado, utilizou os estilos *descoberta dirigida, recíproco, por comando* e *resolução de problemas* (nessa ordem) em uma proposta de ensino da GR. A autora estudou as implicações da utilização dessas estratégias no processo de ensino-aprendizagem de GR com crianças e teceu considerações extremamente importantes sobre o assunto.

Na proposta de Mosston e Ashworth (1996), uma nova divisão poderia ser feita em relação aos últimos três estilos: *programa individualizado*, *estilo para alunos iniciados* e *autoaprendizagem*. A participação do aluno nessas metodologias de ensino é resultado das experiências acumuladas nas anteriores e se caracteriza pela individualização. São difíceis de serem utilizadas em aulas de Educação Física Escolar, uma vez que exige uma disposição individual do aluno para sua concretização. Os alunos devem estar preparados para criar e solucionar problemas, e nem todos podem estar preparados ao mesmo tempo para essa decisão.

Sobre a criatividade

Na área da Educação, encontramos vários conceitos e definições sobre criatividade que apontam para uma capacidade humana, que gera um tipo de pensamento divergente. Implica associação e dissociação de percepções, ideias e acontecimentos e tem como base experiências anteriores, resultando em algo produtivo ao indivíduo ou à sociedade.

A criatividade também pode ser entendida como um procedimento metodológico adotado pelo professor em sua prática pedagógica; uma estratégia de ensino na qual o professor oferece tarefas que incentivam o aluno a encontrar suas próprias ideias respostas, mesmo que estas já sejam conhecidas pelo professor. As ideias ou soluções para uma tarefa surgem, também, da reelaboração de conhecimentos e vivências anteriores, mas são necessários indícios do professor que facilitem esse processo.

Esse tipo de estratégia se caracteriza por situações em sala de aula que geram uma "negociação" entre o grupo de alunos, fazendo que o processo incite, além da prática, discussões em relação à descoberta de potencialidades próprias. Ensinar e aprender por meio de potencialidades próprias desencadeia mudanças inesperadas e positivas no comportamento cognitivo, socioafetivo e motor.

Apesar de constar nas propostas pedagógicas, a criatividade acaba sendo uma capacidade proclamada na teoria e esquecida na prática (Trigo, 1996).

Concepções de ensino em que são privilegiadas e valorizadas a reprodução de conhecimento e a memorização de fatos são projetadas para que os alunos adquiram conhecimento de forma passiva. A utilização de metodologias de ensino diretivas, nas quais o professor e o conteúdo a ser aprendido são o centro do processo de ensino-aprendizagem, acaba por criar barreiras à expressão criativa do aluno (Tibeau, 2001).

Vários autores, inclusive Vigotski (1987) e Luckesi (1990), consideram que a ação criativa é uma situação na qual se produz o novo, a expressão de uma ideia, de algo concreto ou de uma forma de comportamento que seja nova para o sujeito. Ainda que um indivíduo descubra algum fato que já foi revelado por outros, representa uma realização criadora. Dieckert (1985; 1984) prefere o termo *criatividade pedagógica*, esclarecendo que o professor deve incentivar o aluno a encontrar suas próprias ideias, mesmo que estas já lhe sejam conhecidas.

Para Rogers (1985), a criatividade surge do processo de interação entre o indivíduo e o grupo, é um produto observável e representa uma nova construção de conhecimento. Da mesma forma, Luria (1990) e Vigotski (1998) entendem que a imaginação criativa, como função psicológica complexa, não pode desenvolver-se fora da vida social. Ela ocorre de *fora para dentro*, ou seja, do nível interpessoal para o intrapessoal.

Em interação com as crianças, o professor proporciona experiências que as levam a buscar novas formas de resolver problemas, combinar ideias e comunicar soluções. Tal intervenção pedagógica intencional provoca avanços no desenvolvimento do aluno, os quais não ocorreriam espontaneamente ou de maneira informal em situações da vida cultural e social. Aí estaria a ideia de zona de desenvolvimento proximal (ZDP), preconizada por Vigotski.

Há alguns anos, propusemos uma forma de trabalho com GR para grupos de iniciantes e alunos universitários com base nesse referencial teórico

(Tibeau, 1998). Era solicitado que os alunos trabalhassem em grupos na elaboração de uma pequena série de GR. Esse procedimento metodológico gera uma "negociação" entre os componentes do grupo, fazendo que o processo incite, além da prática, discussões em relação à descoberta de potencialidades próprias, à participação de todos na elaboração da tarefa e à internalização de conceitos e que o produto dessa interação seja uma construção de conhecimento.

A interação entre parceiros em atividades motoras e, principalmente na GR tem sido pouco discutida na literatura específica e, quando estudada, refere-se mais a aspectos coreográficos do trabalho em duplas, trios e pequenos grupos, não enfocando o ponto de vista do desenvolvimento da criatividade.

Entendemos, a partir da experiência e do referencial teórico, que a criatividade na GR está relacionada a cinco aspectos (Tibeau, 1997):

- *Corporal*: por meio de novas combinações e encadeamentos de movimentos corporais, principalmente de membros superiores e inferiores que fujam do convencional.
- *Do material*: pela descoberta de movimentos não característicos do material, mas que possam ser executados.
- *Da interação corpo–material*: combinações de movimentos corporais com manipulação do material, diferentes formas de lançar, recuperar, rodar etc.
- *Da interação corpo–material–música*: sincronização desses três elementos da GR e da interpretação da frase musical de forma diferenciada.
- *Da interação entre parceiras*: nas relações de duplas, trios e quartetos, nas formações simétricas e assimétricas.

A criatividade utilizada na GR, como esporte de alto nível, resulta um produto e deve ser encarada como tal. O processo que leva à busca de um elemento novo e original talvez não seja tão importante, visto que o produto influenciará na nota da ginasta.

A GR, como conteúdo da Educação Física Escolar ou atividade física espontânea que a criança escolhe para praticar fora da escola, deve privilegiar o processo criativo. De qualquer forma, uma maneira de conseguir o desenvolvimento da capacidade criativa e uma correta assimilação da GR depende de tarefas (Tibeau, 1997), nas quais:

- Os exercícios tenham um aspecto lúdico, isto é, que se permita a livre sequência de ideias; brincar, fantasiar e imaginar são as melhores fontes para nossas ideias.
- A técnica dos exercícios sirva de base para o que se quer criar e, a cada nova aprendizagem, as alunas tenham a oportunidade de acrescentar suas próprias ideias. "É necessário adquirir técnica, mas criamos por meio de nossa técnica e não com ela" (Nachmanovitch, 1993, p. 30).
- Os exercícios sejam assimilados pelas alunas de forma racional, e não somente por imitação.
- O volume de repetições dos exercícios de criatividade garanta a fixação do hábito de buscar novas formas de movimento, de maneira que se estabeleça como uma atividade normal da vida para o futuro, sob quaisquer condições.
- Haja a integração e a transferência da cultura corporal de movimento regional e nacional, os gestos e os movimentos na tarefa de criação.
- Haja momentos de criação individual e de pequenos grupos.
- A diversidade musical esteja presente.

Dicas de aprendizagem e a Ginástica Rítmica

A GR, por suas características já citadas, pode ser considerada um esporte complexo, que exige muita atenção para a realização das habilidades corporais com materiais. O próprio ambiente de treinamento exige da ginasta ou da aluna atenção para os diferentes estímulos apresentados. Não é nossa intenção discutir aqui o problema da interferência contextual (variações da prática que podem interferir positiva ou negativamente na aprendizagem), mas fazer uma ponte entre este assunto, a atenção seletiva e dicas de aprendizagem.

A atenção seletiva é definida por Magill (2000) como a capacidade de selecionar estímulos ou sinais que são mais importantes para a realização da tarefa. As crianças possuem uma capacidade limitada de "filtrar" as informações mais importantes para resolver uma tarefa. Nesse sentido, as dicas de aprendizagem representam um instrumento interessante no processo de ensino-aprendizagem e poderiam ser comparadas aos signos de Vigotski (como meios auxiliares para a resolução de problemas, que auxiliam a lembrar, escolher, comparar).

Caçola e Ladewig (2005) consideram as dicas como estratégias cognitivas que auxiliam a criança a obter uma ideia do movimento, a direcionar a atenção para um ponto crítico e importante da tarefa e como facilitadoras da aprendizagem.

As dicas podem melhorar o processo de ensino-aprendizagem, diminuindo o tempo de aprendizagem de novos movimentos, pois são motivadoras e podem ser oferecidas por meio de diferentes formas de comunicação.

Na literatura específica da GR, não se encontram sugestões de dicas que possam ser utilizadas de maneira sistemática. Sua real eficiência como facilitadora da aprendizagem não foi comprovada. Também não se sabe se as dicas fazem parte da metodologia de ensino da professora ou se ela é utilizada somente quando as alunas apresentam dificuldades na execução dos movimentos.

Nossa experiência prática demonstrou que professoras e técnicas de GR sempre utilizaram dicas de aprendizagem e que essas estratégias foram passadas de geração a geração. Não podemos afirmar, com certeza, se existe uma fundamentação teórica básica para essas dicas ou se elas são construções intuitivas dessas professoras e técnicas. No entanto, percebemos que as dicas de aprendizagem podem ser oferecidas de diferentes formas de comunicação:

- *Verbal*: uma palavra ou uma frase, em geral, simples e curta pode auxiliar a aluna na execução de um movimento. Como exemplo, podemos citar a dica utilizada por Caçola (2006): *cole um joelho no outro* para facilitar a execução do equilíbrio cossaco. Em um salto grupado por cima do arco, seguro pelas duas mãos, alertar a executante com a frase *passe o arco por baixo dos seus pés* sempre nos trouxe resultados positivos no treinamento de ginastas universitárias. Para facilitar a direção dos lançamentos, algumas técnicas utilizam dicas como *solte a bola quando seu braço estiver na linha diagonal,* para que o lançamento saia para frente, *solte a bola quando seu braços estiverem apontando para cima* ou, ainda, *solte a bola quando seu braço ultrapassar a linha da sua orelha,* nos lançamentos para trás. *Gire os dois braços para trás* foi uma expressão que utilizamos sempre com crianças e adolescentes para a execução do salto espacato (grande afastamento anteroposterior das pernas) com passagem da corda.
- *Visual*: uma figura ou a instrução de fixar um ponto com o olhar para a execução dos giros e pivôs tem demonstrado ser mais eficiente do que a instrução verbal. Caçola (2006) utilizou uma fita amarrada em um ponto suficientemente alto do ginásio para a execução de lançamento seguido de rolamento e recuperação. Essa estratégia pode substituir a dica verbal *lance o mais alto possível.* Chegamos a utilizar uma fita adesiva de cor forte (vermelha ou preta) ao redor das duas pontas da corda branca. Isso facilitava a visualização das pontas da corda durante o lançamento, chamando a atenção da ginasta para a recuperação. A cor do material influencia os lançamentos e as recuperações; a cor branca dá uma ilusão de que o material é maior e facilita a visualização, como no caso da bola, mas pode dificultar no arco. Para isso, costumávamos colocar fitas adesivas coloridas no arco para facilitar a recuperação após os grandes lançamentos.
- *Gestual ou tátil*: há duas décadas, era comum observar nas equipes japonesas de conjunto um meneio de cabeça ao início de um movi-

mento mais difícil, que exigisse sincronismo das ginastas ou, ainda, para marcar um grande lançamento. Se essa estratégia fosse usada apenas no processo de ensino-aprendizagem, poderíamos falar em dicas gestuais, mas, da forma como foi utilizada, acabou fazendo parte do estilo de ginástica japonês. Em nossa prática, percebemos que algumas alunas, apesar de apresentarem bom nível de flexibilidade e força de sustentação, tinham dificuldade em executar o salto espacato mantendo o joelho de trás em total extensão e altura igual à perna da frente (as duas em ângulo de 180º). Uma solução encontrada foi colocar a professora sentada ou ajoelhada e pedir que a ginasta executasse o salto passando por sua frente. No momento da suspensão, a professora tocava com a mão o joelho da perna de trás da ginasta. Depois de algumas tentativas e sentindo o toque, a aluna entendia a exigência em relação à correta execução do movimento.

Como explicado anteriormente, essas ideias vieram com nossa prática e podem representar sugestões para outras professoras. Acreditamos que as experiências de técnicas e professoras de GR devem ser anunciadas e colocadas no papel para que se possa construir um referencial teórico, próprio da GR, com base nos estudos e nas teorias da aprendizagem e de outras áreas afins.

Considerações finais

Não poderíamos deixar de comentar que, assim como os elementos corporais e os movimentos dos materiais, o acompanhamento musical também é considerado uma "parte" da GR. Seria um último elo para se formar o todo que a caracteriza. Música e movimento devem ser considerados não como um processo de combinação, mas uma unicidade, uma integração, uma vez que ambos provêm da mesma origem – o ritmo –, separados pela forma de manifestação exterior. Como lembra Camargo (1999), a interação música-movimento deve tornar "visível" a música e "audível" o movimento.

A música é obrigatória e faz parte da avaliação competitiva, mas, infelizmente, acaba sendo utilizada somente quando há a necessidade de elaborar uma série. Seu inquestionável valor educativo e facilitador da expressão criativa de alunas e ginastas muitas vezes tem sido ignorado.

Qual é a importância de considerarmos os movimentos do corpo e do material, a utilização da música e as dicas de aprendizagem em uma revisão de literatura sobre a GR? É importante fragmentarmos suas características essenciais para que profissionais da área possam tomar conhecimento de sua cientificidade.

Apesar de serem poucos, estudos como o de Tibeau (1988) e Caçola (2006) analisaram e entenderam que há uma superioridade do método global ou como um todo na aprendizagem desta modalidade.

Há que se considerar, ainda, que os materiais utilizados na GR representam a característica principal que diferencia esse tipo de atividade das demais. Talvez, seja o elemento motivador que leva crianças e adolescentes a optarem por sua prática. Esse argumento, por si só, torna-se importante para a escolha do método global.

Os materiais utilizados são altamente motivadores e seus movimentos devem ser explorados pelos aprendizes, buscando interação entre o movimento corporal e o do material. O desenvolvimento da criatividade é beneficiado quando utilizamos materiais; o trabalho em grupo possibilita uma melhor interação entre as alunas e uma diversidade maior de ideias, além de interferir positivamente na dimensão cognitiva e socioafetiva.

A música é o elemento de união entre as partes, que provocará a melhor capacidade criativa e a expressão do movimento. As dicas representam um recurso valioso e tornam o processo de ensino-aprendizagem mais eficiente, mas carece de pesquisas em contexto mais específico, em especial na GR.

Todas as profissionais de GR que conheci nesses anos todos partilham da mesma empolgação e emoção ao falar sobre seu trabalho e são apaixonadas pelo que fazem. Mesmo quando se distanciam um pouco dos treinamentos ou das aulas de GR, permanecem espectadoras maravilhadas desse esporte. Muito do que está escrito neste capítulo partiu da observação de ginastas, alunas, professoras, treinadoras e companheiras de trabalho. A teoria só se constrói pelo espanto e pela inquietação que a prática nos proporciona. É por meio da observação sistemática e da busca de respostas para nossas perguntas que construímos conhecimento. Disso nós sentimos falta na GR. A combinação da teoria com nossas idiossincrasias nos ajudarão a compreender melhor o ensinar e o aprender.

Para que a GR, tão carente de pesquisa científica, possa ser levada às pessoas que trabalham com ela em sua prática cotidiana, tanto como conteúdo da Educação Física Escolar quanto no treinamento de clubes, é necessária uma releitura da pesquisa científica para chegarmos aos seus apontamentos fundamentais.

A análise dos trabalhos pretende contribuir para a melhora da qualidade do ensino da GR e para o treinamento de categorias de base, além de alertar professoras e técnicas para a necessidade de se considerarem métodos de ensino eficientes juntamente com estratégias cognitivas que facilitem a aprendizagem e motivem a prática de GR em qualquer idade. Acreditamos que as possíveis discussões que resultam do tema possam valorizar a GR como conteúdo das aulas de Educação Física Escolar.

Referências

ALONSO, H. **Ginástica Rítmica**: construindo uma metodologia. 2000. Tese (Doutorado em Educação Física) – Unicamp, Campinas, 2000.

BRASIL. Secretaria de Educação Fundamental. **Parâmetros Curriculares Nacionais**: Educação Física. Brasília: MEC/SEF, 2000.

CAÇOLA, P. **Comparação entre as práticas em partes e como um todo e a utilização de dicas na aprendizagem motora de duas habilidades da GR**. 2006. Dissertação (Mestrado em Educação Física) – Universidade Federal do Paraná, Curitiba, 2006.

CAÇOLA, P.; LADEWIG, I. **A utilização de dicas na aprendizagem da GR**: um estudo de revisão. Buenos Aires, 2005. Disponível em: <http://www.efdeportes.com/revista digital>.

CAMARGO, M. L. M. **Música e Movimento**: um universo em duas dimensões. Belo Horizonte: Villa Rica, 1999.

DIECKERT, J. Criatividade em Educação Física. **Revista Sprint**, v. 1, jan. 1984.

_____. **Elementos e Princípios da Educação Física**. Rio de Janeiro: Ao Livro Técnico, 1985.

KOLEVA, R.; MORAVENOVA, N. Etude de certains processus psychiques chez les enfants. In: I SIMPÓSIO CIENTÍFICO INTERNACIONAL DE GRD, 1987, Varna. **Anais...** Varna: [s.e], 1987.

LE CAMUS, C. Gymnastique Rythmique Sportive – Contribuition a l'etude technique et pedagogique. **Educaciona Physique et Sport**, v. 147, p. 44-8, 1977.

LE CAMUS, C. **La Gymnastique Rythmique Sportive et sa valeur éducative**. Paris: J. Vrin, 1982.

LUCKESI, C. **Prática docente e avaliação**. Rio de Janeiro: ABT, 1990.

LURIA, A. R. **Desenvolvimento Cognitivo**: seus fundamentos culturais e sociais. São Paulo: Ícone, 1990.

MAGILL, R. A. **Aprendizagem Motora**: conceitos e aplicações. São Paulo: Blucher, 2000.

MOSSTON, M.; ASHWORTH, S. **La enseñanza de la Educación Física** – la reforma de los estilos de enseñanza. Barcelona: Hispano Europea, 1996.

NACHMANOVITCH, S. **Ser Criativo** – o poder da improvisação na vida e na arte. São Paulo: Summus Editorial, 1993.

ROGERS, C. R. **Liberdade de aprender em nossa** década. Porto Alegre: Artes Médicas, 1985.

TIBEAU, C. **Ensino da Ginástica Rítmica Desportiva pelo método global**: viabilidade e eficácia. 1988. Dissertação (Mestrado) – Escola de Educação Física da USP, São Paulo, 1988.

_____. Gimnasia Rítmica Deportiva y creación. In: REYNO, A.; ALARCON, T. **Gimnasia Rítmica Deportiva**. Chile: Puntangeles, 1997. p. 171-82.

_____. Proposta metodológica para o desenvolvimento da criatividade. In: VI CONGRESO DE EDUCACIÓN FÍSICA Y CIENCIAS DEL DEPORTE DE LOS PAÍSES DE LENGUA PORTUGUESA, 1998, La Coruña. **Anais...** La Coruña: [s.e], 1998.

TIBEAU, C. **Criatividade e criatividade motora**: indicadores, características e importância na formação do profissional da Educação Física. 2001. Tese (Doutorado em Psicologia da Educação) – PUC-SP, São Paulo, 2001.

TRIGO, E. **La criatividad lúdico-motriz**. Santiago de Compostela: MICAT Universidad, 1996.

VIGOTSKI, L. S. **Pensamento e Linguagem**. São Paulo: Martins Fontes, 1987.

_____. **Formação Social da Mente**. Tradução J. Cipolla Neto. São Paulo: Martins Fontes, 1998.

_____. **La imaginación y el arte en la infancia**. Madri: Akal, 1998.

XAVIER, T. P. **Métodos de ensino em Educação Física**. Barueri: Manole, 1986.

10

Ginástica Rítmica: da compreensão de sua prática na realidade escolar à busca de possibilidades de intervenção

Ieda Parra Barbosa-Rinaldi

Marilene Cesário

Este capítulo visa apresentar uma sistematização dos conteúdos da Ginástica Rítmica (GR) nos ensinos Fundamental e Médio. Para tal, partimos inicialmente da constatação de como esse conhecimento se insere no contexto escolar, obtida por meio de uma pesquisa[1] realizada por nós nas cidades de Maringá e Londrina, cujo objetivo foi diagnosticar a presença ou a ausência da GR nas aulas curriculares de Educação Física Escolar. O interesse por essa pesquisa se deu pela necessidade sentida por nós – formadoras de professores – de conhecermos melhor a realidade do espaço no qual nossos alunos, futuros professores, trabalharão. Tendo a escola como foco de interesse em estudos e pesquisas e reconhecendo a Ginástica como um dos conteúdos da Educação Física, trazemos, aqui, uma proposição, que não significa estar pronta e acabada, de como é possível organizar a GR no currículo escolar.

Buscamos ir além de apresentar como a GR vem sendo tratada no espaço escolar. É necessário avançar e propor possibilidades de intervenção. Por isso, apresentamos um ensaio de uma possível organização e sistematização da área de conhecimento da GR nos ensinos Fundamental e Médio.

---

[1] Esta pesquisa foi publicada na revista Bulletin FIEP, volume 75 – Special Edition – Article – II, no ano de 2005.

A realidade da Ginástica Rítmica na escola

Historicamente, podemos afirmar, com base em Silva (1983), que a GR, como saber instituído, tem sido elencada em grande parte dos currículos dos cursos de formação em Educação Física desde a sua chegada ao Brasil na década de 1950. Já como disciplina possuidora de saberes próprios, ocupando lugar na área de Conhecimento Técnico,[2] passou a ser inserida no currículo da maioria dos cursos em 1989, após a reformulação curricular embasada na Resolução 03/87.

No entanto, mesmo a GR fazendo parte do currículo de Formação Profissional em Educação Física – Licenciatura, desde a década de 1980, é possível observar na realidade das aulas de Educação Física Escolar que ela raramente é desenvolvida como um dos saberes curriculares (Nista-Piccolo, 1988; Barbosa-Rinaldi e Souza, 2003; Barbosa-Rinaldi Cesário, 2005), muito embora a sua presença nesse contexto seja importante ao possibilitar ao aluno conhecê-la como um saber histórico e, ao mesmo tempo, contemporâneo, com seus sentidos e significados próprios em consonância com as relações sociais a que ela esteve e está atrelada no decorrer da história. Nesse sentido, faz-se necessário que os saberes da Ginástica, ao serem trabalhados em aulas de Educação Física Escolar, promovam aos alunos a sua compreensão como campo de conhecimento, esta entendida em uma visão de totalidade que não se fragmenta em rótulos.[3]

Assim, a GR, juntamente com outros conteúdos escolares, é importante porque pode contribuir para que o aluno constate, interprete, compreenda, explique e intervenha de maneira crítica e autônoma na realidade social em que vive (Soares et al., 1992), mas para que a GR seja inserida e tratada

---

[2] De acordo com a Resolução nº 03/87, o curso de graduação em Educação Física possui a carga horária de 2.880 horas/aula, no qual 70% (admite-se variação de + ou - 5%) correspondem à Formação Geral (humanista e técnica) e cerca de 30% (admite-se variação de + ou - 5%) correspondem aos Aprofundamentos de Conhecimentos.
[3] "Na atualidade, a Ginástica apresenta diferentes denominações e classificações para atender aos interesses da sociedade capitalista e a cada dia tem conquistado eficiência, técnica e perfeição. O desenvolvimento da ciência e da tecnologia contribui significativamente para essas conquistas, entre elas, manter o corpo esbelto, perfeito e saudável. Assim, novos métodos, tendências e técnicas são criados e desenvolvidos com esses objetivos." (Cesário, 2001)

como conhecimento nas aulas de Educação Física Escolar, é necessário que o professor a domine em seus aspectos teóricos e pedagógico-metodológicos, ou seja, ele deve possuir conhecimentos de ordem técnico-científica dessa manifestação gímnica, além dos fundamentos didático-metodológicos que o auxiliarão na organização, na seleção e na sistematização desse saber em sua prática pedagógica. Queremos salientar com isso que, para o professor poder ensinar algo em determinado contexto, ele precisa ter um repertório mínimo de conhecimento que possibilite novas construções e apropriações. O domínio do conteúdo específico, no caso, a GR, contribui para que o professor transponha esse conhecimento para a realidade de suas aulas.[4] Também defendemos que é imprescindível ao professor compreender que a escola é o espaço no qual as diferentes manifestações da cultura corporal devem ser ensinadas e aprendidas pelos alunos, não excluindo saberes ou reforçando aqueles mais tradicionais presentes no currículo, no caso, voleibol, futebol, entre outros.

Cabe às instituições formadoras o papel de possibilitar a apropriação desses saberes e as ferramentas necessárias para sua transposição no espaço escolar, independentemente do nível de ensino. Porém, observamos que a dificuldade dos cursos de formação inicial está na transposição dos conhecimentos para o contexto escolar, tratando-os como conhecimento, e não simplesmente como atividade. Esse fato não está relacionado somente ao ensino da GR, mas à maioria dos conhecimentos da área. Essa situação reflete na realidade da Educação Física Escolar, na qual encontramos esvaziamento dos saberes e atividades desconectadas do projeto político-pedagógico da escola, dos demais saberes do processo educacional e dos conhecimentos transversais. Essa é a situação encontrada nos referenciais da área que discutem o universo escolar e, também, nessa pesquisa que fizemos para constatar se tal realidade se aplicava aos saberes da GR.

---

[4] Baseadas em Shulman (1986), Mizukami (2002) e Marcelo (1999), queremos dizer que o domínio do conhecimento específico do conteúdo por parte do professor é muito importante e um aspecto básico na profissão de ensinar. Contudo, o mero domínio da *matéria a ser ensinada* não é suficiente e requer do professor uma base de conhecimento para o ensino. Essa base de conhecimento envolve o domínio: a) *do conhecimento específico*: dominar conceitos básicos de sua área; b) *do conteúdo pedagógico*: dominar o conhecimento pedagógico geral, como manejo de classe, estratégias de ensino etc.; e c) *do conhecimento pedagógico do conteúdo*: é a forma como o professor ensina o seu conteúdo em diferentes situações de ensino e aprendizagem.

Nossa pesquisa caracterizou-se como do tipo descritiva, e a escolha das escolas foi aleatória, englobando instituições públicas e privadas, com a participação no estudo de escolas das cidades de Maringá e Londrina, no estado do Paraná, no ano de 2002. Em Maringá, fizeram parte do estudo 37 escolas, sendo 19 particulares e 18 públicas, e, no total, foram entrevistados 39 professores. Em Londrina, fizeram parte do estudo 31 escolas, sendo 20 públicas e 11 particulares, tendo sido entrevistados 42 professores.

Como instrumento de coleta de dados, foi utilizado um questionário com questões abertas e fechadas. Os dados foram coletados pelas pesquisadoras e por acadêmicos[5] das duas instituições formadoras (UEM e UEL) nas quais o estudo foi realizado. Os dados foram tratados por análise estatística descritiva e, também, por meio da metodologia de análise de conteúdo, proposta por Bardin (1977, p. 38), na qual a análise de conteúdo é entendida "como um conjunto de técnicas de análise das comunicações, que utiliza procedimentos sistemáticos e objetivos de descrição do conteúdo das mensagens". De acordo com esta autora, a análise de conteúdo passa por três fases diferenciadas: a) a pré-análise; b) a exploração do material e o tratamento dos resultados; e c) a inferência e a interpretação.

A pré-análise é a fase de organização, cujo objetivo consiste em operacionalizar e sistematizar as ideias iniciais, a fim de estruturar um esquema preciso de desenvolvimento das operações seguintes num plano de análise. A exploração do material ocorre após os procedimentos de pré-análise e administra, de modo sistemático, as decisões previamente tomadas. No tratamento dos resultados, utiliza-se a codificação, que permite a transformação dos dados em unidades (registro ou significado) de maneira sistemática, podendo alcançar uma representação do conteúdo ou da sua expressão, esclarecendo ao pesquisador as características do texto. Estas unidades são:

---

[5] Os dados foram coletados pelos acadêmicos matriculados nas disciplinas ministradas pelas pesquisadoras, somando um total de sessenta, que, orientados durante as disciplinas, foram divididos em grupos para realizar as entrevistas nas escolas. Esse trabalho de pesquisa integrava o programa das disciplinas de GR ministrada nos segundos anos da UEL e da UEM, nas quais foram subsidiadas discussões em sala de aula sobre o trato do conhecimento da GR no âmbito escolar.

- unidade de registro ou de significado, considerada por Bardin (1977, p. 104) como "a unidade de significação a codificar e corresponde ao segmento de conteúdo a considerar como unidade de base, visando à categorização". Como as mais usadas, podem ser citadas a palavra, o tema, o personagem, o objeto, o acontecimento e o documento;
- unidade de contexto, maior que a unidade de registro ou significado, cuja função é facilitar a compreensão no processo de codificação da primeira.

Em nossa pesquisa utilizamos a unidade de significado na análise dos dados coletados. Esse procedimento permitiu a construção de quadros de resultados, com o objetivo de condensar e revelar as informações fornecidas pela análise (Bardin, 1977, p. 101), facilitando a inferência e a interpretação dos resultados de acordo com os objetivos estabelecidos.

A fim de possibilitar uma compreensão geral de todas as respostas obtidas, consideramos como interessante, em um primeiro momento, expor os quadros com as categorias construídas a partir das respostas dos professores das cidades de Maringá e Londrina e, posteriormente, as análises com inferências teóricas.

As perguntas feitas a todos os professores foi: *você trabalha o conteúdo GR nas suas aulas de Educação Física? Por que não trabalha?* E, no caso de resposta afirmativa: *como trabalha?*

As respostas dadas pelos professores entrevistados para a primeira pergunta (*Você trabalha o conteúdo GR nas suas aulas de Educação Física?*) foram as seguintes:

Tabela 10.1 – Professores de Maringá

Respostas	Total	%
Sim	12	30,77
Não	27	69,23
Total das respostas	39	*100*

Tabela 10.2 - Professores de Londrina

Respostas	Total	%
Sim	10	23,81
Não	32	76,19
Total das respostas	*42*	*100*

Dos 39 professores entrevistados na cidade de Maringá, 27 não trabalham com a GR em suas aulas de Educação Física, ou seja, 69,23%. Apenas 12 professores disseram trabalhar com este conteúdo em suas aulas, em um total de 30,77%.

Dos 42 professores entrevistados na cidade de Londrina, 32 não trabalham com a GR em suas aulas de Educação Física, ou seja, 76,19%. Apenas 10 professores disseram trabalhar com este conteúdo em suas aulas, em um total de 23,81%.

As respostas dadas pelos professores entrevistados à segunda pergunta (*Por que não trabalha?*) foram categorizadas da seguinte forma:

Tabela 10.3 - Por que não trabalha com a GR?

	Categorias	Professores de Maringá — Unidades de significado	Professores de Maringá — Somatória/frequência das unidades de significado	Professores de Londrina — Unidades de significado	Professores de Londrina — Somatória/frequência das unidades de significado
1	Não se considera capacitado para trabalhar com a GR por falta de conhecimento.	1 e 4	9	3	12
2	Falta de material e local adequado.	3	8	1 e 2	23
3	Não está previsto como conteúdo curricular na escola.	6	5	5 e 6	6
4	Falta de interesse pela GR por parte dos alunos.	5	1	4	13

Continua

Continuação

	Categorias	Professores de Maringá		Professores de Londrina	
		Unidades de significado	Somatória/ frequência das unidades de significado	Unidades de significado	Somatória/ frequência das unidades de significado
5	Já é trabalhada como conteúdo extracurricular.	2	4	-	-
6	Não considera a GR um conhecimento importante da Educação Física; trabalha com outras manifestações ginásticas.	7, 8 e 9	3	-	-

As respostas dadas pelos professores entrevistados à terceira pergunta (*Como trabalha?*) foram categorizadas da seguinte maneira:

Tabela 10.4 - Como trabalha com a GR?

	Categorias	Professores de Maringá		Professores de Londrina	
		Unidades de significado	Somatória/ frequência das unidades de significado	Unidades de significado	Somatória/ frequência das unidades de significado
1	Promove a vivência da GR por meio de elementos básicos, sem privilegiar os aspectos competitivos.	1, 2, 3, 5, 6, 8, 9 e 10	7	2, 4, 5 e 6	14
2	Ênfase na abordagem desenvolvimentista.	7	1	1	12
3	Utilização da GR como aquecimento ou volta à calma.	-	-	3	3
4	Iniciação ao esporte.	5	3	-	-
5	Apresenta conceito equivocado no que se refere a conhecimento e estratégia.	4	1	-	-

303

Esses dados reforçaram o que imaginávamos, pois demonstraram que, em torno de 70% dos professores (69,23% das respostas dos professores de Maringá e 76,19% dos de Londrina) não incluem a GR como um dos conhecimentos possíveis de serem trabalhados nas aulas de Educação Física Escolar.

Conforme quadros apresentados anteriormente, podemos observar que parte dos entrevistados concluiu sua formação antes da década de 1980 e, portanto, não teve contato com a GR em forma de disciplina (embora esse conhecimento já integrasse os currículos de formação, fazendo parte de outras disciplinas), mas preocupou-nos ainda mais o fato de que, mesmo os professores que concluíram sua formação inicial após a mudança curricular prevista pela Resolução 03/87 (na qual a GR consta como uma disciplina), em sua maioria, não trabalham com esse conhecimento em sua prática pedagógica. Ao refletir sobre o assunto e respaldados em autores, como Pérez Gómez (1992), Nóvoa (2000) etc., entendemos que uma provável explicação para tal situação é o fato da formação inicial ser uma das possíveis intervenções para rompermos com esse círculo vicioso que se cria em torno da quase ausência da GR na escola, isso porque os futuros professores já trazem consigo a sua história e, com ela, saberes próprios que foram construídos ao longo da vida. Entretanto, (des) construir uma ideia que, muitas vezes, foi formada a partir do paradigma dominante a respeito de determinado conhecimento e reconstruí-lo é uma tarefa árdua, mesmo porque os futuros professores – que estão em um processo de formação profissional – passaram anos nos bancos escolares como alunos, vivenciando os conteúdos da área, e trazem consigo concepções de como os saberes são tratados nas aulas, mas essa reconstrução pode começar na formação inicial, porém o que nos parece é que não tem sido feita ou, pelo menos, não a ponto de provocar mudanças capazes de levar novos conhecimentos e proposições metodológicas até a escola.

Defendemos que o problema também está na forma como este conhecimento é tratado na formação inicial, bem como em todo o contexto da formação baseada na racionalidade técnica/instrumental e que não proporciona uma formação emancipatória, permitindo aos alunos uma prática crítica e reflexiva (Barbosa, 1999).

De acordo com Cesário (2001),[6] isso fica ainda mais evidente quando verificamos que, como eixo comum de saberes selecionados nos programas das disciplinas de GR nos currículos de formação profissional em Educação Física – Licenciatura, os conhecimentos voltam-se aos aspectos teórico-práticos, referentes aos gestos e às habilidades características dessa manifestação gímnica.

Como temáticas comuns encontradas nesses programas curriculares, são enfatizados histórico, evolução e familiarização à modalidade; natureza dos fundamentos básicos e motores; elementos corporais; técnica e manejo dos materiais específicos (corda, arco, bola, maças e fita); composição de séries; organizações de campeonatos; regulamentação básica oficial; e procedimentos didático-metodológicos para o ensino da GR nos ambientes escolar e não escolar.

Entendemos, com base em nossa experiência, tanto na docência no Ensino Superior quanto como atleta, técnica e árbitra dessa modalidade esportiva, que os saberes técnicos da GR também são importantes para que o futuro professor possa construir formas de transformá-los em conhecimentos curriculares. Porém, o problema, a nosso ver, está na maneira como esses têm sido enfocados e desenvolvidos no cotidiano das instituições formadoras, no qual os aspectos teóricos e práticos são tidos como *prioritários* no processo de ensino-aprendizagem dos gestos e das habilidades da GR. Entretanto, uma vez que os futuros professores não tiveram contato com o universo da Ginástica e, em específico, da GR quando alunos dos ensinos Fundamental e Médio, sua vivência prática e seu conhecimento são necessários nesse momento.

Pensamos que esse fato não ocorre somente com as disciplinas gímnicas, mas com todas as modalidades esportivas. Assim, mesmo quando buscamos uma prática diferenciada no campo da formação profissional, as crenças e os valores enraizados na história de vida acabam dificultando o entendimento de que o conhecimento técnico é importante para sua formação e que a vivência de determinados gestos técnicos da modalidade contribuirá para a com-

---

[6] Dissertação de mestrado realizada por meio de pesquisa documental dos programas curriculares de seis instituições de Ensino Superior do Brasil que possuem o curso de graduação em Educação Física – Licenciatura.

preensão desse conteúdo; o que não pode ser reforçado durante a formação inicial é sua simples reprodução. Como nos mostra Shulman (1986), a base de conhecimento para o ensino passa, também, pelo domínio do conhecimento de conteúdo específico e, no caso da Educação Física, os gestos técnicos das modalidades fazem parte dos movimentos da cultura corporal.

A problemática referente ao trato com o conhecimento gímnico na formação inicial evidencia-se quando verificamos as respostas dadas pelos professores entrevistados na segunda pergunta (*Por que não trabalha?*), ou melhor, os motivos pelos quais os professores não trabalham com a GR nas aulas de Educação Física Escolar.

Tanto os professores pesquisados de Londrina quanto os de Maringá afirmam *não se considerarem capacitados para trabalhar com a GR por falta de conhecimento* e que *não trabalham por falta de espaço físico e materiais adequados*, o que reflete a ideia da GR ligada ao esporte de competição, unicamente no formato institucionalizado. A visão de esporte como rendimento, veiculada nessa disciplina durante a formação profissional, acaba eliminando a possibilidade de trabalhos além dos ditos pela modalidade (alto nível de rendimento e *performance*, materiais obrigatórios, espaço determinado e vestimenta estritamente feminina).

Infelizmente, essa visão, ainda hoje, é enfocada nos cursos de formação inicial em Educação Física, que estabelecem as diretrizes da instituição esportiva como elementos preponderantes da ação pedagógica do futuro professor. Como consequência, sinalizam que valores como rendimento, competição, recordes etc. sejam incorporados e tratados como saberes preponderantes da GR, carecendo de reflexões e questionamentos sobre sua prática pedagógica em meio escolar (Cesário, 2001; Barbosa, 1999).

As demais categorias que justificam a ausência da GR nas aulas de Educação Física Escolar também se referem a problemas com a formação inicial e continuada, porque, quando os professores relatam que a GR *não está prevista como conteúdo curricular na escola* e que *já é trabalhada como conteúdo extracurricular*, demonstram falta de conhecimento sobre a literatura da área e o projeto pedagógico do estado do Paraná para os ensinos Fundamental e

Médio, que estabelece a Ginástica como um dos saberes a serem trabalhados nos programas escolares. Os professores assumem uma posição de refratários frente ao conhecimento quando não buscam aprender o que desconhecem, mesmo sendo um dos saberes que deveriam ser considerados em suas aulas.

Ainda restam duas categorias de respostas que se relacionam: *falta de interesse pela GR por parte dos alunos* e, *por não considerar a GR um conhecimento importante da Educação Física, trabalha com outras manifestações ginásticas.* Entendemos que essas respostas também demonstram falta de conhecimento e, principalmente, de compromisso com a sua prática pedagógica, porque como podem os professores afirmar que seus alunos não se interessam por um conhecimento que desconhecem?

Pensar a prática da GR com materiais alternativos, realizada em diferentes espaços escolares por meninos e meninas, aproveitando as possibilidades e as riquezas de movimentos corporais e com aparelhos, parece não ter espaço nas discussões e nas práticas pedagógicas no período de formação do futuro professor de Educação Física, bem como nas dos já formados, e isso pode ser considerado um prejuízo ao processo de formação e aquisição de conhecimentos dos alunos.

Outra preocupação que tivemos foi perguntar aos professores que trabalham com a GR nas aulas de Educação Física Escolar como é a sua prática pedagógica, ou melhor, como eles trabalham. O que pudemos perceber (30,77% das respostas dos professores de Maringá e 23,81% dos de Londrina) é que os professores tendem a reproduzir o que aconteceu no seu processo de formação, ou seja, em sua história de vida (educação formal e não formal) e em sua formação inicial.

Corroborando essa discussão, Borges (1998, p. 51) afirma que

> os saberes construídos pelos professores tornam-se tão consolidados e incutidos em seu cotidiano, que qualquer tipo de mudança em sua prática pedagógica passa a ser difícil de ser realizada, e o professor ensina o que sabe, o que aprendeu restritamente no tempo em que fazia seu

curso de formação na universidade e o que acumulou com sua experiência.

Os professores, ainda hoje, estão interessados em receitas prontas e acabadas e, desse modo, resumir a GR apenas ao formato do esporte de competição tem sido a opção. Foi possível observar nas respostas dos professores entrevistados que estes rejeitam ou nem sequer cogitam pensá-la estética, histórica, social e politicamente. Para eles, esse conhecimento está à margem do contexto em que seus alunos vivem. No máximo, os professores pesquisados relacionam a GR à aprendizagem motora quando relatam que dão *ênfase na abordagem desenvolvimentista* e que possibilitam a *vivência da GR por meio de elementos básicos, sem privilegiar os aspectos competitivos*.

Em outras duas categorias, notamos que o conhecimento da GR nem sequer é trabalhado. Muito provavelmente os alunos nem saibam que o que estão fazendo em alguns momentos das aulas de Educação Física faz parte de uma sistematização gímnica, isso porque tem uma função utilitarista, ou seja, os professores disseram que utilizam a GR *como aquecimento ou volta à calma* ou apresentaram *conceito equivocado no que se refere a conhecimento e estratégia*.

Os professores ainda disseram que trabalham a GR como iniciação ao esporte, o que confirma que eles tendem a reproduzir o aspecto técnico de sua formação inicial. Nessa direção, voltamos a salientar que deve ser repensada a forma como ela tem sido desenvolvida no campo da formação, no sentido de identificar: quais saberes têm sido selecionados, quais orientações didático-metodológicas têm sido enfocadas, qual visão de esporte é valorizada (educação ou rendimento) e quais práticas e relações com o contexto escolar têm sido evidenciadas. Sobre o assunto, Hypólito (1997) afirma que a racionalidade técnica tem interferido na escolha dos conhecimentos desenvolvidos em todos os níveis educacionais, e isso pode ser percebido quando identificamos que os saberes mais valorizados são aqueles factuais que podem ser medidos e mensurados de forma padronizada e, como se não bastasse, são desenvolvidos de maneira irrefletida. Parece-nos claro que trabalhar a GR nos mesmos moldes do esporte de competição, seja no Ensino Superior, no Fundamental ou no Médio, além de ser mais fácil, porque está pronto e não precisa ser pensado, é mais valorizado, porque compactua com o paradigma vigente de mera transmissão de conhecimento, acreditando que isso basta para uma formação de qualidade.

Em busca de intervenção: uma possível organização da área de conhecimento da GR nos ensinos Fundamental e Médio

Encontramos, na atualidade, fruto do processo de críticas, denúncias, debates e questionamentos decorrentes dos anos 1980,[7] muitos autores e estudiosos da área buscando formas de organizar os conhecimentos da Educação Física Escolar. Nessa direção, encontramos as *concepções não propositivas* e as *concepções propositivas*[8] como as principais contribuições teórico-metodológicas para a área, as quais dizem respeito às propostas teóricas e metodológicas para a questão do trato com o conhecimento, a sistematização e a organização do processo de trabalho pedagógico da Educação Física.

Com base em obras de Soares et al. (1992), Kunz et al. (2004) e Cardoso (1991), além de nossa experiência profissional em escolas de ensinos Fundamental e Médio, atrevemo-nos a apontar algumas possibilidades de intervenção do conhecimento da GR em aulas de Educação Física Escolar. Essa sistematização de conteúdos, longe de estar pronta e acabada, aparece como uma primeira iniciativa na busca da organização dos conhecimentos

---

[7] Conforme Daolio (1997, p. 182), "Antes desse período havia uma certa aceitação de que a Educação Física era uma prática escolar com objetivos de desenvolver a aptidão física dos alunos e iniciá-los na prática esportiva", podemos afirmar que é, a partir de então, que ocorre a polarização de diferentes discursos e ideias, que, de certa forma, serviram de móvel para o pensamento científico da área.

[8] Quanto às concepções não propositivas: abordagem sociológica (Betti; Bracht; Tubino), abordagem fenomenológica (Moreira; Piccolo; Santn), abordagem cultural (Daolio) e concepções propositivas: a) *Não sistematizadas*: abordagem desenvolvimentista (Go Tani); abordagem construtivista com ênfase na psicogenética (Freire); abordagem da concepção de aulas abertas a experiências (Hildebrandt); abordagem a partir da referência do lazer (Marcelino e Costa); abordagem crítico-emancipatória (Kunz e Bracht); abordagem plural (Vago). b) *Sistematizadas*: abordagem da aptidão física/saúde (Araújo e Guedes); abordagem crítico superadora (Soares et al.).

Possibilidades da Ginástica Rítmica

da GR como um dos saberes curriculares dos ensinos Fundamental e Médio. Embora a estruturação de um "modelo" dessa natureza possa parecer instrumentalista, as reflexões que foram necessárias para esta levaram-nos a perceber a necessidade de pressupostos orientadores para a legitimação dessa área de conhecimento na escola, tendo em vista as dificuldades por grande parte dos professores em estabelecer relações com a escola e a GR. Nesse sentido, o modelo é essencialmente flexível e passível de reestruturações, haja vista que apenas se constituirá em um referencial de apoio para o planejamento da ação docente e de sua reflexão.

Outro ponto que acreditamos que deva ser destacado é que o planejamento das ações (saberes e encaminhamento didático-pedagógico) deve estar em consonância com o projeto pedagógico da escola e com as demais áreas do conhecimento. Assim, queremos esclarecer que não tivemos um projeto pedagógico que nos orientasse ao pensar a sistematização apresentada neste estudo, apenas imaginamos quais seriam os conhecimentos tratados nas demais disciplinas e o que seria mais urgente em cada fase do processo educativo, como a produção de texto nas séries iniciais do Ensino Fundamental, já que, nessa fase, a alfabetização é a maior preocupação.

Contudo, julgamos contribuir com a realidade escolar por meio da sistematização do conhecimento de GR nas aulas de Educação Física, a qual foi organizada e apresentada no Quadro 10.1, a fim de facilitar o entendimento dos leitores.

Quadro 10.1 – Sugestão de sistematização para a GR para os ensinos Fundamental e Médio

	Conhecimento a ser tratado e produzido	Sugestões de encaminhamento didático-pedagógico
1º e 2º anos (EF)	Movimentos básicos a mãos livres da GR: entender as diferentes possibilidades de movimento e o esquema corporal por meio de formas básicas de movimentar-se, como andar, correr, saltitar, saltar, rastejar, balancear, circundar, girar, rolar, estender, ondular etc.	Vivências e experiências práticas por meio de exploração do ambiente escolar. Por exemplo: saltar, andar, equilibrar-se, girar em escadarias, muros baixos, grades, bancos, troncos, gramados, sala de aula, pátio, quadra etc. Identificação dos ritmos corporais (respiração, batimentos cardíacos, vozes, formas de caminhar, bater palmas, bater os pés etc.). Identificação dos ritmos das coisas, da natureza, da sociedade (carros, rios, chuva, animais, aviões etc.). Essa exploração pode se dar por meio do trabalho com o imaginário infantil, pois, ao fazer uso de histórias, os alunos podem representar personagens (das histórias e do cotidiano infantil), sejam elas contadas pelo professor, pelas próprias crianças e/ou orientadas pelo professor. Estas podem ser da literatura infantil clássica, da cultura popular ou, ainda, da história de vida das crianças e devem permitir a experimentação dos movimentos a mãos livres da GR. A produção do conhecimento poderá ser socializada por meio de produção de cartazes por parte dos alunos, que expressem as atividades realizadas e os conhecimentos tratados, de forma a relacioná-los ao cotidiano infantil; e construção e dramatização de uma história criada a partir dos movimentos básicos a mãos livres que foram trabalhados.

Continua

Possibilidades da Ginástica Rítmica

	Conhecimento a ser tratado e produzido	Sugestões de encaminhamento didático-pedagógico
3º ano (EF)	GR e sua relação com a cultura popular: - fundamentos histórico-culturais das práticas corporais populares; - acrobacias, pré-acrobacias, movimentos de manipulação e sua relação histórica com a cultura popular – campo dos divertimentos: uso do corpo como entretenimento/espetáculo em ruas, praças públicas, feiras, circos etc. Ensino de movimentos básicos a mãos livres, de forma rudimentar (saltar, rolar, equilibrar) e do manuseio de materiais: - manuseio dos aparelhos da GR combinados com movimentos corporais. Atividades rítmicas e musicais aliadas aos movimentos corporais e com aparelhos. Elaboração de composições de GR a partir dos conhecimentos gímnicos conhecidos e construídos. Materiais a serem confeccionados e explorados pelos alunos: bolas, arcos, faixas, fitas, bastões, maças e cordas.	Vivências e experiências práticas: resgate dos conhecimentos gímnicos do cotidiano das crianças por meio de uma pesquisa junto à comunidade sobre conceito e movimentos da GR, a fim de buscar um paralelo entre os termos do senso comum (cambalhota, estrela, malabarismo etc.) e os utilizados na prática institucionalizada (rolamento, roda, manipulação de aparelhos etc.). Identificação do ritmo musical (diferentes sons, músicas rápidas e lentas, tempos fortes e fracos); exploração dos diferentes ritmos com o próprio corpo e com os materiais da GR. Análise de textos e filmes sobre os movimentos da GR e sua relação com a cultura popular. Construção de um texto sobre os conhecimentos produzidos. Este pode ser por meio de escrita (poesia, dissertação etc.), desenho, colagem etc. Socialização dos conhecimentos na escola e na comunidade por meio de exposições dos textos e apresentações das composições de GR produzidas pelos alunos.

Continuação

Continua

Conhecimento a ser tratado e produzido	Sugestões de encaminhamento didático-pedagógico
A GR em diferentes contextos. Fundamentos técnicos: padronização e estética dos movimentos da GR (postura corporal e outros aspectos). A técnica própria do movimento e nos padrões do esporte de rendimento: - movimento a mãos livres de forma mais elaborada que nas séries anteriores: saltos, equilíbrios, giros; pivôs, acrobacias (rolamentos, inversões do eixo longitudinal); elementos de flexibilidade, ondas; balanceios; e circunduções. Ritmo musical e música e movimento.	Vídeos e DVDs que mostrem a GR como competição e demonstração: festivais de Ginástica. Ensino da técnica dos movimentos característicos da GR por meio de vivências/experiências práticas: trabalhos individuais e em pequenos grupos em variados níveis, trajetórias, direções e planos. Nas atividades em grupo, também podem ser utilizados os seguintes trabalhos: espelho (jogo de identificação com os movimentos do colega, como se fosse realmente seu espelho), sombra (consiste em ser a outra imagem, não real, dos movimentos da pessoa, posicionando-se atrás dela) e irmãos siameses (unidos) (indica a possibilidade de realização de movimentos, estando os corpos unidos por determinada parte). Exploração dos diferentes ritmos com o próprio corpo, com o corpo do outro e com os materiais da GR. Elaboração de composições gímnicas: série com os elementos a mãos livres da GR aprendidos conforme as possibilidades dos alunos. Socialização dos conhecimentos produzidos por meio de apresentações de GR em um festival também organizado pelos alunos.

(4º ano (EF))

Possibilidades da Ginástica Rítmica

Continuação

	Conhecimento a ser tratado e produzido	Sugestões de encaminhamento didático-pedagógico
5º ano (EF)	Fundamentos histórico-culturais: Ginástica que originou a sistematização da GR e a presença da ciência nas atuais Ginásticas competitivas: o movimento ginástico técnico e padronizado. Os diferentes nomes da GR na História. Mesmos elementos do 4º ano com a inclusão dos aparelhos manuais nos exercícios a mãos livres. Ritmo musical e música e movimento.	Análise de textos, gravuras e filmes que tragam o movimento ginástico padronizado, anterior e posterior à fragmentação da Ginástica em diferentes manifestações. Produção de textos referentes à padronização do movimento gímnico e, em especial, ao processo de sistematização da GR. Inclusão de aparelhos: movimentos básicos com corda, arco, bola, maças e fitas, em grupos e/ou individuais. Exploração dos diferentes ritmos com o próprio corpo, com o corpo do outro e com os materiais da GR. Elaboração de composições gímnicas: série de movimentos associados aos aparelhos da GR aprendidos conforme as possibilidades dos alunos. Socialização dos conhecimentos produzidos por meio de apresentações de GR em um festival também organizado pelos alunos.

Continua

Ginástica Rítmica: da compreensão de sua prática na realidade escolar à busca de possibilidades de intervenção
Ieda Parra Barbosa-Rinaldi e Marilene Cesário

	Conhecimento a ser tratado e produzido	Sugestões de encaminhamento didático-pedagógico
6º e 7º anos (EF)	Fundamentos histórico-culturais: a racionalidade técnica presente na sociedade, na Educação Física, na Ginástica e, em especial, na GR. Questão de gênero: a GR como esporte feminino. A GR como manifestação gímnica esportiva. Estudo teórico-prático e análise crítica de fundamentos técnicos, elementos corporais, aparelhos, instalações, regras e possibilidades de treinamento. Estabelecer ligações de movimentos mais complexas que nas séries anteriores. Ritmo musical e relação música e movimento.	Discussões circulares referendadas na experiência pessoal, na análise de textos e na análise de gravuras e filmes sobre como a GR foi influenciada e como influenciou os acontecimentos sociais e políticos nos últimos 150 anos. Discussões acerca da participação da mulher e do homem na GR. Produção de textos referentes à GR e suas diferentes possibilidades de prática. Vivências e experiências práticas a partir de aparelhos de GR confeccionados pelos alunos e que possibilitem a prática dessa manifestação gímnica, as quais devem culminar na elaboração de composições gímnicas. Ritmo musical (melodia, harmonia e ritmo; som-intensidade, duração, timbre e altura; notas e valores musicais; compassos binário, ternário e quaternário; regularidade rítmica). Relação música e movimento (análise de estruturas rítmicas e composição de movimentos). Jogos rítmicos com o corpo e com objetos. Todos esses conhecimentos devem ser relacionados aos movimentos da GR e ao manejo dos aparelhos. Socialização dos conhecimentos produzidos por meio de exposições de textos e apresentações das composições construídas coletivamente pelos alunos.

Continua

315

Conhecimento a ser tratado e produzido	Sugestões de encaminhamento didático-pedagógico
GR, estética corporal e saúde. Os padrões de corpo dessa modalidade como esporte de rendimento. Os hábitos de vida da sociedade contemporânea que levam ao sedentarismo. Por exemplo: os reflexos da tecnologia (eletrônica e informática) no cotidiano das pessoas. Fundamentos culturais: indústria cultural e padrão estético; saúde para a produtividade. Fundamentos técnicos da GR: movimentos corporais e dos aparelhos. Exploração de diferentes movimentos (saltos, equilíbrios, pivôs, ondas etc.) não trabalhados anteriormente. Estabelecer ligações de movimentos mais complexas que nas séries anteriores.	Discussões circulares referendadas na experiência pessoal, na análise de textos, na análise de gravuras e filmes sobre os padrões de beleza estabelecidos socialmente e sua relação com a saúde. Discussões e análise dos padrões de corpo de GR como esporte de rendimento. Estudar as capacidades físicas envolvidas no trabalho com a GR. Produção de textos referentes aos assuntos tratados e à GR e a estética corporal na sociedade contemporânea. Nesse período, já é momento de se intensificarem as possibilidades investigativas, dando-lhes maior sustentação teórica. Vivências e experiências práticas da GR e suas diferentes possibilidades de prática. Os níveis de especialização corporal podem ser ampliados e as ações básicas de esforço representam uma possibilidade de contribuir para enriquecer o trabalho corporal dos alunos e suas criações. Elaboração de composições gímnicas a partir dos movimentos da GR, mas com as características da Ginástica Geral (sem regras rígidas; com formas básicas de movimento em sua diversidade gestual e musical, exploradas por meio de experiências coletivas com ou sem utilização de materiais). Socialização dos conhecimentos produzidos por meio de exposições de textos e apresentações práticas.

8º e 9º anos (EF)

Continuação

Conhecimento a ser tratado e produzido	Sugestões de encaminhamento didático-pedagógico
Ensino Médio Aprofundamento do conhecimento gímnico sobre a GR. Análise crítica de como a GR se apresenta na contemporaneidade, da forma de organização esportiva mundial e nacional, da não política de desenvolvimento esportivo no país. A busca de um conceito próprio de GR e que possibilite a participação de todos. Experimentação gímnica a partir do conceito estabelecido pelo grupo. Com isso, buscar a autonomia e a consciência da importância das práticas corporais por parte dos alunos.	Discussões circulares referendadas na experiência pessoal, na análise de textos, na análise de gravuras e filmes sobre a não política de desenvolvimento do esporte no país. Levar os alunos a perceber a necessidade de autonomia e consciência na prática das manifestações corporais; a importância da organização política, econômica, sociocultural e educacional. Incentivar a produção de pesquisas. Produção de textos referentes às diferentes possibilidades de práticas gímnicas, inclusive a Ginástica Geral. Vivências e experiências práticas, provocando gestos mais expressivos. Elaboração de composições gímnicas, tomando como referência a conceituação criada pelos alunos, o aprimoramento do repertório motor e a ampliação dos conhecimentos em torno do corpo, da atividade física permanente e das relações estabelecidas em sociedade. Socialização dos conhecimentos produzidos por meio de construção e exposição de textos e apresentações práticas.

Possibilidades da Ginástica Rítmica

Como forma de buscar subsídios para os movimentos corporais e dos aparelhos da GR, o docente pode encontrar orientações nas obras de Peuker (1974), Toledo (1999), entre outros. No que diz respeito à relação da GR com a cultura popular, assim como os aspectos histórico-culturais, racionalidade técnica presente nos diferentes setores sociais e também na GR, e a sistematização da GR, vale conhecer os trabalhos desenvolvidos por Soares (1994; 1998), Ayoub (1998), Cesário (2001), Barbosa-Rinaldi (2004) etc. Como forma de melhor compreender o ensino da GR quanto ao ritmo musical e a relação música e movimento/aparelhos, mencionamos os estudos de Mendizábel e Mendizábel (1995), Pinto (1997) etc. Para a compreensão da relação de gênero e a GR, consultar a obra de Sousa (1994). Sobre a padronização do corpo, da estética na GR e na sociedade e a indústria cultural, a investigação realizada por Porpino (2004) é uma das possíveis indicações. Os movimentos técnicos da GR podem ser estudados em Peregort e Delgado (1998) e Laffranchi (2001). A relação da GR com a Ginástica Geral pode ser encontrada no estudo de Souza (1997) e outros. A não política de desenvolvimento da GR no Brasil pode ser visualizada em Barbosa-Rinaldi (2003) e Martineli (2003). Essas são apenas algumas obras que poderão subsidiar os trabalhos com a GR na Educação Física Escolar.

Considerações finais

Ao conhecermos a realidade do ensino da GR em aulas de Educação Física Escolar, tornou-se necessário que apontássemos formas de intervenções no sentido de modificar esse contexto. Partimos do real, ou seja, da quase ausência da GR nas aulas curriculares de Educação Física Escolar, e, ao identificarmos como esse conhecimento tem sido tratado, quando se faz presente nessas aulas nas cidades de Maringá e Londrina, propusemos uma sistematização da GR como um dos saberes da cultura corporal de movimentos que precisam ser tematizados e apropriados nas escolas. Ao mesmo tempo, as contribuições aqui levantadas marcam o início de reflexões, não só das pesquisadoras, mas, também, da comunidade acadêmica comprometida com mudanças na prática pedagógica da Educação Física em diferentes níveis e modalidades de ensino.

Referências

AYOUB, E. **A ginástica geral na sociedade contemporânea**: perspectivas para a Educação Física Escolar. Campinas, 1998. Tese (Doutorado em Educação Física) - Faculdade de Educação Física, Unicamp, Campinas, 1998.

BARBOSA-RINALDI, I. P. B. **A ginástica nos cursos de Licenciatura em Educação Física do Estado do Paraná**. 1999. Dissertação (Mestrado em Educação Física) - Faculdade de Educação Física, Unicamp, Campinas, 1999.

_____. Reflexões sobre a ginástica rítmica desportiva: um fenômeno multifacetado. In: VIII FESTIVAL DE GINÁSTICA DA UEM E ANUÁRIO DO GRUPO DE ESTUDOS EM GINÁSTICA, 8, v. 1, 2003, Maringá. **Anais...** Goiânia: [s.e], 2003. p. 14-20.

_____. **A Ginástica como área de conhecimento na formação profissional em educação física**: encaminhamentos para uma reestruturação curricular. 2004. Tese (Doutorado em Educação Física) - Faculdade de Educação Física, Unicamp, Campinas, 2004.

BARBOSA-RINALDI, I. P. B.; CESÁRIO, M. Ginástica Rítmica: realidade escolar e possibilidades de intervenção. **Fiep Bulletin**, v. 75, n. 2, p. 36-40, jan. 2005.

BARBOSA-RINALDI, I. P. B.; SOUZA, E. P. M. A Ginástica no percurso escolar dos ingressantes dos Cursos de Licenciatura em Educação Física da Universidade Estadual de Maringá e da Universidade Estadual de Campinas. **Revista Brasileira de Ciências do Esporte**, v. 24, n. 3, p. 159-73, mai. 2003.

BARDIN, L. **Análise de conteúdo**. Lisboa: Edições 70, 1977.

BORGES, C. M. F. Formação e prática pedagógica do professor de Educação Física: a construção do saber docente. In: SOUSA, E. S.; VAGO, T. M. (Orgs.). **Trilhas e partilhas**: Educação Física na cultura escolar e nas práticas sociais. Belo Horizonte: Cultura, 1998.

BRASIL. **Resolução n° 3 de 16 de outubro de 1987, do Conselho Federal de Educação.** Diário Oficial, Brasília: 1987.

CARDOSO, C. L. et al. (Org.). **Visão didática da Educação Física**: análises críticas e exemplos práticos de aulas. Grupo de Trabalho Pedagógico UFP e UFSM. Rio de Janeiro: Ao livro técnico, 1991.

CESÁRIO, M. **A organização do conhecimento da ginástica no currículo de formação inicial do profissional de Educação Física**: realidade e possibilidades. 2001. Dissertação (Mestrado em Educação) – Universidade Federal de Pernambuco, Recife, 2001.

DAOLIO, J. **Cultura**: Educação Física e Futebol. Campinas: Editora da Unicamp, 1997.

HYPOLITO, Á. M. **Trabalho docente, classe social e relações de gênero**. Campinas: Papirus, 1997. 120 p.

KUNZ, E. **Didática da Educação Física**. 2. ed. In: KUNZ, E. (Org). Ijuí: Ed. Unijuí, 2004. 160 p.

LAFFRANCHI, B. E. **Treinamento desportivo aplicado à Ginástica Rítmica**. Londrina: Unopar Editora, 2001.

MARCELO, C. **Formação de Professores** – para uma mudança educativa. Tradução Isabel Narciso. Porto: Porto, 1999.

MARTINELI, T. A. P. A formação profissional para o trabalho em ginástica rítmica. In: VIII FESTIVAL DE GINÁSTICA DA UEM E ANUÁRIO DO GRUPO DE ESTUDOS EM GINÁSTICA, 8, v. 1, 2003, Maringá. **Anais...** Goiânia: [s.e], 2003. p. 10-3.

MENDIZÁBEL, S.; MENDIZÁBEL, I. **Iniciación a la gimnasia rítmica**: manos libres, cuerda y pelota. Madrid: Gymnos S. A., 1995.

MIZUKAMI, M. G. N. et al. **Escola e aprendizagem da docência**: processos de investigação e formação. São Carlos: EdUFSCar, 2002.

NISTA-PICOLO, V. L. **Atividades físicas como proposta educacional para 1ª fase do 1º grau**. 1988. Dissertação (Mestrado em Educação) – Faculdade de Educação, Unicamp, Campinas, 1988.

NÓVOA, A. Os professores e as histórias de sua vida. In: NÓVOA, A. (Org.). **Vidas de professores**. Porto: Porto, 2000. p. 11-30.

PEREGORT, A. B.; DELGADO, C. D. **1.000 Ejercicios y juegos de Gimnasia Rítmica Deportiva**. Barcelona: Paidotribo, 1998.

PÉREZ GÓMEZ, A. O pensamento prático do professor – A formação do professor como profissional reflexivo. In: NÓVOA, A. (Org.). **Os professores e a sua formação**. Lisboa: Publicações Dom Quixote Instituto de Inovação Educacional, 1992.

PEUKER, I. **Ginástica Moderna sem Aparelhos**. Rio de Janeiro: Fórum, 1974.

PINTO, R. **Gestos musicalizados**: relação entre educação física e música. Belo Horizonte: Inédita, 1997.

PORPINO, K. de O. Treinamento da ginástica rítmica: reflexões estéticas. **Revista Brasileira de Ciências do Esporte**, v. 26, n. 1, p. 121-33, set. 2004.

SHULMAN, L. S. Those who understands: knowledge growth in teaching. **Education Researcher**. v. 17, n. 1, p. 4-14, 1986.

SILVA, J. B. B. **Análise das relações existentes na legislação que orienta a formação profissional dos especialistas em educação física e desportos e os planos nacionais nas áreas educacional e desportiva do Brasil**. 1983. Dissertação (Mestrado em Educação Física) – Escola de Educação Física da Universidade de São Paulo, São Paulo, 1983.

SOARES, C. L. **Educação Física**: raízes européias. Campinas: Autores Associados, 1994.

_____. **Imagens da educação no corpo**: estudo a partir da ginástica francesa no século XIX. Campinas: Autores Associados, 1998.

SOARES, C. L. et al. **Metodologia do ensino da Educação Física**. São Paulo: Cortez, 1992.

SOUSA, E. S. **Meninos, à marcha! Meninas, à sombra! A história do ensino da Educação Física em Belo Horizonte (1897-1994)**. 1994. Tese (Doutorado em Educação) – Faculdade de Educação, Unicamp, Campinas, 1994.

SOUZA, E. P. M. **Ginástica Geral**: uma área do conhecimento da Educação Física. 1997. Tese (Doutorado em Educação Física) – Faculdade de Educação Física, Unicamp, Campinas, 1997.

TOLEDO, E. **Proposta de conteúdos para a ginástica escolar**: um paralelo com a teoria de Coll. 1999. Dissertação (Mestrado) – Unicamp, Campinas, 1999.

11

Imagynação: uma experiência de projeto extracurricular de Ginástica Rítmica

Laurita Marconi Schiavon

Vilma Lení Nista-Piccolo

Do universo em que a Ginástica se constitui, este trabalho visa focalizar a Ginástica Rítmica (GR), que, entre tantas outras possibilidades gímnicas, é, atualmente, conhecida principalmente por fazer parte do quadro restrito de modalidades esportivas olímpicas. A GR utiliza-se basicamente da combinação de elementos corporais (fundamentos da Ginástica) com a manipulação de aparelhos de pequeno porte (portáteis) – arco, bola, corda, fita e maças – oficialmente para o sexo feminino, mas abrindo espaço, em alguns países, para competições masculinas extraoficiais com outros aparelhos – corda, bastão, maças e arcos pequenos (utilizados em pares assim como as maças). Essa modalidade envolve características técnicas de alto nível, com alto grau de dificuldade, misturadas à arte, à leveza e à graciosidade, que, com aparelhos, despertam o desafio aos limites corporais com que se apresentam as ginastas.

Neste capítulo, a GR não será abordada com enfoque no ambiente esportivo próprio das competições, permeado de regras rígidas e métricas precisas, mas com o olhar nas ricas possibilidades de experiências vivenciadas de forma extracurricular na escola, as quais podem contribuir para o desenvolvimento motor das crianças trazendo alegria às aulas, face à dinâmica das atividades propostas. Além disso, relatamos todo o processo de construção de um projeto para o oferecimento dessa modalidade esportiva nas instituições escolares, apontando as dificuldades e as alternativas que viabilizam as aulas de GR nesse cenário.

Este tipo de projeto tem uma boa aceitação no mercado escolar em virtude da dificuldade que alguns professores declaram em trabalhar com as modalidades gímnicas. De acordo com estudos de diversos autores, como Nista-Piccolo (1988), Toledo (1995), Polito (1998), Barbosa (1999), Paoliello (2001), Ayoub (2003) e Schiavon (2003), há um tímido desenvolvimento das práticas gímnicas na escola. Portanto, a aplicação de um projeto de GR como aulas extracurriculares passa a ser um diferencial para a escola.

Um dos maiores problemas para essa situação é a formação deficitária dos professores, a qual, muitas vezes, tem sido direcionada apenas para a formação técnica totalmente diretiva e não desenvolve a criação e a visualização de adaptações, que podem tornar possível essa modalidade em diferentes contextos, fora dos padrões ideais para o esporte competitivo. Segundo Freire (1994, p. 67), "o que falta nas escolas, na maioria das vezes, não é material, é criatividade. Ou melhor, falta o material mais importante. Essa tal de criatividade nunca é ensinada nas escolas de formação profissional". Isso enfatiza a ineficácia na formação profissional em relação à criação de alternativas pedagógicas, por parte do docente, para o desenvolvimento de uma prática gímnica no ambiente escolar.

É possível que os professores universitários não consigam relacionar os conteúdos que são transmitidos na graduação com a verdadeira realidade das nossas escolas e, consequentemente, não preparam os futuros profissionais para buscarem alternativas frente aos problemas encontrados em sua trajetória profissional. Em muitos cursos de graduação, falta a aplicação de aulas nas quais os graduandos possam vivenciar o *ato de ensinar Ginástica*, desmistificando o tabu que muitos trazem consigo em relação à prática dessas modalidades.

> Vivências extracurriculares e experiências de vida anteriores ao ingresso no curso devem também ser valorizadas. Creio que atividades fora da sala de aula, formais ou informais, e principalmente programas de extensão à comunidade que a imediata dialética teoria-prática,

devam ser fortemente estimulados pelas instituições de ensino superior. (Betti, 1992, p. 248)

Por meio de projetos de extensão à comunidade, um professor pode complementar os estudos teóricos desenvolvidos em sala de aula, possibilitando vivências de práticas aplicadas correspondentes ao conhecimento estudado. Como exemplo desse tipo de atividade extracurricular, é possível citar um projeto de extensão chamado *Crescendo com a Ginástica*, que oferecia oportunidade de muitos graduandos participarem e refletirem sobre essa prática e suas possibilidades de inserção no ambiente escolar. A proximidade com a realidade, ao ensinar modalidades gímnicas às crianças da comunidade em geral, aprendendo *como ensinar*, gerava a necessidade de buscar adaptações e alternativas que viabilizassem o desenvolvimento dessas modalidades para as escolas.

A origem das ideias

O Projeto Crescendo com a Ginástica[1] (PCG), desenvolvido paralelamente à graduação em Educação Física na Faculdade de Educação Física da Unicamp, durante dez anos, tinha como objetivo oferecer aulas de Ginástica às crianças da comunidade em geral, tendo como foco o ensino da Ginástica Artística (GA) e da GR.

A idéia desse projeto era proporcionar às crianças de ambos os sexos, dos quatro aos doze anos de idade, atividades motoras que permitissem explorar diferentes possibilidades corporais. Eram vivenciadas propostas de manipulação de aparelhos, apoios e suspensão, assim como acrobacias diversificadas, feitas em duplas, trios ou em grupos, visando à descoberta de seus potenciais.

---
[1] Idealizado pelas professoras Vilma Lení Nista-Piccolo e Elizabeth Paoliello.

> Experiências práticas capazes de enriquecer o vocabulário motor da criança que passou por esse projeto. (Nista-Piccolo, 1999, p. 116)

Esse projeto conseguia despertar várias ideias sobre as diferentes aplicações das modalidades gímnicas, transformando-se em uma excelente proposta de preparação profissional.

Enquanto em um trabalho de treinamento de GA ou GR as atividades são focadas na correção técnica dos elementos, em busca do melhor desempenho das ginastas, independentemente dos procedimentos pedagógicos adotados, o PCG tinha outras metas. Seu foco era o desenvolvimento da criança e se pautava em propostas gímnicas para atingi-lo. Na verdade, é possível dizer que as aulas de Ginástica tinham como foco principal o prazer da execução dos exercícios que se transformavam em ricas habilidades, por meio de uma aprendizagem que se dava de forma lúdica. Assim, acontecia a iniciação esportiva sem precisar que a criança fosse um talento. Os professores não tinham o objetivo de formar ginastas; isso poderia acontecer para algumas crianças, mas não era esse o objetivo principal do trabalho.

Nessa experiência universitária, graduandos e professores responsáveis pelo desenvolvimento do projeto discutiam possibilidades de aplicação dessas modalidades na escola, visando oferecer essa experiência a um número cada vez maior de crianças.

Isso pode ser interpretado como uma utopia, mas foi o desafio proposto pelas professoras doutoras Vilma Lení Nista-Piccolo e Elizabeth Paoliello nas aulas de GA e GR da Faculdade de Educação Física da Unicamp: proporcionar vivências dessas modalidades gímnicas para as escolas, possibilitando maior acesso das crianças a essas práticas.

A experiência de uma alternativa real

Para aplicar essa mesma ideia gerada pelo PCG, era preciso que ela estivesse vinculada a uma instituição de ensino básico, o que se tornou mais difícil em um primeiro momento. Foi a partir dessa dificuldade que pensamos[2] em oferecer um projeto como aulas extracurriculares de GA e GR em escolas. O que foi uma "estratégia" inicial passou a ser o nosso principal foco de atuação.

Assim, surgiu o projeto intitulado *Imagynação* – uma equipe formada por professores de Educação Física que terceiriza a prática da GA e da GR para escolas. Seus dois professores fundadores – Laurita Schiavon e Gustavo Maia – deram início ao desenvolvimento do projeto, mas, a partir da necessidade de mais professores, foram incorporados ao grupo outros interessados e estudiosos desse tema. Foi elaborado um projeto de oferecimento dessas atividades extracurriculares em ambientes escolares, o qual era apresentado à direção ou à coordenação pedagógica das escolas. Várias escolas foram visitadas com essa finalidade, dando-se prioridade àquelas que contemplam a Educação Infantil. As primeiras aplicações do projeto Imagynação aconteceram em duas escolas, nas quais foi possível desenvolver muitas propostas até então testadas apenas no PCG aplicado na Universidade.

Com mais professores integrando a equipe da Imagynação, o projeto foi implantado em outras escolas e, aos poucos, a estrutura se modificava em virtude de seu rápido crescimento. Atualmente, com dez anos de existência, ele já foi desenvolvido em vinte escolas de Campinas e região, além de ter, desde 1999, uma parceria com os Centros de Ginástica Artística Luisa Parente, no Rio de Janeiro.

Para melhor explicar todo esse processo de implantação do projeto Imagynação nas escolas, serão detalhados os seguintes aspectos relevantes: o desenvolvimento do projeto, os materiais usados, as questões que envolvem a capacitação dos professores, a estrutura da equipe, as orientações dadas aos pais etc.

---

[2] Professores Laurita Marconi Schiavon e Gustavo Maia.

O projeto

A elaboração de um projeto é sempre necessária no oferecimento de quaisquer atividades nas mais diversas instituições, mas, em especial, para propostas extracurriculares, quando os profissionais, muitas vezes, não fazem parte do quadro de funcionários da escola.

É importante que esteja claro no projeto o tipo de trabalho a ser desenvolvido de uma forma geral, sem que para isso seja muito extenso. De forma sintetizada, apresenta-se a proposta para ser discutida posteriormente sobre os pontos que precisam de maiores esclarecimentos, a partir do interesse e das dúvidas que os responsáveis da instituição declararem.

No caso da Imagynação, o projeto foi estruturado com os seguintes itens, que, a seguir, são apresentados com maiores detalhes:

- esclarecimentos sobre a faixa etária dos participantes das aulas;
- breve apresentação das modalidades;
- recursos materiais e condições de implantação da proposta;
- método de ensino;[3]
- recursos humanos – a equipe de profissionais;
- remuneração;
- referências de escolas em que o programa já é desenvolvido;
- considerações finais do projeto.

Esclarecimento sobre a faixa etária dos participantes das aulas

No desenvolvimento do projeto, é importante explicitar a faixa etária envolvida no programa a ser oferecido, permitindo que a direção verifi-

---

[3] Para informações mais detalhadas sobre o método de ensino aplicado: NISTA-PICCOLO, V. L.; MORBIRA, B. C. *O que e como ensinar Educação Física na escola*. Jundiaí: Fontoura, 2009.

que se o projeto está condizente com o público da instituição. No caso da Imagynação, recebemos crianças de 3 a 12 anos, separadas em grupos de 3 a 6, 7 a 10 e 11 a 12 anos, aproximadamente. A limitação de 12 anos deve-se aos materiais que possuímos, por serem específicos para crianças menores, mas isso depende do foco de trabalho de cada professor. Em nosso caso focalizamos atividades voltadas para essa faixa etária.

Na abertura do projeto, é interessante que constem informações básicas sobre ele, como o público a que se destina, além de outros pontos que possam chamar a atenção do leitor, como, por exemplo, *Ginástica Rítmica para crianças de 3 a 12 anos*; *Proposta extracurricular*; *Oferecimento dos materiais*; *Professores especializados*; etc.

Breve apresentação das modalidades

Faz-se necessária uma breve apresentação das modalidades a serem oferecidas no projeto, principalmente porque as modalidades gímnicas são normalmente confundidas entre si ou até desconhecidas da direção da escola e de muitos pais. Portanto, é importante apresentar algumas características das modalidades enfatizando as suas contribuições para as crianças.

Recursos materiais e condições de implantação da proposta

Neste item do projeto, deve-se destacar a importância dos aparelhos para se trabalhar com a modalidade proposta, apresentando-os e enfatizando a riqueza de possibilidades de ação corporal que eles proporcionam. Como este é um dos fatores que, muitas vezes, impede a aplicação desse trabalho, deve ser ressaltado que os materiais são oferecidos pela equipe de profissionais que apresenta o projeto.

Também é necessário explicar sobre o espaço mínimo adequado para o desenvolvimento das aulas, assim como o número de crianças que podem ser atendidas por aula, a frequência e a duração desta. No projeto Imagynação, trabalhamos com turmas mistas, ensinando GR para meninos e meninas, afinal o nosso objetivo não é competitivo, mas formativo. A frequência das aulas é, normalmente, de duas vezes por semana, com duração de 50 a 60 minutos, dependendo da idade. Em algumas escolas de Educação Infantil, os pais se interessam por uma vez por semana, o que é adequado para crianças dessa faixa etária. Para o Ensino Fundamental, trabalhamos duas vezes por semana, pois, se a evolução e o aprendizado das crianças demorarem muito a acontecer, eles podem se sentir desmotivados com a prática.

Método de ensino

No caso do projeto Imagynação, as propostas desenvolvidas são pautadas em um método de ensino que propõe que as crianças explorem muitas possibilidades de movimento antes de serem direcionadas para a técnica específica dos elementos gímnicos. Isso tem se mostrado um diferencial do programa, permitindo melhores resultados.

A forma de ensinar os elementos e os caminhos usados pelo professor para alcançarem seus objetivos devem estar explícitos, principalmente por se tratar de crianças. A preocupação com a perspectiva lúdica permeando todo o aprendizado é essencial para que as crianças sejam estimuladas à total exploração de movimentos. É preciso deixar claro que um trabalho de Ginástica não tem unicamente fins competitivos.

Nossa proposta adota um método de ensino[4] que privilegia o aprender brincando, pautando-se em três momentos, em cada aula:

- *Exploração de movimentos*: as crianças são recebidas e apresentadas a um tema a ser desenvolvido na aula, sendo convidadas a explo-

---

[4] Para informações mais detalhadas sobre o método: NISTA-PICCOLO, V. L.; MORBIRA, B. C. *O que e como ensinar Educação Física na escola*. Jundiaí: Fontoura, 2009.

rar várias possibilidades de movimentos, de acordo com o tema proposto, como saltar ou rolar o próprio corpo, rolar os materiais ou nos aparelhos etc.

- *Pistas visando à resolução de problemas*: propõe-se que as crianças resolvam situações-problema colocadas pelos professores e relacionadas ao tema proposto, ampliando suas possibilidades de movimentos; é o mesmo que dizer *o que* fazer, sem explicar *como* fazer.
- *Direcionamento da proposta*: usado tanto para as aulas de treinamento como de iniciação das modalidades esportivas; é quando o professor direciona a atividade, dizendo exatamente o que é preciso fazer e como fazer, ou seja, oferece detalhes técnicos para que consigam executar determinados movimentos. Logicamente, quanto mais experientes os alunos, mais intensas são as propostas de direcionamento e menor o tempo dedicado à exploração de movimentos.

Recursos humanos – a equipe de profissionais

Para o desenvolvimento deste projeto, há necessidade de contar com professores especializados nos estudos das Ginásticas. Portanto, neste item, deve-se destacar a equipe de professores, bem como sua qualificação, declarar se todos são formados, se há estagiários estudantes de Educação Física que auxiliam os professores ou, ainda, algum membro com maior especialidade, diferenciando o grupo de trabalho.

Na equipe Imagynação, trabalhamos sempre com um profissional e um estagiário para cada turma com dez alunos. Com mais crianças, incluímos mais um estagiário, atendendo a um máximo de vinte crianças na turma para um professor e dois estagiários. Quando a procura supera esse número por grupos separados por idades, novas turmas são abertas.

Assim, a equipe Imagynação conta com professores, estagiários, uma diretora-geral, que faz o contato com a direção da escola e gerencia os projetos em desenvolvimento, e um coordenador que organiza os estagiários e mantém contato mais direto com os professores nas escolas. As funções e a responsabilidade de cada integrante envolvido na aplicação do projeto Imagynação estão descritas no Quadro 11.1:

Quadro 11.1 – Organização de recursos humanos na Imagynação

Estrutura organizacional da Imagynação	Funções
Escola (entidade que aceita o projeto extracurricular de Ginástica)	Cede o local para o desenvolvimento das aulas e guarda os materiais. Faz as inscrições das crianças. Faz a cobrança das mensalidades.
Direção da Imagynação	Faz o contato e a venda do projeto para a escola. Resolve questões ou problemas relacionados à escola e que dependem de sua posição. Cuida da parte financeira da Imagynação. Organiza eventos das diferentes escolas que possuem aulas da Imagynação com outras entidades de Ginástica. Providencia aquisição e manutenção de materiais.
Coordenação	Assessora o professor em problemas relacionados a professor–alunos–pais. Coordena os estagiários. Desenvolve encontros periódicos de estudo com professores e estagiários. Acompanha o planejamento de aula dos professores pelos registros que eles fazem de suas aulas. Auxilia na organização de eventos.
Professor(a)	Planeja e ministra as aulas de Ginástica, registrando-as no caderno de planejamento. Estabelece contato direto com os pais e resolve suas dúvidas cotidianas. Auxilia na capacitação dos estagiários. Faz a venda de uniformes diretamente com os responsáveis. Participa dos encontros de estudo.

Continua

Continuação

Estrutura organizacional da Imagynação	Funções
Estagiário(a)	Acompanha o planejamento das aulas feito pelo professor(a). Auxilia o professor na organização dos materiais para as aulas, com antecedência de 15 a 20 minutos do início das aulas. Auxilia no desenvolvimento das aulas. Participa dos encontros de estudo.

Remuneração

Este item precisa ser apresentado no projeto, não como um ponto fechado, mas sempre sugerindo definições posteriores. No projeto Imagynação, é cobrada uma mensalidade pelas aulas de Ginástica, a qual é dividida, de forma percentual, entre escola e professores de Ginástica.

Os valores correspondentes às aulas e o percentual de cada parte pode ser discutido pessoalmente com a direção da escola, lembrando que, normalmente, o mais importante à escola é oferecer programas extracurriculares apresentando-se à comunidade com esse diferencial, e não apenas visar lucros com essas atividades.

É bastante relevante considerar o que cada parte oferece: se a escola possui os materiais e deve contar apenas com o trabalho de um profissional ou se somente cederá o local onde será oferecido o projeto, precisando dos materiais e do profissional especializado.

Outra questão importante é definir a quem cabe a cobrança de mensalidades. É mais adequado quando a escola se responsabiliza por isso, por conta da infraestrutura que possui, além da facilidade de contato com os pais.

Referências de escolas em que o programa já é desenvolvido

É importante mostrar à escola que outras instituições já possuem esse trabalho que está sendo proposto. Além disso, apresentar um trabalho de qualidade que tem a aprovação de outras entidades demonstra a experiência do grupo de trabalho e sua credibilidade.

Devem ser relacionados os nomes das instituições já participantes do projeto.

Considerações finais do projeto

Nesta parte final do projeto, são declaradas considerações relevantes que não foram apresentadas, deixando aberto um espaço de trocas de informações e a assinatura do responsável, com seus dados, como seu registro no CREF (Conselho Regional de Educação Física) e outros contatos para maiores informações por parte da escola.

É interessante anexar o currículo dos profissionais que dirigem e coordenam esse trabalho, assim como fotos dos materiais que oferecem para tanto.

Adaptação dos materiais de Ginástica Rítmica

Para superar uma possível dificuldade encontrada nas escolas, que é a existência de material específico das modalidades gímnicas, desenvolvemos alternativas visando solucionar esse problema, sem descaracterizarmos tanto as provas básicas de GA feminina e masculina, que são suspensão, equilíbrio, salto e solo, quanto as cinco provas da GR. Neste capítulo, apresentamos o trabalho desenvolvido pelo projeto Imagynação voltado para a GR. Assim, descrevemos as adaptações dos materiais específicos dessa modalidade.[5]

Todo o material usado na GR é de pequeno porte, portanto não há necessidade de muito espaço para guardá-lo, mas sua aquisição representa um alto custo. Dessa forma, era preciso construí-los com materiais alternativos de baixo custo, facilitando a obtenção de todos eles, em grande quantidade, visando proporcionar aulas mais dinâmicas. Para tornar possível a

---

[5] Para informações na íntegra, acessar dissertação completa de mestrado no site: <http://libdigi.unicamp.br/document/list.php?tid=34&page=18> (biblioteca digital). SCHIAVON, L. M. O projeto Crescendo com a Ginástica: uma possibilidade nela escola, 2003.

utilização desses aparelhos, a adaptação ou a construção deles é facilmente realizada, podendo, ainda, serem construídos durante as aulas com os próprios alunos. Segue uma explanação mais detalhada de cada material.

Arco

O arco é um material barato para ser construído. Precisa-se apenas de pedaços de 2 metros, aproximadamente, de eletroduto de tubo liso (conduíte) preto (0,5 polegada de diâmetro), sendo o diâmetro do arco de 80 a 90 cm. Para unir esse pedaço de conduíte formando um círculo, é preciso um pequeno pedaço de madeira de, aproximadamente, 2 cm que fique entre as duas pontas do conduíte para facilitar a união em um círculo (Figura 11.1). Antes de unir as duas pontas, pode ser colocado dentro do arco um pouco de arroz para fazer barulho quando movimentado. Depois de unir as duas pontas com o pequeno pedaço de madeira dentro delas, colocam-se algumas tachas ou dois pequenos pregos perfurando o tubo de borracha (conduíte) e a madeira. Para que não fiquem expostas as pontas das tachas ou pregos, encape com várias voltas de fita isolante. Para o arco ficar mais firme e protegido, pode-se encapá-lo inteiro com fitas isolantes coloridas, fazendo diferentes desenhos, que, além da proteção, os deixarão enfeitados.

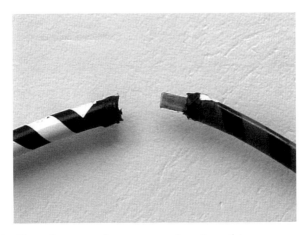

FIGURA 11.1 – União das pontas do arco com pedaço de madeira.

Bolas e cordas

Materiais como bolas de borracha e cordas feitas de diferentes materiais são facilmente encontrados em escolas e, mesmo que não sejam específicos da GR, as bolas de borracha usadas para jogos são muito bem aproveitadas. As bolas oficiais têm de 18 a 20 cm de diâmetro e pesam um mínimo de 400 gramas. As cordas, para um desenvolvimento adequado, são as de polipropileno (ou cânhamo), sem pontas de madeira, pois podem machucar os alunos durante as atividades. Uma boa medida de corda para as crianças é quando seu centro é pisado com os dois pés pelo aluno e as duas pontas ficam na altura das axilas (Figura 11.2).

FIGURA 11.2 - Criança mostrando como medir o tamanho ideal de uma corda.

Fitas

As fitas também são materiais de fácil confecção, que podem ser feitos junto às crianças. As fitas oficiais são compostas por um estilete (material de fibra de carbono que o aprendiz segura para movimentar a fita), um girador (material que serve para não enrolar a fita) e uma fita de cetim. Para confeccioná-las, precisa-se de aproximadamente 4 metros (para iniciantes) de fita de cetim de 4 cm de largura (a fita oficial tem, no mínimo, 6 metros de comprimento). Para dar melhor mobilidade, é preciso dobrar e costurar uma ponta da Fita de 60 cm aproximadamente (a oficial pode ser dobrada até 1 metro) e colocar um ilhós (perfuração com borda de metal colocada em roupas), por onde a fita será presa no girador. A partir disso, precisa-se do girador, material encontrado em loja de artigos para pesca, para que a fita não se enrole ao fazer movimentos como o espiral. O girador tem uma das pontas que pode ser aberta, como um alfinete de fraldas de criança, e que deve ser colocada no ilhós, prendendo a fita ao girador (Figura 11.3). Depois dessa fase, é preciso ter um estilete, que é a parte mais cara de uma fita oficial da GR. Para tornar esse material possível no ambiente escolar, foi preciso substituí-lo por um pedaço de madeira em forma cilíndrica, encontrado em *mata-moscas*. Retirando-se a parte plástica do mata-moscas, sobra um pequeno pedaço de madeira de 30 cm aproximadamente (o oficial tem de 50 a 60 cm). Para prendermos o girador no estilete alternativo, parafusamos um material de ferragem, chamado *pitão* (normalmente usado para pendurar vasos, parecido com um ponto de interrogação) (Figura 11.4). Após parafusarmos o pitão no cabo do mata-moscas, abrimos com um alicate a ponta do pitão, colocamos o girador nele e fechamos com o alicate novamente (Figura 11.5). A fita está pronta com um custo de 20% do valor de uma fita oficial. Para deixá-la ainda mais bonita, pode-se enrolar fita isolante colorida no estilete alternativo.

FIGURA 11.3 - Ilhós em uma fita e um girador preso no ilhós.

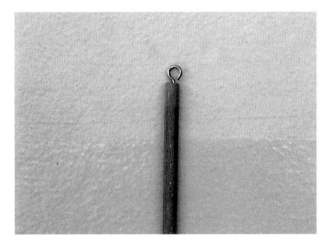

FIGURA 11.4 - Pitão no cabo do mata-moscas.

FIGURA 11.5 – Fita completa com ênfase nos encaixes.

Maças

As maças são materiais de difícil manuseio para iniciantes. Apesar disso, não se sabe bem o porquê de muitas escolas terem pares de maças e não terem outro material de GR. De certa forma, é possível fazer movimentações semelhantes às ações das maças (sempre utilizadas em pares) com meias de cano longo com bolinhas de tênis colocadas dentro ou com garrafas de refrigerantes de 600 ml. Outra possibilidade é fazer uma maça com colher de pau, prendendo na parte mais larga da colher uma embalagem de *Yakult*, ou parecida, com um pouco de areia (funcionando como um pêndulo). Encapar todo o material com fita isolante.

A idealização desse material provavelmente não é inédita e muito menos de alta tecnologia. Seu propósito é apenas atender às necessidades dos profissionais que pretendem desenvolver um programa de GA e GR nas suas aulas. Além disso, torna-se bastante prático e viável àqueles que atuam, principalmente, no âmbito escolar.

Algumas ideias de adaptação desses materiais surgiram de profissionais criativos da pesquisa de campo e de cursos de especialização, mas muitos exemplos foram elaborados perante nossas próprias dificuldades cotidianas de implantar a GA e a GR na escola.

Os materiais foram construídos para atender às seguintes questões:

- solucionar o problema da carência de materiais oficiais;
- ser convidativo para as crianças e, portanto, ter uma dimensão adequada a elas, além de ser atraente (colorido e bonito);
- a adaptação não deve descaracterizar a modalidade;
- ser prático o suficiente para que toda pessoa seja capaz de montá-lo e desmontá-lo em cada aula;
- apresentar um modelo que facilite a aprendizagem dos movimentos;
- ter um custo baixo, para que toda entidade possa adquiri-lo ou confeccioná-lo.

Divulgação do trabalho

A divulgação das aulas de Ginástica para as crianças acontece em aulas abertas para convidados, normalmente na primeira aula do ano ou organizando com a escola em outros horários durante o período escolar, para que todas as crianças vivenciem uma aula ou, pelo menos, alguns movimentos característicos das modalidades.

Montamos um circuito de materiais de GA e GR e, a cada 20 minutos, um grupo de crianças deixa a sua sala e dirige-se ao local onde vivenciará propostas de Ginástica. Após essa experiência, são enviados circulares de divulgação. Dessa forma, a criança pode opinar em relação à atividade extracurricular, pois já a experimentou.

Outra forma de divulgação do trabalho de Ginástica na escola é participar de eventos que a instituição promove, preparando algo consistente para ser exposto também aos responsáveis que não têm seus filhos nas aulas de Ginástica e, quem sabe, conquistá-los por meio da demonstração da turma de Ginástica.

Capacitação de professores

A questão de capacitação de professores é muito importante em um projeto extracurricular, pois todos devem estar atualizados. A equipe Imagynação faz uma reunião mensal com todos os integrantes, na qual todas as dúvidas, os problemas e as sugestões de aspectos das aulas são relatados e discutidos em grupo. Buscando oferecer o melhor trabalho de capacitação, organizamos um curso semestral com a duração de vinte horas, no qual profissionais especialistas em temas, de acordo com as maiores dificuldades demonstradas pelos professores, debatem conteúdos e trocam informações, capacitando, inclusive, os professores mais experientes. Há, também, a possibilidade de que esses professores do grupo que possuem maior conhecimento em determinada área ofereçam cursos aos outros.

Face ao aumento da demanda desse trabalho, o grupo buscou mais estagiários, para que estes, acompanhando os professores, pudessem compreender toda a dinâmica do projeto. Esses encontros promovidos com certa frequência tornam-se relevantes à implementação de um projeto, pois, além de capacitá-los, os motiva, trazendo maior envolvimento com o grupo.

Orientação de pais e avaliações das crianças

Durante as reuniões de professores, surgiu uma preocupação sobre a falta de conhecimento do trabalho desenvolvido no projeto por parte dos responsáveis pelas crianças. Então, iniciamos um processo de esclarecimento do conteúdo aplicado nas aulas aos pais dos participantes do projeto.

Mensalmente, as crianças recebem um informativo que explica sobre algum elemento ou atividade enfatizada naquele mês: o significado do exercício, como ele é popularmente conhecido, se é possível deixar que as crianças o executem em casa, ou mesmo algum fato atual relacionado à GR, como dados sobre a Seleção Brasileira, campeonatos importantes, como Jogos Pan-Americanos, Jogos Olímpicos a serem transmitidos pela televisão, quem são nossas melhores ginastas etc., buscando maior envolvimento e levando informações aos pais.

Ao final de todos os anos, os pais recebem uma avaliação individual de seu filho relacionada ao seu desempenho nos aspectos técnicos, de aprendizagem, de concentração em aula, de disciplina e as principais evoluções demonstradas.

Considerações finais

O objetivo principal deste texto é fornecer ideias aos profissionais que têm interesse em implantar projetos de GR em diferentes contextos ou, ainda, estimular professores por meio de outras possibilidades de se ensinar essa modalidade.

Tratamos durante o capítulo especificamente do desenvolvimento de um projeto implantado no contexto escolar, apresentando-o como um relato de experiências. Por meio de um exemplo concreto de propostas extracurriculares, procuramos esclarecer que elas podem ser adaptadas, modificadas, enriquecidas e ampliadas para outros contextos.

É importante enfatizar que, mesmo com dificuldades que surgem em cada escola, é possível desenvolver essas modalidades em ambientes diferentes de um ginásio específico. A própria modalidade, GR, não sendo tão comum quanto outras práticas esportivas, faz que o professor tenha de se dedicar mais e ainda buscar atualizações sobre o tema. A falta dos materiais adequados também torna o cotidiano do profissional mais trabalhoso, pois ele tem de encontrar meios de providenciá-los ou, até mesmo, de fabricá-los. Quando a escola tem o material, é preciso carregá-lo, controlar o seu uso e a sua manutenção, o que também gera trabalho aos profissionais, isso tudo sem considerar o desenvolvimento de aulas com métodos diferenciados e adequados à formação da criança.

No entanto, não podemos desconsiderar a importância que essa prática tem para o desenvolvimento das crianças, pois estimula todas as capacidades físicas básicas, relevantes a um aprimoramento motor. Além disso, a Ginástica pode ser mais uma opção para os profissionais que buscam ampliar a bagagem motora de seus alunos, uma possibilidade de aplicação viável na escola para aqueles que valorizam, gostam e trabalham com a GR. Com isso, promoveremos e divulgaremos a modalidade, oportunizando às crianças mais conhecimento da Ginástica e oferecendo meios para elas executarem seus elementos criativos, dinâmicos e desafiantes, mesmo para aqueles que só a pratiquem na escola.

É essencial pontuar que não é fácil ser um professor competente e diferenciar-se no trabalho com qualquer modalidade. Isso gera trabalho, o *nosso trabalho*. Portanto, nossa função é mediar, da melhor maneira possível, novos conhecimentos aos nossos alunos, e podemos fazer isso oferecendo projetos de qualidade.

Não podemos nos esquecer de que a forma de ensinar é o que marca o reconhecimento da prática pelos alunos, portanto é preciso introduzir novas práticas esportivas numa perspectiva lúdica. Elas devem alinhavar os conteúdos, a mediação dos professores e a aprendizagem dos alunos. Ensinar por meio de situações prazerosas é o ponto-chave das nossas propostas.

O prazer demonstrado pelas crianças ao praticarem elementos desafiadores da Ginástica não deve estar vinculado ao fato de elas conseguirem ou não executá-los, mas à forma como lhe apresentamos esses movimentos. Quando brincamos com os conteúdos gímnicos, por meio de seus materiais, damos possibilidade de os alunos interagirem com eles com mais facilidade e prazer ao praticá-los.

Buscamos, com essa prática, envolver os alunos de forma prazerosa, isto é, o prazer em fazer as atividades propostas. Isso cabe ao professor. É ele quem permite que todos consigam executar. É ele quem estimula a motivação e possibilita a participação de todos.

Neste texto, procuramos trazer pontos que se mostraram significativos à nossa prática pedagógica, mas sabemos que os resultados da aplicação de uma proposta dependem da forma como se ensina, do método empregado para se desenvolver alguma atividade. Além disso, não se pode descartar o respeito às capacidades que cada aluno apresenta, sem, contudo, permitir que se acomodem em seus limites corporais.

Ensinar movimentos novos exige que o professor seja um bom observador de cada aluno para identificar o que ele realmente sabe fazer, se compreendeu o que deve executar, além, é claro, de encontrar caminhos possíveis para que ele consiga aprender.

Enfim, conquistar os alunos para uma nova prática é papel do professor, que deve, cada vez mais, envolvê-los na atividade para que participem de todo o processo de aprendizagem. O professor deve ser capaz de conduzir a proposta, relevando a participação de seus alunos a partir de suas colocações, intervenções e expressões manifestadas, ampliando seus conhecimentos e preocupando-se sempre com a formação humana, antes mesmo da capacitação motora.

Referências

AYOUB, E. **A Ginástica Geral e Educação Física Escolar**. Campinas: Unicamp, 2003.

BARBOSA, I. P. **A Ginástica nos cursos de licenciatura em Educação Física do Estado do Paraná**. 1999. Dissertação (Mestrado) – Faculdade de Educação Física, Unicamp, Campinas, 1999.

BETTI, M. Perspectivas na formação profissional. In: MOREIRA, W. W. (Org.). **Educação Física & Esportes** – Perspectivas para o século XXI. Campinas: Papirus, 1992.

FREIRE, J. B. **Educação de corpo inteiro**. São Paulo: Scipione, 1994.

NISTA-PICCOLO, V. L. **Atividades físicas como proposta educacional para 1ª fase do 1º grau**. 1988. Dissertação (Mestrado) – Faculdade de Educação, Unicamp, Campinas, 1988.

_____. (Org.) **Pedagogia dos Esportes**. Campinas: Papirus, 1999.

NISTA-PICCOLO, V. L.; MORBIRA, B. C. **O que e como ensinar Educação Física na escola**. Jundiaí: Fontoura, 2009.

PAOLIELLO, E. A Ginástica Geral e a formação universitária. In: I FÓRUM INTERNACIONAL DE GINÁSTICA GERAL, 2001, Campinas. **Anais...** Campinas: SESC/Unicamp, 2001.

PARÂMETROS CURRICULARES NACIONAIS. **Introdução aos Parâmetros Curriculares Nacionais**. Brasília: MEC/SEF, 1998a.

_____. **Terceiro e quarto ciclos do ensino fundamental**: Educação Física. Brasília: MEC/SEF, 1998b.

POLITO, B. S. **A Ginástica Artística na escola: realidade ou possibilidade**. 1998. Monografia (Graduação) – Faculdade de Educação Física, Unicamp, Campinas, 1998.

SCHIAVON, L. M. **O projeto Crescendo com a Ginástica**: uma possibilidade na escola. 2003. Dissertação (Mestrado) – Faculdade de Educação Física, Unicamp, Campinas, 2003.

TOLEDO, E. **Propostas de conteúdos para a Ginástica Escolar: um paralelo com a teoria de Coll**. 1999, 202 f. Dissertação (Mestrado em Educação Física) – Faculdade de Educação Física, Unicamp, Campinas, 1995.

VELARDI, M. **Metodologia de ensino em Educação Física: contribuições de Vygotsky para as reflexões sobre um modelo pedagógico**. 1997. Dissertação (Mestrado) – Faculdade de Educação Física, Unicamp, Campinas, 1997.

12

Propostas para o desenvolvimento de projetos com Ginástica Rítmica

Silvia Deutsch

A experiência trazida neste texto parte da minha vivência na Ginástica Rítmica (GR), iniciada em um grupo de treinamento para competição da Faculdade de Educação Física de Santo André (FEFISA), no início da década de 1980. Conhecendo a GR como continuidade e adaptação de capacidades e habilidades desenvolvidas na Ginástica Olímpica, atual Ginástica Artística, iniciei minha caminhada na área tardiamente, preparando-me para as competições do Torneio Universitário Paulista (TUP).

Com esse conhecimento na área e já como mestranda na Escola de Educação Física da Universidade de São Paulo (USP), fui convidada a atuar profissionalmente no ensino superior, em 1988, no Departamento de Educação Física da Universidade Estadual Paulista – Júlio de Mesquita Filho (Unesp) – *Campus* Rio Claro. O princípio era fazer que os alunos conhecessem, desfrutassem e apreciassem os movimentos corporais e dos aparelhos, que se movimentam em sincronia com as músicas da Ginástica Rítmica Desportiva (GRD).

O desafio era grande, pois o conhecimento e o interesse dos alunos pelo esporte eram pequenos, e o que alguns alunos viam como um desafio a ser superado outros viam como algo impossível de ser atingido, considerando o esporte como algo de execução possível apenas aos mais habilidosos. Portanto, precisava transformar o conteúdo da GR em algo conhecido e possível de ser alcançado por todos os alunos o mais rápido possível.

Dentro da universidade, a atuação do docente se distribui em três áreas: o ensino, a pesquisa e a extensão. O *ensino* trata dos cursos de graduação e pós-graduação; a *pesquisa* visa ao desenvolvimento de estudos; e a *extensão* cuida de desenvolver atividades ou cursos para a comunidade em geral. O maior vínculo que consegui desenvolver na GR foi entre os cursos de graduação e os projetos de extensão à comunidade.

No currículo do curso de graduação em Educação Física até o ano de 2007, a GR dividia-se em duas disciplinas: Fundamentos em GRD, com 60 horas de carga horária, e em Estudos Avançados em GRD, com 120 horas de carga horária, sendo 60 horas de estágio. A disciplina Fundamentos de GRD podia ser frequentada em qualquer momento da graduação e a disciplina de Estudos Avançados normalmente era cursada no 3º ou no 4º ano. É importante destacar que nem todos os alunos eram obrigados a cursar essas disciplinas, podendo optar por outros esportes; inclusive, elas não eram pré-requisito uma para a outra.

O objetivo da disciplina *Fundamentos em GRD* era levar ao aluno o conhecimento dos movimentos básicos do esporte, possibilitando o desenvolvimento progressivo de suas habilidades. A estratégia utilizada buscava a compreensão e o respeito aos limites de cada aluno e visava a uma melhora com a conquista de suas habilidades com os aparelhos, sem a preocupação excessiva com a estética de seus movimentos corporais e *performance*. O desafio era fazer que o aluno se sentisse motivado pelas tarefas e satisfeito com suas conquistas. A ideia principal se baseava em: *O aluno precisa conhecer o esporte e gostar dele*. O objetivo da disciplina Estudos Avançados em GRD abrangia um aspecto mais aplicado: "*Uma vez que o desafio a mim apresentado foi superado, como faço para apresentar esse desafio para os meus alunos?*". Os alunos interessados nessa disciplina sempre foram em número reduzido, portanto, após algumas tentativas de conduzi-la com o objetivo de desenvolver o aprendizado de *performances*, ela foi reestruturada e adequada ao perfil de cada grupo interessado. Ultimamente, seu desenvolvimento era conduzido por meio da elaboração e da execução de projetos temáticos na área.

Um dos projetos desenvolvidos foi a criação de um material a ser apresentado para a população que desconhece a GR. Junto ao projeto temático, era desenvolvido o estágio supervisionado dessa disciplina concomitantemente ao projeto de extensão em GR oferecido pela universidade à comunidade. Esse projeto ainda se desenvolve com crianças entre 7 e 16 anos. Os grupos são divididos por nível de desenvolvimento no esporte: iniciação, aperfeiçoamento e treinamento. Dependendo do número de estagiários envolvidos, conseguimos subdividir os grupos também por faixa etária. Inicialmente oferecíamos o projeto apenas para alunas de 7 a 12 anos (linha desenvolvimentista, Gallahue e Ozmun, 2005), mas o grupo foi se fortalecendo e, hoje, no grupo de treinamento, temos alunas de até 17 anos. O objetivo inicial do projeto de extensão é levar à população o conhecimento do esporte e, por meio de seu ensino, atuar na formação física, emocional e moral das crianças e adolescentes. Com o grupo de treinamento, apesar de o objetivo também ser esportivo, com busca de resultados (em competições), mantemos os mesmos princípios formadores. Vale ressaltar que esse trabalho nos trouxe uma parceria com a Prefeitura do Município de Rio Claro, na qual as alunas representam a cidade em competições, como os Jogos Regionais e Abertos.

Com base nesses dois enfoques escolhidos para serem desenvolvidos, apresentarei, a seguir, dois estudos realizados com as duas populações trabalhadas: alunos de graduação e alunas que participam do projeto de extensão.

Conhecimento sobre Ginástica Rítmica – alunos de graduação

Trata-se de um estudo longitudinal, desenvolvido com 654 alunos, em que a questão analisada faz parte de um instrumento (avaliação diagnóstica) aplicado aos alunos em todo início da disciplina Fundamentos de GRD, oferecida nos cursos de licenciatura e bacharelado em Educação Física do

Instituto de Biociências – Departamento de Educação Física – Unesp de Rio Claro, no período de 1988 a 2006.

A pergunta é: *no que consiste a GRD?*

A análise da resposta foi feita com base em algumas etapas da análise de conteúdo, sugerida por Bardin (2004, p. 38), a qual é considerada por esse autor como: "um conjunto de técnicas de análise nas comunicações, que utiliza procedimentos sistemáticos e objetivos de descrições do conteúdo das mensagens".

Das etapas sugeridas por Bardin (2004), foram utilizadas pré-análise; exploração e tratamento do material e dos dados; unidades de registro e de contexto; categorização; tratamento dos resultados; inferências; e interpretação.

Apesar de a pesquisa utilizar a sigla GRD em suas questões, nos resultados será utilizada a expressão GR, que é o nome atual do esporte tratado neste texto.

A categorização chegou a três grupos claramente diferenciados: alunos que conhecem a GR; os que têm alguma noção sobre a GR; e os que não conhecem a GR.

Para os alunos que conhecem GR, a descrição das respostas deveria conter os elementos que constituem o esporte: exercícios ou elementos gímnicos, música, expressão corporal ou dança e aparelhos (corda, bola, arco, maças ou fitas). Quando apenas um ou alguns desses elementos eram apresentados na resposta, foi definido que os alunos têm uma noção sobre o assunto, e o não conhecimento era constatado quando o próprio aluno se definia como não conhecedor ou quando respondia com palavras que nada tinham a ver com a resposta correta.

Os resultados mostraram-se da seguinte forma:

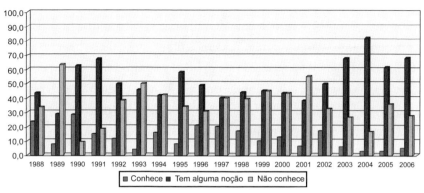

FIGURA 12.1 – Análise das respostas apresentadas pelos alunos de graduação quanto ao conhecimento da GR (por ano).

Os resultados apresentados pela Figura 12.1 mostram uma tendência crescente das respostas do grupo: *tem alguma noção sobre GR*.

Esses resultados indicam o crescimento da popularidade da GR em nosso país. Observamos que o número de pessoas realmente conhecedoras do esporte ainda continua baixo, mas, lentamente, a GR deixa de ser algo totalmente desconhecido. Destaca-se, inclusive, o fato de, como conhecedores de algum aspecto do esporte, as pessoas não terem segurança o suficiente para abordar com clareza o que é a GR por completo. Isso nos faz acreditar ser esse o motivo da manutenção e da queda, nos últimos anos, do grupo de pessoas com respostas que atendam ao real conhecimento desse esporte.

Independentemente das questões respondidas, observa-se que, nos últimos anos, um maior número de alunos tem melhor noção do que é a GR, muito diferente de alunos da década de 1980 e 1990, que nem sabiam o que encontrariam na disciplina escolhida para frequentar. Porém, o conhecimento completo sobre o esporte em nenhum ano ultrapassou 30%. Isso mostra claramente o quanto a GR ainda não é conhecida em nosso país. Obviamente, a resposta esperada nesse nível incluía informações completas sobre o conhecimento do esporte, e, por esse motivo, talvez, os resultados não tenham sido melhores.

A quantidade de apresentações exibidas na mídia e a qualidade dos comentaristas esportivos interferem mais na estruturação desse conhecimento do que na quantidade e qualidade de publicações científicas. Ambas são extremamente importantes, porém podemos notar que, possivelmente, a mídia interfere diretamente na formação de opinião e conhecimento das pessoas.

É importante, ainda, lembrar que a GR iniciou seu histórico olímpico em 1984, na Olimpíada de Los Angeles, na qual houve o boicote dos países do Leste Europeu, tirando as melhores ginastas dessa competição. Em 1988, na Olimpíada de Seul, com a presença das ginastas do mundo todo tivemos uma contagiante e encantadora apresentação e consequente divulgação do esporte. Até então, a GR participava das Olimpíadas apenas em provas individuais. Somente em Atlanta, em 1996, as provas em conjunto iniciaram sua aparição e foram as que apresentaram maior destaque na imprensa e que mais trouxeram informações para o público em geral (Histórico da modalidade, 2007).

Em nossos resultados, a existência da GR não interferiu nos Jogos Olímpicos, inclusive, tivemos uma diminuição de informações apresentadas em 1989. O que pode ser observada é a relação entre o início da participação das provas de conjunto e o conhecimento da GR. Parece que, naquele momento, houve maior divulgação da imprensa e, consequentemente, maior esclarecimento sobre o esporte.

O início da GR no Brasil data de 1960, com o nome de Ginástica Feminina Moderna; mais tarde, passou a ser chamada de Ginástica Rítmica Desportiva (GRD). Com um desenvolvimento tímido, alcançou maior destaque em 1999, nos Jogos Pan-Americanos de Winnipeg, no Canadá; em 2003, em Santo Domingo, na República Dominicana; e em 2007, no Rio de Janeiro, no Brasil, com as primeiras colocações nas provas de conjunto. Tivemos, também, excelente 8ª classificação nos Jogos Olímpicos de Sydney, na Austrália, em 2000, e em Atenas, na Grécia, em 2004 (Modalidades do Pan, 2007). Em Pequim, em 2008, ficamos com o 12º lugar na classificação geral por equipe.

Todo esse histórico nos faz supor quais as informações que podem ter interferido para que a GR tenha se tornado mais conhecida nos últimos anos.

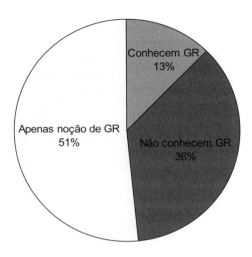

FIGURA 12.2 – Média geral das respostas apresentadas pelos alunos de graduação quanto ao conhecimento da GR pelo período analisado.

Os alunos que afirmaram *conhecer* o esporte nunca ultrapassaram a faixa dos 30% do grupo, sendo que a média apresentou-se por volta dos 13%. Quanto aos alunos que *não conhecem* a GR, apresentou-se uma média de 36%, e 51% têm apenas alguma *noção* do que é o esporte. A Figura 12.2 mostra um panorama do conhecimento da GR no Brasil nos últimos vinte anos.

Conhecimento e expectativas na Ginástica Rítmica – alunas da comunidade

Outro estudo foi feito com as 34 alunas, com idades entre 7 e 16 anos, participantes por um período médio de dois anos do projeto de extensão à comunidade de GR. Foi aplicado um questionário informativo diagnóstico para verificar algumas questões de ordem pessoal, outras de ordem familiar e, por fim, algumas referentes à atividade do qual a aluna participava. O questionário das alunas mais novas foi preenchido com o auxílio da professora.

As respostas apresentadas foram tratadas por meio de uma análise de conteúdo (Bardin, 2004) em cada uma das questões.

A primeira questão buscava saber o que as meninas entendiam por GR. As respostas foram as mais variadas. Independentemente da faixa etária, algumas a definiram com uma de suas características, como *executar saltos, brincar com aparelhos, ficar mais flexível, dançar, exercitar o corpo e praticar um esporte*. Outra categoria de respostas apresentou o prazer e a satisfação de estar com o grupo, a professora ou a própria atividade, a partir do uso da expressão *legal* para definir a atividade; outro aspecto ressaltado foi o de ser uma atividade em que há a possibilidade de se desenvolver, aprender mais. Apesar de as aulas já ocorrerem há um tempo médio de dois anos, algumas alunas não souberam definir o esporte claramente, entretanto, respostas mais completas, como *são exercícios que visam à expressão corporal e à coordenação motora, utilizando diversos aparelhos durante as séries*, também foram encontradas. A ausência de clareza em explicar o que é o esporte talvez se deva à deficiência de qualidade da escola frequentada pela maioria das alunas. Observa-se que as respostas mais claras provêm das alunas que estudam em escolas particulares e que possuem melhor formação.

Ao perguntar o motivo que as levava à prática da GR, as respostas mais utilizadas foram *porque gosto* e *porque é legal*. Outra categoria levantada foi *exercitar* ou *mexer o corpo, ser mais flexível, ter bom alongamento* e *aprender coisas interessantes*. Há, também, a preocupação estética e o cuidado com a saúde, além do autodesenvolvimento. A ansiedade de simplesmente participar de campeonatos, ser campeã ou ser algo na vida mostra uma ampliação de perspectivas. A preocupação com o componente afetivo no desenvolvimento do projeto atende às expectativas das alunas. O cuidado com a autoestima se mostra presente e auxilia muito no desenvolvimento das alunas.

A expectativa das alunas com relação à prática da GR apresenta-se na busca de aprendizados de novos movimentos corporais ou com os aparelhos, ter mais flexibilidade, ter boa condição física, alcançar boa estética corporal (emagrecer), ser uma boa ginasta, vencer em competições, ser famosa e também poder se tornar uma profissional da área. Obviamente, os objetivos de algumas alunas ultrapassam os definidos pelo programa, porém isso é visto de maneira extremamente positiva, principalmente quanto à motivação apresentada por elas.

Quando se trata de uma visão futura, as participantes apresentam apenas boas perspectivas. Os comentários giram em torno de serem melhores que atualmente, mais bonitas, melhores ginastas e mais flexíveis, participando de competições e, possivelmente, sendo campeãs. Essa postura é considerada muito positiva, pois nem todas possuem uma condição de vida confortável. Observamos que as alunas possuem uma boa noção do que a atividade pode proporcionar e reconhecem a importância desta na vida delas.

Projetos de extensão universitária

O que se visa nos projetos de extensão universitária é o processo educativo, cultural e científico que articula o ensino e a pesquisa e viabiliza a relação transformadora entre a universidade e a sociedade.

Por meio dos programas de extensão é ampliada a possibilidade de a comunidade acadêmica encontrar na sociedade conhecimentos enriquecedores para a sua formação, ao mesmo tempo em que se beneficia, com os conhecimentos acadêmicos adquiridos nos bancos da universidade.

A não divisão entre ensino, pesquisa e extensão significa que a universidade desenvolve programas que consideram os três tipos de atividades inter-relacionados de forma institucional, o que a torna produtora e transmissora de conhecimentos e interativa com a sociedade, contribuindo com seu desenvolvimento e sempre confrontando os conhecimentos acumulados com a realidade, realimentando o ensino e a pesquisa que realiza. Na prática, essa relação ocorre com a atuação de docentes e seus alunos nos cursos de diferentes temas apresentados à sociedade.

Em nossa área, a Ginástica, o projeto de extensão é subdividido em vários segmentos, que se ampliam e se reduzem conforme nossa demanda de conhecimento e interesse. Ela se desenvolve há vários anos. A Ginástica Artística e o Trampolim Acrobático foram, por muitos anos, desenvolvidos pelos experientes professores Mônica e Fernando Brochado.

O projeto desenvolvido na Unesp de Rio Claro é denominado *Atividades ginásticas* e tem por objetivo oferecer ao público de diferentes idades a possibilidade de se praticar, por meio de movimentos ginásticos que englobam a GR, a Ginástica Artística, a Ginástica Laboral e o Trampolim Acrobático. Atualmente, também vem trazendo a prática de Ioga para adultos, que, além dos movimentos de alongamento e relaxamento, levam a uma maior interiorização.

Na Unesp, existe a Pró-Reitoria de Extensão (PROEX), que auxilia com verba e bolsas para estagiários. Normalmente, contamos com o apoio de, pelo menos, uma bolsa por ano, para auxiliar nesses projetos, porém o que sustenta toda essa estrutura é a colaboração dos alunos de graduação que participam do estágio voluntariamente.

Para organizar um programa ou um projeto, são necessários alguns fatores que definem a possibilidade de seu desenvolvimento: estrutura física e recursos humanos. Na estrutura física, necessitamos de espaço e equipamentos disponíveis, e, quanto aos recursos humanos, precisamos de alunos, professores e auxiliares/estagiários. Além dessa estrutura, é preciso termos claros os objetivos a serem buscados e tempo disponível para dedicação ao projeto.

Em virtude desses fatores, que estão ligados entre si, cada situação pedagógica necessita de um programa específico.

Estrutura "necessária"

A estrutura física para o desenvolvimento do projeto de extensão em GR é um espaço que deve ser suficiente para que todas as alunas possam estar em movimento ao mesmo tempo e que cada uma possa se mover livremente. O chão pode ser uma quadra, porém, de preferência, coberto por um carpete, e a altura da sala deverá ser de, pelo menos, 6 metros de altura, para que os lançamentos possam ser bem executados, porém nem sempre esse espaço é possível e, assim, adaptam-se as aulas em uma sala de altura padrão, em que os elementos podem ser treinados com a mesma qualidade e dedicação. O importante é a segurança que o espaço nos traz; cuidados com as alunas também sempre são alertados.

Normalmente, não há material suficiente; é sempre necessária uma adequação, portanto pode ser necessário providenciá-lo de forma improvisada, na ausência da possibilidade de adquirir aparelhos oficiais. Uma experiência interessante é quando as próprias alunas dedicam-se à fabricação de seus materiais. Sugere-se iniciar o trabalho com os aparelhos bola e corda, pela maior facilidade de aquisição e possibilidade de manuseio no dia a dia, e, na sequência, arcos, fitas e maças, em razão da necessidade de um maior cuidado no ensino das habilidades, em virtude do nível de dificuldade.

É importante lembrar da necessidade de um aparelho de som para o acompanhamento musical. Para auxiliar nas marcações rítmicas, pode ser utilizado o tamborim ou outros materiais de percussão.

Para desenvolver um programa, é importante considerar o nível de desenvolvimento, os interesses e as necessidades das diferentes faixas etárias. No caso de um grupo com grande nível de maturidade, é importante inserir atividades autodirigidas, as quais podem ser avaliadas pelas próprias alunas.

Com base nas inúmeras possibilidades de combinações de movimentos apresentados, sugerem-se quatro níveis de dificuldade a serem trabalhados, subdivididos nas seguintes faixas etárias, apresentadas no Quadro 12.1.

Quadro 12.1 – Relação entre nível de desenvolvimento esportivo e faixas etárias

Nível básico	Base Motora	7 e 8 anos
Nível intermediário	Pré-esportivo	9 e 10 anos
Nível avançado	Esporte nível 1	11 a 13 anos
Nível de treinamento	Esporte nível 2	13 a 17 anos

Essa divisão é baseada na teoria desenvolvimentista (Gallahue e Ozmun, 2005). Minha experiência como professora na escola de esportes do Esporte Clube Pinheiros, entre 1984 e 1987, mostrou-me um bom resultado com os grupos divididos dessa forma, e outro trabalho que também foi desenvolvido em conjunto sob forma de consultoria com o SESI, no programa Atleta do Futuro (SESI, 2006), também tem se mostrado satisfatório.

Cabe ressaltar que nem sempre é possível separar os grupos dessa maneira, pois as próprias crianças, e também os pais, gostam que seus filhos se iniciem cedo nesse esporte, trazendo uma cultura de que quanto mais cedo o ginasta começou, mais chances de bons resultados ele terá.

Trata-se somente de uma sugestão, pois bem se sabe que, em Ginástica, o desenvolvimento de capacidades e habilidades de cada aluna é extremamente individual, e temos de cuidar para não desmotivá-las, mantendo-as em grupos que não correspondam ao seu nível de desenvolvimento. É importante termos a consciência da flexibilidade de nossas estruturas.

Recursos humanos

Podem-se desenvolver esses projetos com um(a) professor(a) coordenador(a) e alguns ajudantes. No caso do nosso projeto de extensão, temos a colaboração de vários alunos estagiários (bolsistas ou não) vinculados à disciplina Estudos Avançados em GRD ou que, pelos menos, já tenham passado pela disciplina Fundamentos de GRD. Outra possibilidade é a participação de alunos que já tenham tido experiências anteriores com o esporte. O planejamento é feito em cada início de semestre, e o ajuste, semanalmente. As dificuldades são resolvidas particularmente. Trabalha-se no sentido de dar cada vez mais autonomia ao estagiário. É importante que, ao final do estágio, ele se sinta totalmente apto a trabalhar sozinho com suas alunas.

Os objetivos do projeto

Geral

Levar o conhecimento prático da GR ao maior número de crianças possível.

Por meio das capacidades e habilidades necessárias para o desenvolvimento na GR, as alunas buscam a compreensão técnica de cada movimento, aprimorando-se em cada exercício proposto.

Específicos

Algumas ideias de objetivos específicos podem ser consideradas no ensino da GR (Peregot e Delgado, 2002):

- aprender a apreciar os movimentos estéticos, graciosos e harmônicos;
- aprender as técnicas de movimento com cada aparelho;
- compreender os movimentos como uma experiência criativa;
- autoavaliar-se e avaliar as companheiras;
- trabalhar em grupo;
- desenvolver a postura e a graça para a prática dos movimentos naturais;
- desenvolver autoconfiança;
- desenvolver elegância e fluidez nos movimentos corporais;
- desenvolver força, resistência, agilidade, velocidade e equilíbrio;
- desenvolver o sentido de estética do movimento;
- desenvolver ritmo, coordenação e sentido de sincronia, combinando movimentos e música;
- ter prazer na participação;
- executar os movimentos em situação de apresentação (classe, competição etc.).

Vale ressaltar que, quando definimos um objetivo, seja para uma aula, um período ou vários períodos, sempre devemos estar cientes de que atenderemos objetivos físico-motores, psicológico-sociais e cognitivos e, principalmente, que devemos respeitar o desenvolvimento de cada um de nossos alunos (Pereira, 1999).

Para a organização das aulas, são sugeridos alguns cuidados:

- reunião com todo o grupo e informações iniciais (3 a 5 minutos);
- aquecimento – preparar o corpo para a aula – e alongamentos (5 a 10 minutos);
- revisão dos exercícios aprendidos em aulas anteriores (o tempo depende do nível de aprendizado das alunas);
- desenvolvimento do tema selecionado para a aula (dependendo do tempo disponível, podem-se dividir os grupos por conhecimentos semelhantes);
- conclusão – comentários, demonstrações – e fixação do tema desenvolvido na aula.

Partimos do simples jogo para o treino das capacidades e habilidades específicas do esporte. Iniciando com o movimento espontâneo, seguimos para os movimentos de imitação e chegamos à adequação técnica de movimentos específicos e à utilização das regras necessárias.

A repetição dos movimentos é necessária para reter e consolidar os movimentos. A técnica esportiva se trata de um movimento definido como eficiente com o menor gasto de energia, portanto, quanto mais próxima a execução desse padrão "de eficiência", mais estético, harmônico e econômico esse movimento se apresentará. É por meio de estruturas metodológicas de aspectos pedagógicos e suportes corporais, materiais e sonoros que encontramos estratégias para o desenvolvimento do esporte com os diferentes grupos.

Nos grupos de iniciação, encontramos alunas com rendimentos superiores e inferiores ao esperado. Na prática, a atitude da aluna, mais que por fatores hereditários, define o prosseguimento de seu desenvolvimento no esporte.

A eficiência do professor, a boa comunicação, as estratégias utilizadas e o estímulo ao movimento criativo junto ao desempenho fazem dessa atividade algo estimulante e de especial valor. A participação das crianças em um projeto de extensão de GR amplia suas perspectivas.

Por meio da participação de eventos tanto de demonstração quanto de competição, as alunas desenvolvem suas capacidades e habilidades motoras, emocionais, sociais e morais. Apresenta-se um leque de oportunidades para que se estimule o desenvolvimento sociocultural da ginasta. Percebemos que a superação dos desafios corporais que a Ginástica apresenta acaba sendo transposta para os desafios diários das ginastas. A possibilidade de se tornar uma ginasta profissional ou uma técnica do esporte mostra esse aumento de perspectivas.

Considerações finais

O ato de pesquisar a Ginástica é algo inusitado para quem é da área. Em alguns momentos, chego a refletir que profissionais não muito envolvidos com o esporte o fariam com mais facilidade.

Quando olhamos sob o enfoque das inteligências múltiplas tradicionais, observamos claramente que as pessoas envolvidas no esporte têm uma predominância da inteligência cinestésica-corporal (Gardner, 1999), porém, na área da Ginástica, especificamente, supomos a predominância de três inteligências: cinestésica-corporal, espacial e musical.

Essa informação é apenas observada, podendo, inclusive, ser um bom objeto de pesquisa, porém qualquer leitor que sinta sua alma envolvida com a Ginástica é capaz de se observar e, também, observar as pessoas de seu meio que atuam na área em concordância com essa colocação. Podemos, inclusive, sugerir um tema para uma pesquisa a partir da verificação da preferência de técnicas ou professoras de Ginástica entre ministrar treinos/aulas ou desenvolver pesquisas.

É obvio que a necessidade das pesquisas se apresenta a cada instante se queremos melhorar a qualidade de nosso ensino, do rendimento das ginastas etc., mas ainda é um processo lento, principalmente nessa área, que ainda faz sua caminhada inicial, em especial no Brasil.

Gostaria, ainda, de enfatizar que a pesquisa em si existe e sempre existiu. Cada técnica, treinadora, professora e ginasta usam de inúmeras ferramentas metodológicas para buscar uma melhor *performance*; o que ainda não é suficiente é a organização dessas informações de forma sistemática, atendendo às exigências de nossa atual ciência.

Por meio de nossas pesquisas, neste breve relato, caracterizamos a população frequentadora dos projetos de extensão atualmente desenvolvidos na Unesp de Rio Claro. Obviamente, as possibilidades de oferecimento de diferentes atividades relacionadas à GR seriam possíveis. Poderíamos atender a grupos com necessidades especiais, de terceira idade, com diferentes faixas etárias e variados objetivos. A amplitude de possibilidades de movimentos da GR favorece o desenvolvimento de capacidades e habilidades em diversas direções, ampliando o contexto educativo favorecido por esse esporte.

Os movimentos que podem ser executados com e sem progressão diferenciam-se pela posição do corpo da ginasta, pela posição de seus membros, pelo sentido utilizado, pelo ritmo em que executa o movimento, pelo espaço com seus diferentes planos, trajetórias e direções e, finalmente, pelo número de executantes que os desenvolvem (Bodo Schmid, 1985). Por meio de suas inúmeras possibilidades de movimentos, unidos ao estímulo da música e aos aparelhos de que se utiliza, mostra a possibilidade de um vasto repertório de criações.

Cada um dos cinco aparelhos oficiais utilizados na GR permite o desenvolvimento de diversas combinações de movimentos com diferentes níveis de complexidade. Sugestões de materiais alternativos, como coco, véu, bandeira, pandeiro, grandes bolas, bastões etc., auxiliam no desenvolvimento de todas as habilidades desse esporte e podem ser utilizados em caráter demonstrativo.

A prática competitiva aliada à demonstrativa em muito colabora para o desenvolvimento das ginastas, dando oportunidade ao desenvolvimento de todo o grupo, por mais heterogêneo que este se apresente.

A melhor fase de desenvolvimento de habilidades específicas ou culturalmente determinadas, como os esportes e a dança, corresponderia ao período aproximado de 8 anos de idade em diante, fase em que se sugere um processo formal de prática específica a cada tipo de habilidade motora. Isso não significa que precisamos recusar a presença de crianças que tenham menos de 8 anos e o desejo de aprender o esporte. Basta usar-se de bom senso e ter um cuidado amoroso, observando a condição de cada uma de nossas alunas.

As diferentes modalidades de Ginástica e a Dança, dentro do desenvolvimento psicomotor, classificam-se como atividades motoras complexas que abrangem o campo da comunicação não verbal. Isso se deve à necessidade do desenvolvimento da expressividade, qualidade vista como uma das últimas e mais completas na sequência do desenvolvimento.

Independentemente do aspecto motor, a importância de uma prática esportiva orientada vai ao encontro das várias necessidades da criança, do adolescente e do jovem (Laffranchi, 2001). Os pais, a escola e os grupos de recreação e práticas esportivas são os que mais conseguem interagir com as crianças e os adolescentes, interferindo no desenvolvimento de sua personalidade, dependendo do período, alguns com maior outros com menor intensidade.

Os motivos que levam crianças e adolescentes a participarem da prática esportiva são o aprendizado de novas habilidades, a diversão, a filiação, a busca de emoções e o exercitar-se e vencer desafios, como se mostrou no estudo aplicado ao nosso grupo de extensão.

Na GR, é permitida ao aluno, à criança e/ou ao adolescente a convivência em grupo, em que é possível desenvolver a cooperação, vivenciando o clima de equipe, lidando com sua própria motivação e ansiedade, superando desafios, experimentando o sabor de vitórias e derrotas e podendo liderar e ser liderados. O autocontrole, a confiança, a autoconfiança, as situações de agressão e o respeito aos valores e às regras fazem parte da situação em que se desenvolve o esporte.

O estabelecimento de pequenas, médias e grandes metas mostra ao indivíduo uma parcial imagem sobre o que se trata a sua vida futura. Isso faz que colaboremos no desenvolvimento de pessoas com melhor autoestima, mais confiantes e em condições de decidir sobre a própria vida (Maturana, 2004).

A certeza de que vivemos momentos de tristezas e alegrias, investindo em algum esporte, faz-nos sempre seguir em frente. Várias vezes não tivemos o apoio de verba para os bolsistas estagiários, condução que nos levasse até as competições, alimentação para ir às competições, medalhas para premiar nossas ginastas em competições internas, condições de ter uma vestimenta adequada para as crianças participarem das aulas e, muito menos, para as apresentações de nossas ginastas, enfim, nada disso sobrepõe o alcance de nosso objetivo. Mesmo com vestimentas simples, elas se apresentam com seus cabelos firmes e lindamente penteados e seus rostos maquiados e com um grande sorriso de quem, independentemente da execução, já tem a vitória. Apenas presenciando esses momentos é que nossa razão compreende, nossa emoção vivencia, nossa intuição se apresenta e nossa sensação nos faz desfrutar desse caminho.

É importante lembrar que o cuidado amoroso é o que mais se busca antes de qualquer atividade específica. A partir do momento que as crianças vêm até nós para praticar GR, devemos cuidar para que sejam atendidas da melhor maneira possível, transmitindo nosso conhecimento de maneira segura e tranquila. Quanto mais possibilidades são oferecidas para ampliar o repertório motor da criança, maior facilidade ela terá para reconhecer e enfrentar os problemas de seu dia a dia.

Referências

BARDIN, L. **Análise de conteúdo**. Lisboa: Edições 70, 2004.

BODO SCHMID, A. **Gimnasia rítmica deportiva**. Barcelona: Hispano Europea, 1985.

CÓDIGO DE PONTUAÇÃO DE GINÁSTICA RÍTMICA DESPORTIVA – ciclo 2005-2008. Disponível em: <http://www.cbginastica.com.br>.

GALLAHUE, D. L.; OZMUN, J. C. **Compreendendo o desenvolvimento motor**. 3. ed. São Paulo: Phorte, 2005.

GARDNER, H. **Inteligência**: um conceito reformulado. Rio de Janeiro: Objetiva, 2000.

HISTÓRICO da modalidade – Leste Europeu e ex-União Soviética fizeram história. Disponível em: <http://www1.uol.com.br/olimpiadas/2000/ginasticaritmica/histmodalidade.shl> Acesso em: 10 ago. 2007.

LAFFRANCHI, B. **Treinamento desportivo aplicado à ginástica rítmica**. Londrina: Unopar, 2001.

MATURANA, R. H. **Amar e Brincar**. São Paulo: Palas Athena, 2004.

MODALIDADES do Pan – Ginástica Rítmica. Disponível em: <http://www.abrilnopan.com.br/modalidade_ver.php?idModalidade=15>. Acesso em: 10 ago. 2007.

PEREIRA, S. M. **Ginástica Rítmica**: aprendendo passo a passo. Rio de Janeiro: Shape, 1999.

PEREGOT, A. B.; DELGADO, C. D. **1.000 Ejercícios y juegos de gimnasia rítmica deportiva**. Barcelona: Paidotribo, 2002.

SESI-SP. **Programa SESI atleta do futuro**: perspectivas da inclusão e diversidade na aprendizagem esportiva. São Paulo: SESI, 2006.

13

A Ginástica Rítmica no ambiente universitário

Ehrengard Herta Haide Nassif
Maria Teresa Bragagnolo Martins

Este capítulo tem a intenção de expor a experiência na docência da disciplina de Ginástica Rítmica (GR) no Ensino Superior. A região do ABC, desde a década de 1980, vem desenvolvendo um bom trabalho de base em GR, tanto em escolas quanto em clubes, por isso a preocupação com a capacitação, além de considerarmos o conteúdo relevante para a formação em Educação Física. A experiência docente[1] vem nos mostrando que a teoria aliada à prática determina um caminho positivo para o sucesso dos futuros profissionais de GR, pois, dessa forma, definimos quatro etapas de desenvolvimento do trabalho oferecido na graduação do curso de Educação Física: a primeira busca um referencial dos movimentos anatômicos para elaborar a sequência de movimentos, facilitando a compreensão do trabalho sem aparelhos (em diferentes planos, direções e eixos); na segunda, em seguida à solicitação do professor, os alunos elaboram uma série de ações, ampliando o repertório motor e a complexidade da tarefa, com manejo de aparelhos oficiais ou mesmo sem nenhum aparelho, procurando sempre modificar ou ampliar o movimento; na terceira etapa, são oferecidas ideias para oficina e construção dos materiais alternativos com bases nos critérios oficiais da GR; a quarta etapa se dá com a organização, a criação e a apresentação da sequência de movimentos em grupos, respeitando a individualidade e as

---

[1] As professoras mestres Ehrengard Haide Nassif e Maria Teresa B. Martins são especialistas em Ginástica Geral e Rítmica desde 1978 e 1992, respectivamente.

características do aluno de graduação (ele não é um ginasta). Como forma de avaliação dos conteúdos, é organizado pelos alunos um festival interno de Ginástica.

A Ginástica Rítmica no Ensino Superior

Este estudo tem como objetivo apresentar a experiência como docente na disciplina de GR e a metodologia utilizada no Curso de Educação Física, assim como a atividade extracurricular em grupo de estudo teórico-prático de GR. Para isso, será apresentado um breve histórico da experiência vivida pelas autoras entre as décadas de 1970 e 1990, em que a prática da GR era muito diferente da atual. Essa prática levou à construção de um método de ensino no Curso de Educação Física, que fez da região do ABC um dos polos de base da GR em São Paulo.

Para compreender esses conteúdos, precisamos voltar um pouco na história, pois a GR, como disciplina nos cursos de Educação Física, hoje tem um enfoque diferente da época citada. A Ginástica era disciplina de base para as modalidades gímnicas, e a GR não era reconhecida como modalidade olímpica, portanto o relato a seguir é muito interessante e mostra o quanto se modificou em pouco tempo.

De acordo com Soares (2002), o conceito moderno de Ginástica vem do século XIX, quando surgiu o estudo dos métodos ginásticos europeus. A Ginástica era tida como uma prática para fins higiênico e militar e apenas praticada pelos homens. Com o passar do tempo, os métodos foram se modificando, surgindo o interesse pela prática feminina, buscando beleza, harmonia e estética dos movimentos.

No mesmo século, surge o Movimento Ginástico europeu, com a finalidade de orientar essa prática de forma sistematizada, mantendo um padrão de movimento, obviamente de acordo com sua cultura e suas necessidades.

Pereira (1960) relata que muitos profissionais se interessaram pelos aspectos da Educação Física, caso de Dalcroze e Delsarte, que apresentaram uma ideia-mestre e diretiva e o desejo de dar sentido expressivo ao movimento ginástico, traduzindo sistematicamente uma expressão da alma.

Jacques Dalcroze elabora uma sequência de movimentos gímnicos acompanhados de música, criando um método diferente para a Ginástica Moderna (Langlade e Langlade, 1986).

Delsarte, estudioso da época, definiu alguns objetivos para a Ginástica Moderna (Pereira, 1960, p. 627):

- O objetivo do método era estético, procurando a valorização do gesto daqueles que, pela voz, exprimem pensamentos, sentimentos, fatos ou situações.
- A harmonia do movimento é fundamental, porque não só inibe os gestos desajeitados, falsos e inestéticos como também lhes concede poder representativo de ideias.
- O movimento livre e natural e o domínio corporal são condição essencial a todo artista.
- É recíproca a influência do pensamento e do movimento, e, assim, a este último deverão sempre se aliar imagens espirituais, nobres e elevadas.

Rudolf Bode, aluno de Dalcroze, incrementou a prática adicionando os aparelhos de Medau, criando as variações para a Ginástica Moderna.

Medau (1967) foi um dos professores da geração contemporânea que teve maior projeção no campo da GR, em virtude de seus incontestáveis dotes pedagógicos e do sentido estético e espetacular dos seus exercícios e exibições.

Nos Jogos Olímpicos de Berlim, em 1936, na solenidade de abertura, Medau foi incumbido de fazer uma formação com sua Ginástica, representando os aros olímpicos. Essa foi a primeira apresentação com os arcos da "sua" Ginástica. Hoje, esse símbolo com os aros são divulgados no mundo.

A Ginástica Moderna sofreu muitas influências até se estabelecer com uma característica diferente da prática masculina, começando pela capacidade desenvolvida pelos praticantes, ou seja, enquanto os homens visavam à força, à potência, à agilidade e aos movimentos calistênicos, as mulheres visavam à estética, à plasticidade e à elegância, buscando melhorar o equilíbrio, a flexibilidade e a coordenação.

Levada pelos acontecimentos gímnicos da Europa Central, surge na Hungria, em 1937, a escola de Ginástica de Ilona Peuker, que, com bases nessas ideias, também desenvolve a prática da Ginástica com materiais de pequeno porte específicos para mulheres, conhecida como Ginástica Rítmica.

Essa prática chegou ao Brasil por meio dessa professora, em meados da década de 1950, trazendo muito interesse e curiosidade, por parte das professoras de Educação Física, em conhecer e desenvolver a modalidade. No fim da década de 1950 surge, na Europa, o interesse em desenvolver a prática em modalidade de competição e, somente no início da década de 1960, a Federação Internacional de Ginástica (FIG) organizou o 1º Campeonato Mundial em Budapeste (Santos e Santos, 1999).

No fim da década de 1970, surge no Brasil o interesse de algumas alunas do curso de Educação Física em se aprofundar no estudo da execução do movimento gímnico, pela beleza que a modalidade oferece e pelo prazer da prática em grupo.

Nessa época, a professora Ehrengard Haide Nassif esteve na Alemanha em busca de estudos sobre a Ginástica, então denominada de Moderna, porém, por motivos diversos, precisou mudar de curso quando uma nova oportunidade apareceu para trazer subsídios práticos e teóricos do trabalho de base da Rhythmischen Sportgymnastik (Wetkampgymnastik) (Ginástica Rítmica Competitiva), modalidade essa ainda desconhecida no meio universitário da época.

Mais tarde, a discípula de Ilona Peuker, a professora Daisy Regina Pinto de Barros começa a divulgar um trabalho em São Paulo, oferecendo cursos técnicos e pedagógicos de manejo de alguns aparelhos, em conjunto com a professora Ingborg Krause, que, simultaneamente, a auxiliava ministrando o curso de arbitragem em Ginástica Rítmica Desportiva (GRD), formando, assim, alguns polos de trabalho de base no Estado de São Paulo.

Em 1978, a CENP (Coordenadoria de Estudos e Normas Pedagógicas) realizou um curso prático de diversas modalidades facultativo às professoras da rede oficial de ensino público do estado de São Paulo. Entre as modalidades estava a GR, além de ter sido ensinado o manejo dos aparelhos de GRD. A equipe era coordenada pela professora Ephigênia Sáes Cáceres e tinha como integrantes as professoras Enise Effenberger, Maria Iracy Orlandi, Maria Lúcia Faria de Barros e Renata Elsa Stark. Posteriormente, foram distribuídos a toda a rede os subsídios para a implementação da GRD com e sem aparelhos (no caso, mãos livres), para auxiliar as que já estavam ou pretendiam participar dos Jogos Escolares do Estado de São Paulo (JEESP) e, consequentemente, dos Jogos Escolares Brasileiros (JEBS).

Concomitantemente ao trabalho da CENP, a Coordenadoria de Esportes de São Paulo divulgou a série obrigatória de mãos livres para os Jogos Escolares. Essa divulgação da modalidade veio auxiliar o trabalho universitário, pois a série obrigatória foi intensamente divulgada aos alunos do curso de Educação Física, que também divulgaram nas escolas em que já ministravam suas aulas.

Esse período ficou marcado por muitos festivais de Ginástica, que foram organizados enfatizando a prática da GR em grandes grupos, mostrando a beleza e a harmonia entre música, movimento e materiais de pequeno porte. Alguns se destacaram, como o Festival de Dança e Ginástica no Baby Barione, em 1979; o Festival de Dança e Ginástica de São Caetano do Sul, em 1980, 1981 e 1982, organizado pela professora Selma Moreno; e o Festival do Instituto de Ginástica Moderna de Santo André, organizado pela professora Ehrengard Haide Nassif, que contava com um grupo de GR adulto e infantil. Nesses eventos, a FEFISA – Faculdade de Educação Física de Santo André – participava com o grupo de alunas da graduação fazendo a abertura ou o encerramento das festividades. Isso atraiu os olhares das meninas que não conheciam a modalidade e chamou a atenção de escolas e clubes, pela facilidade de adaptação da modalidade tanto ao espaço físico quanto ao material ginástico.

Em meados da década de 1970, as professoras de Ginástica Geral solicitaram a inclusão da GRD nos cursos de Educação Física. Ela foi inserida na disciplina Ginástica Geral (apenas para o feminino; na época as classes eram separadas),

379

pois se entendia que, para uma melhor compreensão da modalidade, existia uma sequência lógica de aprendizado de conceitos e características dos movimentos da Ginástica. Na disciplina, era oferecido um conteúdo voltado à compreensão teórico-prática da qualidade do movimento aliado ao prazer de executá-la de forma competitiva ou não, já que se tinha, também, a noção que ela seria, no futuro bem próximo, uma modalidade olímpica.

Pensando nisso, a nova proposta disciplinar desenvolveu um estudo do movimento corporal com base na anatomia do corpo humano. O conhecimento era passado aos alunos tanto do sexo masculino quanto do feminino, sendo as mesmas bases com vivências corporais da Ginástica Geral e da GR, com maior ênfase nas habilidades com aparelhos específicos para a GR.

Todo esse interesse fez surgir a ideia de promover festivais e torneios de GR em São Paulo, como o Torneio Universitário Paulista (TUP), nos anos de 1979 a 1984. Com o apoio das universidades, essa ideia amadureceu e se transformou em um marco da GR em São Paulo. Entre as décadas de 1970 e 1980, muitas alunas do curso de Educação Física se transformaram em técnicas de GR, formando celeiros da modalidade em várias cidades do estado.

A fim de esclarecer como acontece a prática da GR no ambiente universitário, relataremos a seguir alguns passos que foram desenvolvidos por nós e que consideramos importantes, lembrando que a prática é sempre tratada como um laboratório em que o aluno experimenta, analisa, observa os colegas e as reações do seu corpo e do outro a partir dos estímulos propostos. Essa prática é muito significativa, pois serve de apoio para a sua prática profissional.

Proposta de desenvolvimento da Ginástica Rítmica na graduação em Educação Física

Elaboramos quatro etapas de desenvolvimento do trabalho oferecido na graduação do curso de Educação Física, lembrando que a proposta é para um curso anual:

- *Primeira etapa*: busca um referencial dos movimentos anatômicos para elaborar a sequência de movimentos, o qual facilita a compreensão do trabalho sem aparelhos (em diferentes planos, direções e eixos).
- *Segunda etapa*: visa à elaboração de uma série de ações, ampliando o repertório motor e a complexidade da tarefa com e sem aparelhos.
- *Terceira etapa*: é oferecida uma oficina para a construção dos materiais alternativos baseados nos critérios oficiais da GR e, a partir daí, a descoberta de novas possibilidades motoras.
- *Quarta etapa*: dá-se com a organização, a criação e a apresentação da sequência ginástica em grupo, respeitando a característica do aluno de graduação, encerrando a atividade em um festival como forma de avaliação. Todo esse processo será detalhado mais adiante.

Atualmente, essa proposta de trabalho é baseada nos Parâmetros Curriculares Nacionais (PCNs), que orientam a educação no Brasil, mas, no fim da década de 1970 e início de 1980, havia uma discussão sobre os problemas sociais e políticos no Brasil, sugerindo ao professor ser um coordenador de atividades que organiza e atua juntamente com os alunos (Brasil, 1997), então havia a necessidade de fazer o aluno compreender o conteúdo e ter habilidades para aplicá-los, de forma concreta, quando solicitado na sua vida profissional. Essa ideia caminha assim até os dias de hoje, mas depende da expectativa do aluno e do mercado de trabalho.

No entanto, percebemos, com o passar do tempo, a fragilidade de recursos biológicos que fez com que esses alunos buscassem suprir as insuficiências com criações que tornassem os movimentos mais eficientes e satisfatórios procurando desenvolver diversas possibilidades de uso do corpo com intuito de solucionar as mais variadas necessidades de forma original.

Hoje em dia, essa proposta está inserida na disciplina Ginástica Geral, tem caráter predominantemente utilitário ou lúdico e procura combinar o aumento da eficiência dos movimentos corporais com a busca da satisfação e do prazer na sua execução, valendo-se da prática de um esporte, no caso a

GR. Em uma perspectiva de prazer e divertimento, essa experiência no curso de graduação pode ser transferida à prática profissional.

É necessário enfatizar que, para Freire (1997), o professor deve compreender a atividade que, particularmente, achamos que deve dominar,[2] pois demonstra confiança e capacidade para conseguir auxiliar o desenvolvimento da criança. A disciplina Ginástica Geral no curso de Educação Física trabalha as diversas manifestações corporais e culturais colaborando para essa finalidade, levando o praticante ao bem-estar físico, mental e social, o que, consequentemente, melhora o condicionamento físico e valoriza a prática.

Outro aspecto relevante é entender que a prática da GR inserida na disciplina Ginástica Geral, na perspectiva do prazer, leva o participante ao desenvolvimento dos aspectos de formação humana, pois a modalidade é trabalhada, geralmente, em grupo, e desenvolve capacidades e habilidades de forma global, aproveitando o acervo motor e a cultura corporal de todos os integrantes do grupo.

Já a GR, de acordo com as suas características, complementa-se com materiais de pequeno porte (oficiais ou alternativos) que podem ser usados na fase de aprendizado, pois estimulam a aquisição de habilidades motoras de manipulação e a coordenação motora distal (portanto, fina) da criança.

A prática no ambiente universitário nos mostra o quanto foi fragilizado o aprendizado da coordenação motora fina dos alunos praticantes de GR, pois demonstram sérios problemas de coordenação distal, principalmente com as maças e a corda, que exigem um domínio motor extremo.

A fala de Riehm (1976, p. 22) vem completar a nossa ideia, pois "não se pode ensinar a criança a tricotar sem que ela tenha oportunidade de segurar as agulhas e manipulá-las entre as linhas para formar as laçadas e as tramas".

A experiência nos grupos de GR universitários nos leva à seguinte questão: qual o melhor método de ensino ou a melhor estratégia para ensinar GR durante a infância, que esta não se preocupe com a *performance*, mas com a melhoria das suas potencialidades na vida adulta?

---

[2] Entende-se como *dominar* a compreensão do conteúdo teórico e prático, processo pedagógico e estratégias para o desenvolvimento da GR.

A preocupação com o tema é sobre a capacidade dos futuros profissionais em transferir o conhecimento aos alunos na GR escolar. Para tanto, segue nossa proposta de metodologia de ensino da GR no curso de Educação Física.

Primeiro momento

Assim que o aluno ingressa no curso de Educação Física, ele se depara com disciplinas da área da saúde que, de imediato, o afastam daquela ideia da Educação Física Escolar. Não é diferente com a disciplina de Ginástica, que inicia o seu conteúdo expondo teoricamente o movimento de acordo com planos, eixos, direções e variações de níveis. Associado ao trabalho de anatomia, o aluno passa a conhecer melhor seu corpo e suas possibilidades e a entender suas dificuldades de execução e as do outro, tornando-se mais sensível na análise e na cobrança de execução.

A terminologia adequada às habilidades motoras é oferecida pela disciplina de anatomia e a disciplina Ginástica Geral se ocupa em classificar, executar, analisar e avaliar essas ações. A prática pode ser realizada com e sem aparelho gímnico de grande e pequeno porte, pois todos os movimentos possibilitam a utilização e a variação dos aparelhos, dependendo dos objetivos propostos.

Devemos lembrar que essa prática sempre se remete à Educação Física Escolar, pois a criança inicia a fase de desenvolvimento motor brincando com o "material" da cultura popular, portanto os movimentos oferecidos em aula são conhecidos por todos, mas em outra perspectiva.

A Figura 13.1 orienta o trabalho inicial de GR no curso de Educação Física, o qual é baseado nos conteúdos da disciplina de anatomia e Ginástica Geral.

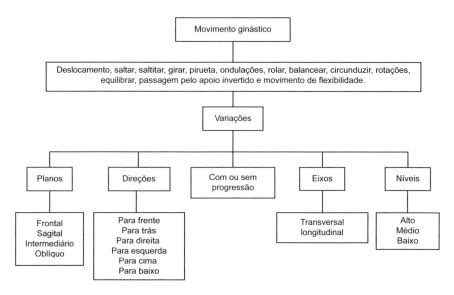

FIGURA 13.1 – Exemplo de movimento ginástico e suas possibilidades de variações.

A Ginástica Geral, como disciplina, fundamenta o trabalho teórico baseado no desenvolvimento do ser humano, nas aquisições das habilidades motoras básicas, simples e específicas ou complexas e no potencial genético, denominado *capacidade física*. O maior desafio do praticante é com seu próprio limite, superando suas capacidades sem regras rígidas estabelecidas, e, portanto facilita o desempenho das habilidades, levando o praticante a inúmeras tentativas do domínio motor de acordo com o grau de complexidade da tarefa proposta.

Gallahue e Ozmun (2001, p. 393) tem uma visão interessante sobre domínio motor ou competência motora:

> Quando um indivíduo tem a percepção de que é fisicamente competente, ele continua a participar de atividades físicas; mas, se quando percebe que é fisicamente incompetente, ele limita sua participação e suspende as tentativas de domínio.

Exemplos de atividades

- balanceio de membros superiores (MMSS) no plano frontal sem deslocamento e com deslocamento;
- transferência de peso com circundução de MMSS;
- saltitos com membros inferiores (MMII) unidos e balanceio de MMSS no plano frontal;
- variações dos movimentos de acordo com o estímulo e a resposta dos alunos.

Segundo momento

Nessa etapa, o aluno já identifica as ações simples e complexas e suas variações, de acordo com as suas possibilidades, buscando rever o repertório do acervo motor da cultura corporal. Nesse momento, a disciplina entra com a etapa de desenvolvimento dos movimentos combinados ou a sequência ginástica utilizada pelas modalidades gímnicas.

É uma etapa em que o aluno vive experiências motoras específicas, exigindo capacidades físicas muitas vezes não desenvolvidas para esse fim, o que demonstra que não lhe foi oferecido oportunidade de vivenciar essa prática por vários fatores, entre eles, a falta de conhecimento do professor.

Segundo Leguet (1987), o professor cria sua estratégia de aula de acordo com sua personalidade, considerando o desempenho motor do aluno de forma secundária, pois ele está descobrindo novas possibilidades. É importante o professor oferecer e estimular a prática, pois, a partir da experiência, ele descobre oportunidades. No curso de Educação Física, muitos alunos desconhecem as modalidades gímnicas por falta de estímulo do professor.

A prática pedagógica em Ginástica, para Hostal (1982, p. 10) permite a descoberta do corpo por meio de situações diferentes da habitual:

exercícios que se baseiam em uma análise prévia do gesto e que permitem melhor domínio corporal, quer pela prática de exercícios de forma fixa (ginástica e dança), quer pela prática de atividades de expressão que favorecem a criação pessoal (mímica-expressão corporal-dança livre). Em ginástica, o corpo se encontra geralmente em situações e em posições incomuns. É o momento de dominar os elementos sócio-afetivos. A ginástica nos ensina a enfrentar progressivamente, a partir de situações seguras, situações mais perigosas, a lutar para vencer sozinho a dificuldade do problema proposto.

Para o autor, a prática pedagógica em Ginástica visa ao desenvolvimento geral dos aspectos relacionados à educação (social, afetivo, motor e cognitivo). A Ginástica favorece situações motoras variadas relacionadas às suas modalidades e outras atividades esportivas que, progressivamente, vão educando o gesto motor.

Nesse momento, temos o cuidado de observar as características do grupo, o comportamento motor, as dificuldades ou as falhas motoras e, principalmente, investigar seu acervo motor, pois, a partir daí, podemos criar oportunidade de elaboração de sequência ginástica.

Esta estratégia e esta metodologia devem ser desenvolvidas a partir da sensibilização do professor com relação ao interesse dos alunos, motivando, criando condições de ambiente, solicitando e permitindo vivências e ações motoras diferenciadas e respeitando as expectativas de cada aluno.

Com base nos conceitos de Gallahue e Ozmun (2001) sobre o domínio motor, desenvolvemos um quadro que estabelece algumas relações possíveis para a criação de sequência ginástica.

Quadro 13.1 – Possibilidades de variações e nível de complexidade sem aparelhos

Elementos corporais	Posição dos segmentos	Planos	Direções	Eixos	Níveis
Deslocamento			Para frente		
Saltar	Grupado				
Saltitar					
Girar			Para direita		
Pirueta					
Ondulações		Sagital			
Passagem pelo apoio invertido					
Rolar			Para esquerda	Longitudinal	
Balancear	MMSS paralelos	Sagital			
Circunduzir	MMSS cruzados	Frontal			Baixo
Rotações					
Equilíbrio					Baixo
Movimento de flexibilidade	Espacato				

Os exemplos em negrito foram criados pelos professores a fim de que os alunos continuem a sequência por completo.

Exemplos de atividades

- relacionar os elementos corporais;
- escolher quais são os movimentos adequados ao grupo;
- estimular a prática em dupla variando os pares, pois, dessa forma, os alunos experimentam andamento diferente para as ações;
- o professor emprega um ritmo adequado ao grupo e sugere duas ações combinadas;

- na sequência, as duplas acrescentam duas ou mais ações à sua escolha, formando uma *sequência ginástica*;
- não foi determinada a ordem dos movimentos, pois a dupla deve eleger quais ações e como elas devem ser executadas.

Exemplo de sequência

- inicia-se em posição fundamental;
- andar para frente 4 tempos;
- parar e executar balanceio de MMSS no plano sagital 4 tempos;
- girar para direita sobre os dois pés com circundução de MMSS cruzados no plano frontal, terminando ajoelhada em 4 tempos;
- permanecer em equilíbrio sobre o joelho direito, estendendo o MIE em abdução e MMSS no prolongamento do corpo em 4 tempos;
- executar o espacato em 4 tempos com MIE à frente;
- rolar lateralmente para a esquerda em 4 tempos;
- semiajoelhar e executar ondulações no plano sagital em 4 tempos terminando em pé;
- executar o impulso para o salto grupado em 4 tempos e finalizar em pé;
- essa prática é desenvolvida de forma progressiva, acrescentando movimentos de acordo com o estímulo do professor;
- mais adiante as duplas se unem, formando quartetos, e todos executam os mesmos movimentos, sugerindo um *intercâmbio motor*, fortalecendo os aspectos de formação: cognitivo, socioafetivo e motor.

Terceiro momento

Nessa etapa, são apresentados os materiais de pequeno porte da GR feminina e masculina: corda, bola, arco, maças, fita e bastão (Gaio, 1996). Inicialmente, são oferecidos de forma lúdica, resgatando as brincadeiras infantis.

De acordo com seus objetivos, os materiais oficiais podem ser substituídos por alternativos com peso e tamanho diferentes, favorecendo o trabalho específico de manipulação. É importante passar ao futuro professor que, na Educação Infantil, a criança já tem condições de manipular esses materiais, com o objetivo de estimular a lateralidade e o reconhecimento dos segmentos e o próprio corpo.

Para o trabalho pedagógico, utilizamos o recurso dos materiais circenses, que estimulam a curiosidade e a criatividade e se assemelham à manipulação dos aparelhos de GR, como claves, bolinhas de painço, argolas e lenços, bastão chinês, *swing* e diabolô. Hoje em dia, as crianças estão criando o hábito de "brincar" com esses materiais, facilitando o trabalho de coordenação motora fina para a prática da GR.

Aqui, é feito um resgate teórico de todo o conteúdo abordado, para que o futuro professor dê conta da sua responsabilidade quanto à formação integral do aluno. Tudo que foi oferecido até então se baseou em sua experiência e a do grupo. Apontamos falhas e acertos em sua formação. Agora é o momento em que a GR é apresentada de forma específica, mas não com abordagem competitiva, e, sim, como mais uma oportunidade de conhecimento motor.

As aulas são preparadas baseando-se no Código de Pontuação que rege a GR, considerando todo o conteúdo abordado anteriormente e a proposta de experimentar novas possibilidades motoras de forma global.

Possibilidades da Ginástica Rítmica

Cada aparelho tem sua característica própria, denominado grupo técnico (GT). De acordo com a evolução do esporte, é alterada a exigência técnica, efetuada somente pelo comitê técnico da Federação Internacional de Ginástica (FIG) a cada Ciclo Olímpico. Nos Quadros 13.2 e 13.3, relacionamos os elementos corporais básicos da GR e os aparelhos oficiais, e suas combinações são baseadas no Código de Pontuação, sem pretensão técnica. (FIG, 2001).

Quadro 13.2 – Características dos aparelhos e suas possibilidades de movimentos

Grupo técnico	Aparelhos
Saltar	Corda, arco, fita
Saltitar	Corda, arco, fita
Rolar	Bola, arco
Lançar e recuperar	Corda, arco, bola, maças e fita
Soltura do aparelho	Corda, fita
Passagem sobre	Arco, fita e corda
Passagem através	Arco, fita e corda
Rotações no eixo	Arco, corda
Quicar	Bola
Pequenos círculos	Maças
Molinetes	Maças
Batidas	Maças, corda e arco
Serpentinas	Fita
Espirais	Fita
Movimento assimétrico	Maças
Manejo: impulsos, balanceios, circunduções, movimentos em oito	Corda, arco, bola, maças e fita

Quadro 13.3 – Elementos corporais e possibilidades de variações com aparelhos

Elementos corporais	Corda	Arco	Bola	Maças	Fita
Deslocamento	x			x	
Saltar		x			
Saltitar	x			x	x
Girar		x			
Pirueta			x		x
Ondulações			x		x
Passagem pelo apoio invertido		x			
Rolar			x		
Balancear	x			x	
Circunduzir				x	x
Rotações		x			
Equilíbrio	x			x	x
Movimento de flexibilidade			x		

Exemplos de atividades

- brincar de pular corda em grupo, com uma corda grande e duas ou três pessoas saltitando de forma variada e obedecendo ao estímulo do professor, que observa a resposta motora e aumenta a complexidade da tarefa gradativamente, introduzindo cordas menores;
- trabalhar com os aparelhos sempre em duplas ou trios, oferecendo o primeiro movimento e estimulando a criação de outros entre os componentes do grupo, somando as ações até transformar em sequência;
- a música deve ser inserida gradativamente, inicialmente como estímulo para a prática e, depois, como apoio ao movimento e a construção da sequência.

Exemplo de sequência com bola

- inicia-se na posição fundamental com a bola na mão direita;
- rolar a bola sobre os MMSS da direita para a esquerda, executando pirueta para direita, lançar a bola, executar rolamento e recuperá-la no solo;
- executar quicadas rítmicas simultaneamente à ondulação e a hiperextensão do tronco até a posição em pé, finalizando em equilíbrio arabesque com a bola na mão direita.

Outra proposta é a criação de materiais alternativos trazidos do circo e a elaboração de sequência em grupo, que requerem boa coordenação motora fina e não exigem técnica específica da GR. De forma lúdica, os alunos desenvolvem as técnicas necessárias aplicadas aos aparelhos oficiais.

Quarto momento

Podemos chamar esse momento de *fechamento do ciclo*, em que os alunos mostram o trabalho que criaram durante todo o processo; as sequências iniciais se transformam em coreografias de GR, utilizando a música como apoio ao tema desenvolvido, e os aparelhos refletem a ideia do enredo apresentado. A criação em grupo é muito rica em detalhes corporais e expressivos, considerada pelos alunos como melhor aproveitamento do acervo motor de cada indivíduo, de forma organizada e coletiva.

Oferecemos um roteiro que norteia essa prática, pois os alunos, mais uma vez, devem considerar a disciplina como um laboratório; a vivência se tornará concreta fora das paredes da faculdade de Educação Física.

Exemplo de atividade

- o grupo deve se dividir em subgrupos, os quais serão responsáveis por determinado item de elaboração do evento (organização e apresentação);
- discute o tema e pesquisa o conteúdo prático (coreografia), ou seja, característica do movimento de acordo com o grupo;
- elabora a forma de utilização dos materiais em cada momento da sequência, respeitando o critério básico do Código de Pontuação de GR;
- a escolha dos materiais fica a critério do grupo, mas é sempre solicitada a presença de um material alternativo.

A avaliação dos trabalhos se dá em forma de festival interno. Os grupos se apresentam como um Festival oficial de Ginástica, seguindo ordem de apresentação, tempo de música, utilização de espaço físico, disciplina na entrada e na saída da apresentação e outros itens relevantes para a prática dentro dos domínios da instituição.

Considerações finais

Essa experiência vem de longa data, quando, na década de 1980, foi criado o TUP – Torneio Universitário Paulista de GR, com a participação de várias universidades como: USP, OSEC (Unisa), Unicamp, Fefisa, UMC etc. Daí em diante, os festivais e os torneios cresceram na cidade de São Paulo e no interior do estado, abrindo o caminho para diversos grupos de GR.

A experiência na época de TUP nos levou a repensar e reformular o método de ensino e a avaliação de GR nos cursos de Educação Física que apresentamos aqui. A principal dificuldade era incentivar os meninos à prática de uma modalidade exclusivamente feminina, pois os materiais e os elementos corporais são específicos para a composição.

Ao longo desse processo, apoiamo-nos nas regras da GR japonesa, que desenvolve a GR masculina de competição. Nela, existem semelhanças na manipulação dos aparelhos como corda, maças e arco, e o que os difere são tamanho e peso dos aparelhos e os elementos corporais para a composição (Gaio, 1996).

Hoje em dia, o trabalho de GR desenvolvido nos cursos de Educação Física está inserido na disciplina de Ginástica Geral e tem apoio nas atividades extracurriculares, como grupo de estudo teórico-prático de Ginástica Geral.

Muitos trabalhos científicos são desenvolvidos na modalidade, trazendo reconhecimento ao trabalho iniciado na década de 1970. Não parece muito tempo para quem participou desde o início desse trabalho, mas muito se conquistou.

Esperamos contribuir com o nosso relato sobre a experiência vivida na prática da GR no ambiente universitário. Este é apenas um pouco do que podemos oferecer aos amantes desse esporte.

Referências

BARBANTI, V. **Dicionário da Educação Física e do Esporte**. Barueri: Manole, 1994.

BOTT, J. **Ginástica Rítmica Desportiva**. Barueri: Manole, 1986.

BRASIL. Secretaria de Educação Fundamental. **Parâmetros Curriculares Nacionais – Educação Física**. Brasília – MEC/SEF, 1997.

COLETIVO DE AUTORES. **Metodologia do Ensino da Educação Física**. São Paulo: Cortez, 1992.

FEDERAÇÃO INTERNACIONAL DE GINÁSTICA. **Código de Pontuação** – 10º Ciclo, 2001.

FEDERAÇÃO PORTUGUESA DE GINÁSTICA. **Código de Pontuação (Ciclo 2005-2008)**. Tradução Eunice Lebre, 2005.

FISCHER, U. T. A. **Von der Jazzgymnastik zum Jazztanz**. Weingarten: Pohl-Verlag, 1977.

FREIRE, J. B. **Educação de corpo inteiro**: teoria e prática da Educação Física. 4. ed. São Paulo: Scipione, 1997.

GAIO, R. **Ginástica Rítmica Desportiva "popular"**: uma proposta educacional. São Paulo: Robe, 1996.

GALLAHUE, D. L.; OZMUN, J. C. **Compreendendo o desenvolvimento motor**: bebês, crianças, adolescentes e adultos. São Paulo: Phorte, 2001.

GALLARDO, J. S. P. (Org.) **Educação Física**: contribuições à formação profissional. 2. ed. Ijuí: Editora Unijuí, 1997.

GÖTZOVA, A. **Rhythmische Sportgymnastik** – Gymnastik mit Handgeräten für Anfänger und Könner. München: Blv Sportt, 1982.

HOSTAL, P. **Ginástica de aparelhos**: espaldar, banco, plinto, corda, ensino primário. Barueri Manole, 1982.

LANGLADE, A; LANGLADE, N. **Teoría general de la gimnasia**. Buenos Aires: Stadium, 1986.

LEGUET, J. **As ações motoras em ginástica esportiva**. Barueri: Manole, 1987.

LISSIZKAJA, T. S. **Rhythmische Sportgymnastik**. Berlin: Sportverlag, 1982.

MARINHO, I. P. **História da Educação Física e Desportos no Brasil**. São Paulo: Cia. Brasil, 1980.

MARTINS, M. T. B. A Ginástica Geral como conteúdo da Educação Física no Ensino Fundamental. In: MOREIRA, E. C. **Educação Física Escolar**: desafios e propostas. Jundiaí: Fontoura, 2004.

MEDAU, H. **Moderne Gymnastik** – Lehrweise Medau. Coburg: Pohl-Verlag Druckerei, 1967.

PEREIRA, C. F. M. **Tratado de Educação Física**. Problemas pedagógicos e históricos. Lisboa: Brertrand, 1960.

RIEHM, G. **Ein Weg zur wettkampfgymnastik**. Alemanha: Pohl – Verlag, 1976.

SANTOS, J. C. E. **Ginástica Geral**: elaboração de coreografias e organização de festivais. 1. ed. Jundiaí: Fontoura, 2001.

SANTOS, J. C. E.; SANTOS, N. G. M. **História da Ginástica Geral no Brasil**. Rio de Janeiro: José Carlos Eustáquio dos Santos, 1999.

SÃO PAULO. Secretaria da Educação. Coordenadoria de Estudos e Normas Pedagógicas. **Subsídios para a implementação do guia curricular de Educação Física para o 1º grau** – 5ª a 8ª séries: Ginástica Rítmica Desportiva – trabalho a mãos livres. São Paulo: SE/CENP, 1978.

SOARES, C. L. **Eduacação Física:** raízes europeias e Brasil. Campinas: Autores Associados, 1994.

_____. **Imagens da Educação no Corpo**: estudo a partir da ginástica francesa no século XIX. 2. ed. Campinas: Autores Associados, 2002.

14

Ginástica Rítmica só para mulheres?

Sissi Aparecida Martins Pereira

A Ginástica Rítmica (GR) é um esporte que tem como base a associação entre o ritmo, os movimentos corporais, com ou sem deslocamento, e o manejo de aparelhos específicos da modalidade. "Suas teorias são fundamentadas no princípio da contração e relaxamento, que é a própria essência do movimento humano, e forma a unidade do ritmo corporal" (Laffranchi, 2001, p. 5).

Uma modalidade tão espetacular como a GR merece reflexão sobre uma de suas particularidades: as competições são exclusivamente para o sexo feminino. Essa peculiaridade também é observada na fase de aprendizado em clubes, escolas e centros esportivos, e esse será o ponto-chave de discussão neste capítulo, cujo suporte teórico tem respaldo nos estudos de gênero.

Como ponto de partida, temos a GR como uma modalidade idealizada para o sexo feminino. Com base em minha experiência como docente durante muitos anos em escolas de Ensino Fundamental, esse pode ser considerado o início do debate sobre o baixo interesse pela GR por parte do sexo masculino. O estigma em relação aos movimentos realizados pelo sexo feminino pode afastar a participação dos meninos, mas cada pessoa realiza o movimento de uma forma muito particular e não necessariamente o gesto motor precisa ser uniforme, principalmente em se tratando de vivenciar novas formas de expressão corporal.

O movimento ginástico exige *performances* e padrões de movimento complexos que dependem, consideravelmente, de uma história de vida motora desde a infância.

De acordo com Toledo (2004, p. 62) "as modalidades gímnicas permitem ao aluno uma atuação motora futura diferenciada, devido à gama (quantidade e qualidade) de possibilidades que abrangem sob diversos aspectos". A autora enfatiza que a Ginástica favorece o desenvolvimento motor, cognitivo e social, facilita a aprendizagem de outros conteúdos da Educação Física e desenvolve valores sociais, além de possibilitar um futuro engajamento para a prática da Ginástica e uma correta interpretação dos movimentos na idade adulta.

As experiências corporais de meninos e meninas, homens e mulheres vão transformando o corpo num instrumento de comunicação e, de acordo com Vianna e Castilho (2002, p. 25), o corpo fala, pensa e cria.

> O corpo traz uma história, uma espécie de memória que está impregnada nos músculos, nos tendões, nos órgãos, no padrão da respiração. Memória afetiva dos tempos de infância, memória muscular do desenvolvimento motor nos primeiros anos de vida, e também memória de cada tombo, cada salto, cada cambalhota, cada dança. [...] Assim, o corpo fala. Ele fala, ou seja, traduz toda essa história de vida, e fala ainda dos desejos e limites atuais.

O corpo também é o seu entorno, muito mais que um conjunto de músculos, ossos e sensações. São, também, "os sentidos que nele se incorporaram, os silêncios que por ele falam, os vestígios que nele se exibem, a educação de seus gestos". O corpo não é definido pelas semelhanças biológicas, mas, fundamentalmente, pelos "significados culturais e sociais que a ele se atribuem" (Goellner, 2003, p. 29).

Estamos discutindo um corpo carregado de significados, dotado de valores apreendidos do contexto sociocultural em que está inserido e que deve ser analisado, não somente em suas semelhanças biológicas, mas, também, em suas diferenças culturais. A utilização apenas dos parâmetros biológicos "pode levar à desconsideração de expressões gestuais legítimas do ser humano e à eleição preconceituosa e discriminatória de algumas práticas corporais em detrimento de outras" (Daolio, 2005a, p. 33).

Historicamente, difundiu-se um discurso, principalmente científico, fundado na biologia dos corpos, que se tornou dominante na área da atividade física, a respeito das características próprias da natureza de cada sexo. As mulheres eram (e ainda parecem ser) consideradas fisicamente frágeis e, por isso, naturalmente delicadas, submissas e afetivas, e os homens tinham (e ainda têm) como característica a força, portanto, eram dominantes, vigorosos e intelectuais.

> Este imaginário circunscreveu-se no corpo de meninos e meninas e indicava que eles tinham a capacidade de produzir gestos e movimentos fortes, ágeis, viris e eficientes; e elas leves, graciosos, delicados e belos. As diferenças existentes entre os dois sexos, como a composição corporal e as qualidades físicas, acabam por definir alguns comportamentos mais identificados e apropriados a cada sexo. Atividades que exigem menor esforço físico e estão associadas à estética com movimentos harmônicos, leves e suaves, estão mais presentes nos movimentos das meninas, exaltando características de delicadeza e fragilidade como definidoras de sua identidade motora. (Pereira e Mourão, 2005, p. 206)

Buscando respaldo nas palavras de Bourdieu (2002), a socialização do biológico e a biologização do social produziram nos corpos e nas mentes uma naturalização da divisão entre os sexos, presente não somente na realidade, como, também, na representação dessa realidade.

Na atualidade, a ciência ainda busca fundamentar as dessemelhanças, por meio de muitos estudos pautados nas diferenças biológicas entre os sexos, e apresenta evidências de que homens têm neurônios a mais que as mulheres, que o cérebro das mulheres é menor que o dos homens e daí por diante. Como bem define Bourdieu (2002, p. 23), a interpretação sobre o que é ser homem ou mulher se baseia na "acentuação de certas diferenças, ou no obscurecimento de certas semelhanças".

Corroborando essas ideias, Auad (2006, p. 18) afirma que ser homem é pertencer ao gênero masculino e ser mulher é pertencer ao gênero feminino, e "tal relação de pertencimento a um gênero prevê a negação e o distanciamento ao sexo que não é seu, o chamado sexo oposto".

Para Daolio (2005b, p. 41) "o que define corpo é o seu significado, o fato de ele ser produto da cultura, ser construído diferentemente por cada sociedade, e não as suas semelhanças biológicas universais".

A partir desses pressupostos, procuro, então, discutir os motivos pelos quais algumas pessoas se afastam de determinadas atividades corporais que consideram inadequadas ao seu sexo. Ferreti e Knijnik (2007) esclarecem que é sempre possível encontrar uma atividade humana generificada influenciada por processos culturais que designam simbolicamente, "em termos dicotômicos e muitas vezes antagônicos", o que seria mais adequado ao homem ou à mulher realizar. "O esporte é uma das instituições sociais em que, inclusive por sua corporeidade, se manifestam as ideologias sobre o masculino e o feminino, que estão sempre em tensão" (p. 57-8), ou seja, no esporte, existem práticas consideradas pelo grupo social como mais adequadas para o sexo masculino e outras, para o feminino.

Os estudos na área de gênero buscam revelar, compreender, debater questões relacionadas à construção cultural sobre o que é ser homem ou mulher e desconstruir determinados paradigmas engessados em nossa cultura, frutos de uma herança histórica do período fortalecido pelo patriarcalismo[1] e que ainda estão presentes na atualidade.

É importante esclarecer que gênero não é sinônimo de sexo. Gênero se refere às representações socialmente construídas em determinada sociedade sobre o que é ser homem e ser mulher. Tais representações atribuem pa-

---

[1] Fato histórico que, a partir de então, o mundo começou a pertencer aos homens, fundando-se o patriarcado, base do machismo e da ditadura cultural do masculinismo (Muraro e Boff, 2002, p. 54).

drões de feminilidade e masculinidade socialmente construídos, conduzem os comportamentos das pessoas de acordo com o sexo e, consequentemente, distinguem a linguagem corporal masculina e feminina.

> Quando começamos a considerar as relações de gênero como socialmente construídas, percebemos que uma série de características consideradas "naturalmente" femininas ou masculinas corresponde às relações de poder. Essas relações vão ganhando a feição de "naturais" de tanto serem praticadas, contadas, repetidas e recontadas. Tais características são, na verdade, construídas, ao longo de anos e dos séculos, segundo o modo como as relações entre o feminino e o masculino foram se engendrando socialmente (Auad, 2006, p. 19)

A sociedade está baseada em modelos que precisam ser superados, principalmente os relacionados à cultura corporal, para que muitos indivíduos não sejam excluídos de determinadas atividades que poderiam contribuir para a descoberta de novas possibilidades de expressão corporal de homens e mulheres. Essa desconstrução acontece à medida que nós, educadores, nos aprimoramos e discutimos sobre os preconceitos enraizados no inconsciente coletivo.[2] "O debate teórico, no caso das pesquisas educacionais, tem valor à medida que se relaciona com a prática e a transforma" (Auad, 2006, p. 15).

O movimento, seja ele lúdico ou esportivo, está pautado em estereótipos[3] ligados à imagem e ao desempenho corporais e é percebido por meio da diferenciação por sexo. O estereótipo é uma construção cognitiva sobre as características compartilhadas pelo grupo social e é formado a partir de experiências passadas e da associação de variáveis que permitem organizar as informações que possuímos de nós mesmos e dos outros. Por isso, muitas vezes, os estereótipos são a base para futuros julgamentos, decisões e percepções subjetivas.

---

[2] Instrumento de uma arqueologia histórica do inconsciente originariamente construída em um estágio muito antigo e arcaico de nossa sociedade, que permanece em cada um de nós, homem ou mulher (Bourdieu, 2002, p. 69).
[3] O estereótipo pode ser definido como uma imagem simplificada do mundo, formada a partir de generalizações nem sempre corretas sobre grupos ou categorias de pessoas, cujo objetivo é ver o mundo de um modo mais compreensível do que ele realmente é (Ferreira, 1996, p. 27).

Os estudos na área de gênero colaboram para entendermos que o masculino e o feminino são realidades socialmente construídas. Os padrões de feminilidade e masculinidade não são decorrentes da dimensão biológica dos seres humanos, são criados pela sociedade e variam de cultura para cultura.

Como alerta Edgar Morin (2000), o ser humano é, a um só tempo, físico, biológico, psíquico, cultural, social e histórico. Dessa forma, meninos e meninas vêm experimentando uma educação corporal diferenciada, com foco apenas em suas diferenças, sem vislumbrar incentivos comuns de convivência desses mesmos corpos na prática da Ginástica, do Esporte, da Dança, das Lutas, dos Jogos e das Brincadeiras (Pereira e Mourão, 2005). Meninos e meninas, homens e mulheres precisam experimentar a prática de atividades que contribuam para o conhecimento de seus corpos, suas possibilidades e suas limitações. O corpo precisa ter oportunidade de falar, experimentar e sentir.

> A produção de corpo se opera, simultaneamente, no coletivo e no individual. Nem a cultura é um ente abstrato a nos governar, nem somos meros receptáculos a sucumbir às diferentes ações que sobre nós operam. Reagimos a elas, aceitamos, resistimos, negociamos, transgredimos [...]. Um corpo que, ao mesmo tempo que é único e revelador de um eu próprio, é também um corpo partilhado porque é semelhante e similar a uma infinidade de outros produzidos neste tempo e nesta cultura. (Goellner, 2003, p. 39-40)

O corpo é veículo de gestos, expressões e comportamentos individuais e coletivos de um grupo, comunidade ou sociedade. Portanto, o corpo de meninos e meninas, homens e mulheres deve ser capaz de colocá-los frente à realidade e confrontar seus problemas e situações. Deve ter possibilidade de aventurar-se para vivenciar novas perspectivas.

É fácil identificar que, nas atividades motoras, a maioria dos meninos elege o futebol e as atividades de confronto como as preferidas. Em contrapartida, as meninas preferem as modalidades com menor contato físico e ligadas à expressão corporal. Essas "preferências", que, muitas vezes, são incentivadas pela família e pela escola, podem influenciar a participação de meninos e meninas em algumas atividades, principalmente naquelas que não consideram adequadas ao seu sexo.

Com isso, surgem representações incorporadas à cultura que acabam criando obstáculos que delimitam a participação de meninos em modalidades esportivas classificadas como femininas, em outros contextos sociais e esportivos, que não os de competição. Essa compreensão equivocada sobre corpo e movimento abre espaço para a exteriorização do comportamento sexista ligado às atividades motoras. A valorização androcêntrica (ou do masculino) em nossa sociedade é legitimada pelas próprias práticas que ela determina, as quais resultam em uma incorporação do preconceito desfavorável contra o feminino (Bourdieu, 2002), ou seja, as atividades consideradas mais femininas são percebidas como de menor valor em relação às mais masculinas. Também não podemos deixar de mencionar que a percepção das atividades consideradas "de homem", circunscritas no imaginário desde a infância, estão diretamente ligadas à virilidade, portanto, as mais indicadas ao sexo masculino.

"O esporte continua contribuindo para a socialização das pessoas, mas mantém a construção cultural marcada pelas diferenças de gênero nas atividades motoras" (Pereira, 2004, p. 27).

Ayoub (2003, p. 101-2) apresenta uma discussão sobre um projeto de Ginástica Geral realizado nas escolas públicas de Campinas, cujos meninos mostraram-se resistentes em participar das aulas, pois consideravam que Ginástica era coisa de menina e queriam jogar bola. A autora relata que houve uma relutância inicial, porém, depois de muitas tentativas e estratégias de convencimento, os professores conseguiram despertar o interesse pela atividade. A utilização de materiais como corda, bastão, bandeira, pompom, garrafa de plástico, peteca, fita, arco etc. foi um estímulo fundamental para o desenvolvimento das aulas.

Seguindo a perspectiva de inclusão, de criar oportunidade e despertar o interesse para novas possibilidades, de superação de limites e preconceitos, como persuadir os meninos à prática da GR? Esse é um grande desafio para uma professora universitária, que objetiva transmitir e trocar conhecimentos e experiências sobre a prática da GR desvinculada ao sexo do praticante. Como convencer os rapazes, futuros professores de Educação Física, a utilizar a GR como um dos conteúdos de suas aulas e conseguir captar a participação dos meninos nessa modalidade?

Por esse motivo, realizei um estudo de levantamento em duas universidades da região metropolitana do Rio de Janeiro, uma pública e outra privada, com alunos e alunas do curso de Educação Física, que ajudaram a esclarecer alguns pontos importantes a respeito do aprendizado da GR para homens e mulheres.

Para este capítulo, foi elaborado um questionário adaptado da dissertação de mestrado de Oliveira (2006), cuja inquietação foi acerca das representações dos estudantes homens do curso de Educação Física sobre o ensino das Danças Folclóricas, consideradas pouco prestigiadas pelo sexo masculino.

O instrumento de pesquisa foi adaptado para a GR e organizado com questões abertas e fechadas, que objetivaram analisar:

- o nível de utilidade da GR para os alunos do curso;
- identificar o preconceito ligado ao gênero na prática da modalidade;
- avaliar o grau de importância da GR no desempenho da profissão dos futuros professores de Educação Física.

Os dados foram interpretados por meio da análise de conteúdo (Franco, 2003).

Na universidade particular, a GR é uma disciplina obrigatória oferecida no terceiro período e, na pública, é optativa. Em ambas as universidades, os alunos passam primeiro pela disciplina de dança, e a GR é oferecida para ambos os sexos. Porém, esse último ponto necessita de maior reflexão, pois não basta organizar uma atividade de forma mista para que ela seja considerada adequada a homens e mulheres, ou que seja praticada com o mesmo nível de satisfação por ambos. O que será levado em consideração é a percepção que cada um tem sobre a atividade desenvolvida, ou seja, o praticante precisa sentir-se bem em participar, sem constrangimentos e inserido no contexto. Também vale ressaltar que a participação efetiva dos alunos pode ser influenciada pela forma como a disciplina é desenvolvida, o que dependerá, sobremaneira, dos aspectos metodológicos, didáticos e socioafetivos utilizados pelo professor.

A amostra do estudo foi composta por 31 alunos (18 homens e 13 mulheres), sendo 12 da universidade pública e 19 da particular, que se dispuseram a responder ao questionário e que estavam cursando a disciplina no primeiro semestre de 2007. A não participação de mais alunos foi quase exclusiva pela absoluta falta de tempo, pois muitos estavam em período de prova e outros não estavam presentes no dia da distribuição do instrumento de pesquisa. Como o questionário era anônimo, os alunos não viram impedimento algum em participar.

As respostas foram divididas em dois grupos de acordo com o sexo dos respondentes:

- *Grupo 1*: estudantes do sexo masculino.
- *Grupo 2*: estudantes do sexo feminino.

A primeira questão versou sobre a utilidade da GR para o futuro professor de Educação Física. A maior parte do grupo 1 se referiu *à possibilidade de trabalhar com GR para auxiliar o desenvolvimento da psicomotricidade, das valências físicas e da habilidade motora*, bem como de *contribuir para a socialização e a ludicidade do praticante*. Três participantes declararam, já nessa primeira pergunta, que não tinham interesse algum em trabalhar com GR.

Para o grupo 2, *a utilidade da GR está na vivência motora variada e na oportunidade de trabalhar a criatividade dos praticantes*. Também houve um enfoque sobre *a possibilidade de os alunos das escolas obterem acesso a uma modalidade ainda pouco difundida*.

Podemos considerar, de acordo com a maioria das respostas, a percepção de que a prática da GR pode oferecer uma oportunidade para o desenvolvimento motor, bem como a oportunidade de socialização dos praticantes.

A segunda questão solicitou uma avaliação crítica sobre a experiência como aluno da disciplina. As respostas ficaram muito divididas no grupo 1: a maioria a considerou uma experiência boa e interessante, porém três acharam ruim e três declararam não ter interesse na GR. Dois alunos disseram ter tido dificuldade e um deles disse que sua atuação foi *um desastre*.

Muitas participantes do grupo 2 acharam proveitosas e divertidas as aulas, mas três questionaram a exiguidade de tempo para o aprendizado do conteúdo, duas tiveram dificuldade e uma achou ruim.

Pelas respostas, podemos observar que, apesar de os alunos considerarem a GR uma atividade que contribui para o desenvolvimento motor, muitos não se interessam ou sentem dificuldade em acompanhar as aulas, o que se evidenciou mais claramente no grupo masculino. Talvez isso se deva ao fato de terem tido pouca experiência com a modalidade, uma pequena vivência em atividades que pudessem contribuir para o aprendizado da GR ou, então, por considerarem uma atividade não muito apropriada ao sexo masculino, mesmo que isso não tenha sido declarado abertamente.

A questão seguinte levantou um assunto delicado: o homem que decidir praticar a GR pode ter a sua masculinidade questionada? Para a maioria dos componentes do grupo 1, a resposta foi *não*, pois a atividade física não determina a opção sexual da pessoa. Porém, mesmo considerando que a prática da modalidade não causaria uma interpretação equivocada da masculinidade, um deles sugeriu uma *adaptação dos movimentos ao sexo masculino* e outro alegou que *depende do material utilizado, pois a fita exige movimentos muito femininos*. Dois alunos declararam que a prática da GR pode causar certa desconfiança em relação à masculinidade do praticante, *por apresentar movimentos muito femininos e por causa do preconceito da sociedade*.

O Coletivo de Autores (1992, p. 77-8) apresenta um esclarecimento sobre essa questão ao afirmar que a Ginástica promove prática de movimentação em grupo e oferece "formas de ação comuns para os dois sexos, criando um espaço aberto à elaboração entre eles para a crítica ao sexismo socialmente imposto". Apesar de os autores não se referirem especificamente à GR, esta faz parte do contexto em discussão, portanto pode contribuir para a desconstrução do sexismo nas atividades gímnicas.

A expectativa do grupo social é de que o homem participe de esportes considerados masculinos e que realize movimentos que demonstrem virilidade, ou seja, qualquer alternativa que não se encaixe no modelo androcêntrico pode levantar suspeita.

No grupo 2, duas participantes alegam que a masculinidade do praticante pode ser questionada por causa do preconceito.

Também considero que este seja o grande empecilho para os meninos/rapazes demonstrarem interesse pela prática da GR. Podemos discutir a respeito corroborando as ideias de Japiassu e Marcondes (1996, p. 218), quando afirmam que o preconceito é "constituído por uma visão de mundo ingênua que se transmite culturalmente e reflete crenças, valores e interesses de uma sociedade ou grupo social. O termo possui um sentido eminentemente pejorativo". O preconceito leva à discriminação das pessoas que não se enquadram nos estereótipos, ou seja, aos modelos presentes no grupo social. Para Ferreira (1996, p. 30) "quanto menor for o número de informações sobre uma pessoa, maior a probabilidade de se percebê-la com base em estereótipos". Estereótipo e preconceito estão intimamente relacionados.

Portanto, o homem que participa de um esporte caracterizado como não apropriado ao sexo masculino pode sofrer forte preconceito de seu grupo social; por isso, mesmo que ele se interesse pela modalidade e não a considere feminina, opta por não praticá-la para que não seja alvo de preconceito. O mesmo acontece quando a mulher decide praticar um esporte eminentemente masculino.

Como mencionado anteriormente, na universidade particular, a GR é uma disciplina obrigatória e, na pública, optativa, portanto a participação tem um caráter especial. Na primeira, eles são *obrigados* a fazer GR, a passar pela vivência para aprovação na disciplina, não participando de maneira espontânea. Já na segunda, a questão do preconceito pela atividade deveria ser menor, pois todos ali estão sujeitos à mesma prática e pelos mesmos motivos, mas as respostas dos alunos de ambas as universidades não tiveram grande diferença, tanto que, em princípio, a intenção era comparar as respostas dos alunos da pública e da privada, mas essa ideia foi logo abandonada em razão da similaridade das respostas.

A pergunta seguinte procurou investigar se o futuro professor de Educação Física considera importante o ensino da GR na Educação Básica. A maioria declarou que sim, porém três a consideraram sem importância.

No grupo 2, também a maior parte das respondentes considerou a GR um conteúdo relevante nesse nível de ensino, mas duas consideraram-na de pouca importância.

Outra questão do instrumento de pesquisa procurou investigar sobre o interesse dos alunos pela disciplina no curso de Educação Física. Solicitou-se que numerassem, em ordem decrescente de preferência, as alternativas apresentadas. As respostas são mostradas no Quadro 14.1.

Quadro 14.1 – Interesse pela disciplina GR no curso

Alternativas	Grupo 1	Grupo 2
Experiências vividas com GR no Ensino Básico	4ª opção	4ª opção
Apenas para compor o número de créditos da grade curricular	1ª opção	3ª opção
Possibilidade de trabalhar com GR no Ensino Básico	3ª opção	1ª opção
A forma que o professor conduz a disciplina	2ª opção	2ª opção
Não tenho nenhum interesse	4ª opção	5ª opção
Outras razões	5º opção	6ª opção

Observando o Quadro 14.1, percebemos que algumas alternativas tiveram a mesma classificação. Nota-se que o principal interesse dos rapazes (grupo 1) em participar das aulas de GR está em *compor o número de créditos da grade curricular*. Em segundo lugar, a forma como o professor desenvolve a disciplina, seguido da possibilidade de adquirir algum conhecimento da modalidade para trabalhar com GR no Ensino Básico.

Para o grupo 2, o principal fator de participação nas aulas se refere à *obtenção do conteúdo para ser trabalhado posteriormente no Ensino Básico*. Na segunda opção, figurou a forma como o professor conduz a disciplina, o que corrobora as ideias já apresentadas em relação à participação efetiva dos alunos nas aulas de GR depender de como o professor apresenta o conteúdo e persuade os alunos.

As respostas referentes à falta de experiência com a GR no Ensino Básico demonstram pouca vivência prévia dos alunos com a modalidade. Como afirma Toledo (2004, p. 62), a Ginástica nem sempre figura no planejamento dos professores e "raramente é selecionada como conteúdo curricular da Educação Física, por vários fatores que vão, desde a capacitação dos profissionais, até a adequação de espaço e materiais disponíveis".

Surge, então, uma indagação: como demonstrar interesse por uma modalidade que pouco, ou nunca, foi aprendida? Essa percepção foi demonstrada tanto pelas mulheres quanto pelos homens participantes da amostra e, para estes, ainda pesa o estigma da feminilização da GR.

Na questão que buscou levantar sobre qual ou quais níveis de ensino a GR deve ser desenvolvida, os dois grupos apontaram como primeira opção a alternativa de que a GR deve ser ensinada no primeiro segmento do Ensino Fundamental. O grupo 1 apresentou como segunda e terceira opções o ensino da GR no segundo segmento do Ensino Fundamental e na Educação Infantil, respectivamente. Já o grupo 2 considera como segunda opção que a GR deva ser ensinada no segundo segmento do Ensino Fundamental e, em terceiro lugar, no Ensino Médio. Uma aluna considera que a GR não deve ser ensinada em nenhum nível escolar.

As atividades físicas a serem desenvolvidas na escola podem contribuir para a aquisição de novas conquistas em diversas áreas, principalmente no desenvolvimento psicomotor infantil, ou seja, conforme já destacado, a GR pode contribuir, nesse sentido, por proporcionar liberdade de movimento, além de colaborar para o desenvolvimento dos aspectos biológicos, psicológicos, motores e sociais do aluno.

Com referência à opção de ensinar a GR na Educação Infantil, considero que os movimentos muito específicos da modalidade não são apropriados para esse nível de ensino. A abordagem deve ser exclusivamente lúdica e sem nenhum objetivo de desenvolver movimentos especializados, o que, nessa faixa etária, seria completamente contraindicado.

Na Educação Infantil, as atividades devem estar voltadas para a consciência do corpo e suas partes, priorizando a ludicidade e o desenvolvimento psicomotor. Atividades com longa duração não são indicadas, pois a criança, nessa fase, tem pouca concentração e se desinteressa facilmente pelo que está fazendo. A diversidade de materiais é um fator positivo, a fim de despertar o interesse das crianças para a vivência motora.

No período de escolaridade, que vai dos 7 aos 10/12 anos, a criança já está apta a realizar movimentos mais específicos de GR, ainda de caráter lúdico e agradável. A partir dos 12 anos, o trabalho com adolescentes pode ser mais especializado.

Na questão que abordou como os participantes da amostra se sentiram durante a participação nas aulas de GR, a maioria dos componentes dos dois grupos declarou que se sentiu à vontade e satisfeita. Porém mais os rapazes que as moças confessaram que se consideraram expostos, constrangidos e contrariados (cinco, quatro e três ocorrências respectivamente). A maioria das componentes do grupo 2 declarou que se sentiu à vontade, mas foram apresentadas três ocorrências por exposição timidez.

Logo em seguida, perguntou-se aos participantes se a GR deveria ser ensinada *só para meninas, só para meninos, para ambos os sexos, só para quem gosta* ou *não deve ser ensinada*. A maioria dos rapazes do grupo 1 declarou que a GR deve ser ensinada para meninos e meninas, seguida da opção de que deve ser ensinada só para quem gosta. No grupo 2, as opções foram invertidas, ou seja, a primeira escolha apontou que a GR deveria ser ensinada para quem gosta e, em segundo lugar, ficou a opção de ser ensinada para meninos e meninas.

É interessante discutir que as respostas dos rapazes apontaram para uma atitude não sexista de desenvolvimento da GR, o que mostra uma percepção mais aberta e menos preconceituosa, por parte deles, sobre a participação de homens na modalidade. Esta visão pode ter sido abordada pelas professoras da disciplina durante as aulas, o que pode ter contribuído para que os alunos seguissem esse discurso. Porém é preciso fazer uma reflexão sobre a GR ser ensinada para quem gosta: como gostar de algo que não se conhece, que não foi vivenciado antes, que só foi visto pela televisão e ainda sendo realizado por mulheres?

A ideia que eu defendo é proporcionar a prática da GR a ambos os sexos, desde o Ensino Fundamental até o Ensino Médio, e criar estratégias de convencimento para a prática de GR pelo sexo masculino, desmistificando a ideia de que os pares podem duvidar da masculinidade do homem que pratica GR.

A participação de meninos e jovens do Ensino Básico na GR pode ser incentivada por meio da confecção de materiais alternativos para a prática, pois, sendo confeccionados pelos próprios alunos, podem despertar curiosidade e interesse pela atividade. Também pode ser lançada a proposta de alguns movimentos desafiadores, como saltos e pequenas acrobacias. Da mesma forma, podem ser desenvolvidas associações de movimentos que solicitem a coordenação motora e a bilateralidade. Vale lembrar que a utilização do material tem por objetivo desinibir, portanto a manipulação do aparelho pode auxiliar no aprendizado dos movimentos da GR.

É certo que há grande diferença entre um adulto universitário homem e um menino na escola praticar a GR, mas o fato é que, se o professor se despir dos próprios preconceitos, possivelmente conseguirá persuadir o aluno que, geralmente, tem como referência os ensinamentos e, por vezes, a crença do professor.

A última questão do instrumento de pesquisa buscou investigar quais conteúdos seriam trabalhados na escola pelos futuros professores de Educação Física. Foram apresentadas nove práticas corporais ou esportivas que, originariamente, compunham o questionário elaborado por Oliveira (2006). Havia, ainda, a opção *outros*, que não foi apontada por nenhum participante. Os respondentes deveriam ordenar de 10 a 1, em ordem decrescente por nível de relevância e preferência, os conteúdos que possivelmente seriam desenvolvidos por eles na escola. As respostas serão apresentadas no Quadro 14.2.

Quadro 14.2 – Ordem de relevância dos conteúdos a serem trabalhados na escola

Conteúdos	Grupo 1	Grupo 2
Jogos e esportes	1º lugar	1º lugar
Natação	3º lugar	2º lugar
Ginástica Rítmica	8º lugar	3º lugar
Dança e expressão corporal	9º lugar	2º lugar
Recreação	2º lugar	1º lugar
Folclore e cultura popular	6º lugar	3º lugar
Lutas	5º lugar	6º lugar
Ginástica Artística	7º lugar	4º lugar
Atletismo	4º lugar	5º lugar

De acordo com as respostas, a preferência para ambos os sexos em relação ao desenvolvimento da Educação Física na escola está centrada no trabalho com jogos e esportes. Para o grupo masculino, a GR e a dança ocuparam os últimos lugares, respectivamente.

Oliveira (2006), em seu estudo de mestrado realizado com universitários do sexo masculino do curso de Educação Física a respeito do ensino da dança folclórica, concluiu que os alunos consideram que esse tipo de dança reforça o papel representado sexualmente pelo homem, não causando nenhuma estranheza ou timidez ao executá-la, mas, quando ressalta suavidade, delicadeza e sensibilidade, cujas características se aproximam do feminino, apresenta uma desestabilidade na sua identidade masculina.

Quanto ao valor da disciplina, a autora alega que os universitários afirmaram não ter objeção em dar aulas de Danças Folclóricas e, quando questionados sobre a preferência dos conteúdos que gostariam de trabalhar na escola, a maioria preferiu os jogos e os esportes. Os universitários investigados acreditam na importância do ensino do folclore e da cultura popular, mas só optariam por trabalhar com danças folclóricas por solicitação da escola, pois se identificam mais com um trabalho voltado aos conteúdos esportivos.

Daolio (2005b, p. 65) traz uma discussão interessante sobre a prática profissional de um grupo de professores de Educação Física, ao mostrar que o objetivo de alguns é "ensinar habilidades esportivas a fim de selecionar os melhores alunos para participar das equipes representativas da escola [...] Todo o planejamento é voltado para o esporte".

Finalmente, podemos observar, nessa última questão, que as respostas dos futuros professores participantes da presente pesquisa corroboram a ideia de esportivização da Educação Física.

Considero importante uma investigação mais detalhada sobre o porquê da valorização dos jogos e dos esportes na Educação Física. De acordo com Rosário e Darido (2005, p. 167), os professores de Educação Física ainda são influenciados pela concepção esportivista e continuam restringindo os conteúdos das aulas aos esportes mais tradicionais. Os programas seguidos pelos professores entrevistados pelos autores se baseiam em quatro esportes coletivos – futebol, voleibol, basquetebol e handebol – e em jogos com diversas denominações – recreativos, cooperativos, lúdicos, adaptados e infantis –, porém, em sua maioria, não deixam de ser pré-esportivos (p. 172). Os autores apontaram que as atividades rítmicas e a dança são conteúdos difíceis de serem desenvolvidos pelos professores por vários motivos, como falta de domínio do assunto e resistência por parte dos alunos em virtude da organização das aulas em turmas mistas. Portanto, os conteúdos mais trabalhados nas aulas de Educação Física são os Jogos e os Esportes. Porém há que se considerar que as atividades que contemplam a dimensão da cultura corporal não podem ser classificadas como de menor prestígio. Por isso, deve-se ressaltar a necessidade de diversificação do conteúdo, para que todo o conjunto que compõe a linguagem corporal do ser humano seja plenamente desenvolvido. Essa linguagem consiste em um conhecimento universal, patrimônio da humanidade, que igualmente precisa ser transmitido e assimilado pelos alunos na escola. A ausência de conteúdo que desenvolva a expressão corporal impede que o homem e a realidade sejam entendidos em uma visão de totalidade (Coletivo de Autores, 1992, p. 42).

Essa investigação foi uma ideia inicial para obter, primeiramente, respostas sobre se os universitários estariam dispostos a desenvolver a GR em suas aulas, como também tentar entender a não participação masculina nessa modalidade. Infelizmente, a resposta da primeira dúvida é desanimadora, pois a maioria dos participantes homens apontou a GR como conteúdo que dificilmente desenvolverá em suas aulas. Talvez essa escolha possa nos fazer entender o segundo questionamento, ou seja, se os futuros professores não têm a intenção de desenvolver a GR. Por que se interessariam em praticá-la ou incentivariam seus alunos (meninos) a praticarem?

Como discutido anteriormente, o esporte é um conteúdo muito marcante nas aulas de Educação Física, e outras temáticas ligadas à cultura do movimento podem ser desprestigiadas na escola. A realização de mais pesquisas para buscar entender melhor os critérios de escolha dos conteúdos das aulas, a forma como são desenvolvidos e o porquê de alguns não serem escolhidos pelo professor podem ajudar a preencher algumas lacunas e auxiliar na elaboração de estratégias que possibilitem incentivo a uma maior oportunidade de diversificação das vivências de movimentos durante a infância.

A Ginástica Rítmica como expressão da linguagem corporal

A GR proporciona infinitas possibilidades de liberdade de movimento e uma oportunidade singular de comunicação por meio da linguagem corporal.

A proposta de inserção da GR, independentemente do sexo de quem a pratica, seja na escola ou em escolinhas destinadas ao aprendizado da modalidade, pode contribuir sobremaneira para o desenvolvimento e/ou aprimoramento do movimento humano, principalmente se for introduzida de forma lúdica, por meio de materiais conhecidos e/ou alternativos, como cordas, bolas, cocos, lenços, pequenos bastões etc.

Cito o material corda como sugestão para iniciar a prática da GR, por ser um aparelho que exige a utilização dos dois membros superiores para manuseá-lo, fato que contribui para o desenvolvimento da bilateralidade. Como alternativa de persuasão de participação do sexo masculino, podem ser propostos movimentos desafiadores, sem que sejam caracterizados como femininos. Muitas outras atividades corporais e esportivas utilizam a corda para melhora da *performance*, e esse pode ser um dos argumentos utilizados pelo professor para a participação masculina.

Outro ponto positivo se refere à vivência anterior com o material, cujo primeiro contato poderia ser pelo resgate das brincadeiras infantis. Quem nunca pulou corda durante a infância? Pelos meus anos de experiência, observo que meninos e meninas interagem muito bem com esse material, sendo bastante indicado para o início do aprendizado da GR. Podem ser explorados os movimentos com cordas de diversos tamanhos, para que os alunos sugiram movimentos e criem formas de pular em dupla, em trios ou em grupos maiores. Após essa fase de adaptação, pode-se passar para o aprendizado dos movimentos individuais.

A seguir, serão apresentadas sugestões de movimentos com a corda.

Movimentos em dupla utilizando apenas uma corda

- Enquanto um aluno corre arrastando uma extremidade da corda no chão, o outro tenta pisá-la. Trocam-se as posições quando o objetivo for alcançado.
- Um dos componentes da dupla bate a corda e os dois pulam: os executantes podem iniciar um de frente para o outro, depois de costas, um atrás do outro ou a pessoa que está livre pode pular girando.

- De mãos dadas lateralmente, cada componente da dupla segura uma extremidade do material, posicionando-se dentro da corda: os dois pulam a mesma corda em deslocamento, depois trocam de lado para realizar o movimento com a outra mão. Esse movimento necessita da percepção sincronizada entre os dois praticantes, para que girem a corda e pulem no mesmo ritmo e ao mesmo tempo.
- Uma pessoa bate e pula a corda deslocando-se lateralmente e vai "buscar" o companheiro que está parado, para que pulem juntos. Quem está batendo a corda continua se deslocando lateralmente, afastando-se do colega, sem parar de bater. Esse movimento pode ser realizado com várias pessoas enfileiradas, sendo que a que está batendo sempre se desloca lateralmente, "buscando" e "deixando" uma de cada vez. Ao chegar ao final da fileira, retorna, deslocando-se lateralmente para o outro lado, passando por todos os participantes novamente.

Sugestão de movimentos com a corda em trios

- Duas pessoas batem a corda e uma terceira pula. Podem ser resgatadas algumas cantigas infantis com a corda.
- Duas pessoas batem a corda e a terceira pula, deslocando-se para frente, para trás, girando, colocando a mão no chão, batendo palma etc.
- *Reloginho*: duas pessoas batem a corda e uma terceira passa correndo por baixo, sem encostar no material. Para aumentar a dificuldade, podem ser acrescentadas mais cordas girando na mesma direção, formando um corredor, para que todos passem correndo por baixo das cordas.

- Sugerir que sejam realizadas atividades com quatro pessoas: duas duplas batem a corda na mesma direção e uma dupla, ao mesmo tempo que bate a sua corda, pula a da outra dupla.

Após essa introdução do material de forma bastante lúdica, pode-se iniciar o aprendizado dos movimentos de GR individualmente. Vale lembrar que os giros da corda são realizados por circunduções de punho, e não de braços.

- Pular a corda em deslocamento para frente e para trás.
- Realizar giros da corda aberta para frente e saltá-la com passos corridos. Para cada giro da corda, dar um passo, saltando-a inicialmente com a perna direita e, no próximo giro, com a esquerda. A recomendação para a realização desse movimento é girar a corda rapidamente, enquanto as passadas são mais pausadas.
- *Polca* (galope lateral): bater a corda com giros para frente e deslocar-se lateralmente, saltando a corda quando as pernas estiverem unidas. Observar para que as pernas não se cruzem.
- Saltar a corda realizando saltitos para frente e para trás, uma vez com a perna direita e outra, com a esquerda (primeiro saltito).

Movimento em oito com a corda

São os movimentos cuja trajetória da corda descreve um oito no ar. Esse movimento pode ser realizado com o material dobrado, seguro por uma mão, ou aberto, seguro pelas duas mãos (Pereira, 2000, p. 64-5):

- *No plano sagital*: a corda faz um giro pelo lado direito e, em seguida, outro pelo lado esquerdo do corpo. Esse movimento pode ser realizado para frente e para trás, com a corda segura apenas por uma das mãos ou cada extremidade em uma das mãos.

- *Nos planos frontal/dorsal*: a corda faz um giro pela frente e, logo em seguida, por trás do corpo. Esse movimento deve ser executado com cuidado por principiantes, pois a corda pode bater no tronco e nos membros e deixar marcas. O aprendizado com a corda dobrada segura por uma das mãos é mais fácil; somente depois realizar o movimento com a corda aberta, segurando uma extremidade em cada mão.
- *No plano horizontal*: a corda pode estar dobrada em duas ou em quatro, segura por uma das mãos, ou aberta, segura em cada extremidade com as mãos separadas. Um braço seguido do outro descreve um círculo horizontal no ar com as mãos em supinação sobre a cabeça; logo em seguida, é realizado outro círculo horizontal à frente do corpo, com as mãos em pronação.
- Realizar o movimento em oito com giros da corda para trás no plano sagital, com a corda aberta segura pelas duas mãos, soltar uma ponta da corda e recuperá-la com a mesma mão. A recuperação é feita após a extremidade que está livre realizar um giro de baixo para cima à frente do corpo.
- Executar o movimento em oito no plano horizontal, soltar uma ponta da corda à frente do corpo, realizando uma espiral com a corda, e puxá-la para cima, recuperando com a mão livre.

Materiais alternativos

Lenços

Esse material é de fácil aquisição e utilização e contribui muito para o início do aprendizado dos balanceamentos e circunduções. Pode ser quadrado ou retangular, colorido, grande ou pequeno e, de preferência, dois, um em cada mão. O professor pode pedir que os alunos utilizem os que já têm em casa.

Pode ser visto com certa desconfiança pelos meninos, por sugerir que os movimentos sejam feitos de forma lúdica e, quando for solicitada a realização em dupla, procurar colocar um menino e uma menina juntos. A proposta é trabalhar saltitos, deslocamentos, balanceamentos e circunduções, sem muitas exigências para os meninos, para que não considerem os movimentos muito femininos. A exploração da coordenação espaçotemporal e as pequenas solturas do lenço, durante e ao final do movimento, devem ser mais valorizadas, deixando em segundo plano a exigência do movimento do corpo, para evitar possível constrangimento dos meninos.

Movimentos com lenços

- andar lançando o lenço para cima, passando de uma mão para outra e recuperando com apenas uma das mãos;
- correr com o lenço apoiado em partes do corpo, sem segurá-lo e sem deixá-lo cair;
- andar livremente e, ao sinal, lançar o lenço para o alto e pegar o de um colega;
- em dupla, realizar movimentos de espelho utilizando dois lenços;
- Realizar o passo de valsa (deslocamento em diagonal de três passos consecutivos deslizados para a direita e para a esquerda) associado à circundução simétrica dos braços;
- realizar saltitos com balanceamentos assimétricos dos braços no plano sagital; a posição dos braços é contrária à das pernas (primeiro saltito);
- sem deslocamento, realizar balanceamentos simétricos e assimétricos dos braços nos planos frontal e sagital, associados ao molejo de pernas, às circunduções e aos deslocamentos laterais;

- movimentos de ondulações dos braços e/ou do corpo;
- passos ou corridas lançando o lenço, recuperando com giros, saltitos ou saltos.

O trabalho pode ser realizado em grupos, com cores diferentes de lenços, utilizando jogos de movimentos e deslocamentos, formando uma coreografia única ou alternando vários grupos por meio de diversos deslocamentos.

Coco

A confecção desse material é simples: basta serrar ao meio um coco maduro e retirar o seu conteúdo para utilizar somente a casca, sendo uma metade em cada mão.

Auxilia no desenvolvimento da coordenação motora e do ritmo por meio de deslocamentos, saltitos, balanceamentos e circunduções associados às batidas do coco. Também podem ser utilizados diversos materiais de percussão, como pandeiros, pequenos bastõezinhos e outros criados pelo grupo. Esses materiais são bem aceitos por meninos e meninas, pois seu objetivo é desenvolver o ritmo associado aos movimentos, fato que desperta o interesse na tentativa de coordenar essas duas variáveis. Pode-se sugerir que os próprios alunos criem as diversas possibilidades de associação entre coco e movimento e, aos poucos, o professor irá propondo os movimentos característicos da GR.

Como relatado anteriormente, Ayoub (2003) descreve a utilização de materiais alternativos, como bastão, bandeira, pompom, garrafas, peteca e outros, como um bom estímulo para o desenvolvimento das aulas.

A seguir, são apresentadas sugestões de movimentos com a utilização do coco ou de outros materiais de percussão.

Movimentos com o coco

- realizar deslocamentos para frente, para trás e para os lados com sincronismo entre as batidas do coco e as passadas;
- saltitos e corridas marcando o ritmo com as batidas do coco;
- deslocamento lateral (polca) e, a cada dois passos, realiza-se um giro de meia volta batendo o coco;
- passo de valsa marcando o ritmo por meio de três batidas do coco, acompanhando as passadas;
- trabalhar o molejo de pernas unidas (semiflexão de joelhos), sincronizado com 3 tempos de batida do coco à frente do corpo; em seguida, flexionar as pernas e bater o coco no chão;
- balanceamento dos braços no plano frontal, com transferência do peso do corpo de uma perna para outra, associado a circunduções, deslocamentos laterais e passo cruzado no frontal, batendo o coco a cada 4 tempos.

Bandeiras

Durante uma apresentação da Equipe de Ginástica da Dinamarca, no Rio de Janeiro, foram utilizadas, por participante, duas bandeiras de, aproximadamente, 0,60 x 0,50 m presas em um bastão de madeira. Os componentes da série em conjunto realizavam balanceamentos e circunduções em vários planos, proporcionando combinações muito interessantes. Em determinados momentos, utilizavam apenas uma bandeira e realizavam movimentos de balanceamentos com circunduções, seguidas de troca de mãos.

As bandeiras podem ser confeccionadas com plástico ou pano de mesma cor ou formando desenhos geométricos. O cuidado a ser observado é que o material não deve ser de tamanho exagerado e precisa ser adaptado, por exemplo, ao tamanho da criança que irá manuseá-lo.

Esse material é bastante interessante e eleito pelo sexo masculino, juntamente com a corda, para ser utilizado durante as apresentações. A utilização de duas bandeiras aumenta o nível de dificuldade dos movimentos, o que desperta o interesse, principalmente dos meninos. As circunduções e os movimentos em oito são similares a alguns outros materiais, e essa familiaridade pode contribuir para o interesse pelo material.

No caso de crianças, podem ser utilizadas duas bandeirinhas, uma em cada mão, realizando movimentos simétricos e assimétricos.

- Realizar balanceamentos e circunduções em diferentes planos, com ou sem deslocamentos, associados a passos e saltitos. É importante lembrar que as circunduções devem apresentar grande amplitude da articulação dos ombros.
- Os balanceamentos realizados com apenas uma bandeira podem ser seguidos de circundução e deslocamento lateral com passo cruzado no frontal, finalizando com troca de mão do material. Da mesma forma, podem ser realizados balanceamentos e circunduções com deslocamento no plano sagital.
- Realizar movimentos em oito nos planos sagital, frontal/dorsal e horizontal, utilizando a mesma mecânica do movimento com a corda. Esse movimento é um aprendizado para os molinetes das maças. Os movimentos em oito com as bandeiras devem ser realizados por meio das circunduções de punhos.

Maças

Esse material é considerado o mais difícil da GR, pois exige mais habilidade e coordenação motora do executante, tanto do lado dominante quanto do não dominante, pela realização dos movimentos de duas maças simultaneamente. Os rapazes o consideram muito interessante, talvez pelo fato de exigir grande habilidade na execução dos movimentos, e esse é um fator positivo para se despertar o interesse. São diversas as possibilidades de associação de movimentos corporais junto com as maças, e o desafio é um fator importante para a persuasão dos meninos para o aprendizado da GR.

O material oficial é caro, o que dificulta a sua aquisição e, consequentemente, sua utilização como conteúdo de iniciação da GR. Por esse motivo, será apresentada, a seguir, uma sugestão de confecção de maças alternativas, que podem ser utilizadas durante o aprendizado. Essa proposta foi apresentada na oficina de materiais alternativos, ministrada pela professora Claudia Bertolini, no III Fórum Internacional de Ginástica Geral, porém sofreu algumas adaptações.

O material alternativo, além de ser de baixo custo, também é duradouro e pode ser confeccionado pelos próprios alunos.

Material necessário para confecção das maças alternativas:

- 10 folhas de jornal;
- 2 madeiras roliças de poleiro de gaiola (aproximadamente 40 cm de comprimento);
- 2 rolos vazios de papel higiênico;
- fita isolante;
- uma bexiga pequena (opcional);
- fita adesiva colorida.

Fazer quatro cortes em uma das extremidades dos rolinhos de papel higiênico e dobrar como se estivesse fechando uma caixa. Para fixar a dobra, prender com fita adesiva larga. Dobrar as folhas de jornal, uma a uma, em tiras com quatro dedos de largura. Enrolar cada folha dobrada em uma extremidade da madeira, até encaixar completamente no rolinho de papel higiênico. A madeira deve ficar bem presa no rolinho e não pode sair com facilidade. Passar a fita isolante do rolinho até a madeira, envolvendo-os para fixá-los. Depois, fazer uma bolinha com um pequeno pedaço do jornal e colocar na outra extremidade da madeira formando a cabeça da maça. Se quiser um acabamento melhor, encaixar a bexiga para prender a bolinha de jornal nessa extremidade da madeira, fixando-a com a fita isolante. Para finalizar, passar a fita isolante colorida em toda a maça. É necessário fazer o segundo material para formar o par.

As maças alternativas possuem quase o mesmo peso das oficiais, por isso também podem ser utilizadas na iniciação esportiva.

Movimentos com as maças

- pequenos círculos;
- molinetes;
- rotações das maças durante o voo do aparelho.
- lançamentos;
- movimentos assimétricos;
- impulsos, balanceamentos e circunduções;
- batidas.

Podem-se, também, realizar em uma série os movimentos de deslizar, rolar e empurrar as maças.

- *Pequenos círculos*

São movimentos de rotação interna ou externa dos punhos e, consequentemente, das maças. Podem ser realizados nos planos frontal, dorsal e horizontal com as mãos em supinação (pequenos círculos por cima da mão) ou em pronação (pequenos círculos por baixo da mão) (Pereira, 2000, p. 115).

- *Molinetes*

São pequenos círculos com grande rapidez na execução realizados pelas duas maças alternadamente, com intervalo permanente de 180º entre as maças, por meio de movimentos de cruzar e descruzar dos punhos, que devem permanecer em contato permanente (Bizzocchi e Guimarães, p. 122). Os molinetes podem ser horizontais, verticais e oblíquos.

Fita de papel crepom

A fita é um material que proporciona um visual muito bonito pelos desenhos de seus movimentos no ar, e esse é um dos motivos pelos quais o material desperta tanto interesse. A fita estimula a curiosidade justamente por parecer flutuar, o que motiva tanto meninas quanto meninos a tentarem manipulá-la, e, logicamente, por se sentirem atraídos, são vencidos pelo fascínio da fita.

A fita oficial pode ser substituída por uma alternativa que oferece um efeito semelhante. Podemos utilizar uma tira de papel crepom ou de plástico (aproximadamente de 3 a 4 metros de comprimento e 4 a 5 cm de largura) presa a um estilete de madeira. Outra sugestão seria a confecção de faixas com retalhos de panos. Basta utilizar a criatividade para a confecção do material.

Materiais necessários para a confecção da fita alternativa:

- uma tira de papel crepom da cor desejada;
- fita adesiva transparente e larga;
- tesoura.

Cortar o papel com 5 cm de largura e desenrolar. Passar a fita adesiva em uma superfície de aproximadamente 5 cm em uma das extremidade dos dois lados do papel para reforçar, fazendo um pequeno furo no centro desse reforço.

Para obter um material mais duradouro, passar a fita adesiva em toda a tira de papel crepom, dos dois lados, o que proporcionará uma proteção maior ao material, aumentando sua durabilidade e seu peso, deixando-o mais encorpado e proporcionando movimentos mais bonitos.

Essa fita é mais indicada para crianças, pois não importa o seu tamanho, mas o aprendizado motor proporcionado pela execução dos seus movimentos característicos, além de ter um custo muito baixo.

Estilete

Os estiletes podem ser adaptados de uma ponta de vara de pescar de fibra (50 cm de comprimento) ou confeccionados com madeirinhas roliças de poleiro de gaiola, com 40 cm de comprimento, que podem ser adquiridas em lojas que vendem produtos para animais. Em uma das extremidades, basta adaptar um parafuso argola (pequeno), depois uma argola de chaveiro bem pequena, em seguida um girador (ou destorcedor) e um alfinete de pesca para prender a fita. O girador e o alfinete podem ser encontrados em loja de pesca. Esse estilete pode ser utilizado tanto na fita de cetim quanto na de papel crepom.

Movimentos com a fita

É importante que todos os movimentos executados com um membro superior sejam desenvolvidos para o outro lado, na mesma proporção.

Os movimentos mais característicos da fita são:

- *Espirais*: são movimentos de rotação do punho para dentro ou para fora.
- *Serpentinas*: são movimentos do punho para cima e para baixo (serpentinas verticais) ou da direita para a esquerda (serpentinas horizontais), formando um desenho de zigue-zague no ar.
- *Ondas*: são ondulações maiores e mais espaçadas que as serpentinas. O movimento de onda é realizado com a participação da articulação do punho e do antebraço.
- Lançamentos e solturas da fita.
- Movimentos de impulsos e circunduções, horizontais, à frente (plano frontal), por trás do corpo ou ao lado (plano sagital).

A Ginástica Rítmica historiada

Por meio dos movimentos da GR, pode-se contar, ou melhor dizendo, apresentar uma história. Um narrador conta a história, enquanto os personagens caracterizados realizam movimentos de GR com ou sem material, acompanhados por uma música apropriada. Por exemplo, os personagens da história da Chapeuzinho Vermelho – a vovó, o lobo, a menina, os caçadores, os lenhadores da floresta e outros – podem evoluir em uma coreografia com movimentos e materiais de GR, acompanhando a narração e a música. Podem ser utilizados lenços para a vovó, fita para a Chapeuzinho Vermelho, cocos para o lobo, maças para os caçadores e bastõezinhos de madeira para os lenhadores da floresta.

Essa é uma atividade muito divertida tanto para quem está executando quanto assistindo, principalmente se forem crianças.

Muitas histórias podem ser apresentadas utilizando-se a GR historiada. Um grupo de alunos, com idade mais elevada, pode criar e interpretar a sua própria história. Pré-adolescentes e adolescentes gostam muito das histórias de suspense, e essa característica pode ser aproveitada para montar um conjunto, utilizando movimentos e materiais de GR.

A associação da criação de uma história e a sua interpretação, por meio da GR, torna-se uma atividade inovadora e muito atrativa, principalmente no ambiente escolar.

Considerações finais

A intenção deste capítulo foi fazer uma reflexão sobre um tema que há muito me incomoda e se refere à feminilização da GR. Essa interpretação reforça o preconceito em relação à participação do sexo masculino na modalidade.

Os universitários homens que participaram da pesquisa parecem não ter muita dificuldade em frequentar as aulas de GR durante a sua formação acadêmica, porém isso não garante a escolha dessa modalidade como conteúdo a ser desenvolvido por eles na escola. Essa constatação deixa certa indagação em relação aos conteúdos que estão sendo abordados nos cursos de licenciatura em Educação Física. Mesmo que os alunos vivenciem diversas modalidades na faculdade, isso não é garantia de que serão escolhidas e desenvolvidas futuramente durante a sua trajetória profissional.

Esse fato merece grande reflexão por parte dos docentes dos cursos de licenciatura em Educação Física. Talvez seja necessário incrementar as discussões na universidade sobre a importância e a valorização de outros conteúdos da cultura de movimento, e não apenas o esporte, para que sejam efetivamente desenvolvidos na escola e não marquem presença apenas nas datas festivas escolares.

Em relação ao comportamento diferenciado por sexo estabelecido pela sociedade, essa percepção estimula atitudes que reforçam os estereótipos e o preconceito relacionados ao gênero. A interpretação do masculino e do feminino, com base nas diferenças biológicas, atinge fortemente as relações sociais e o universo corporal de homens e mulheres.

A intenção é sugerir contribuições para as transformações de padrões tradicionais, que permeiam o relacionamento social, e propor novos rumos, com respeito às diferenças e às escolhas, principalmente no que se refere à cultura do movimento humano.

Defendo a possibilidade de desenvolvimento da GR para praticantes de ambos os sexos em contextos não competitivos, como escolas, clubes e escolinhas específicas da modalidade. Para que esse objetivo seja atingido, é necessário que se crie um ambiente propício à aprendizagem da GR com turmas mistas, esclarecendo pais, professores e alunos sobre a grande contribuição da GR para o desenvolvimento motor e social do praticante. É importante que não se permitam rótulos aos meninos que queiram participar da GR.

Na escola, há que se preocupar com o respeito à diversidade de opiniões e à escolha, por isso o tema deve ser tratado com muita seriedade, no sentido de desconstruir determinadas interpretações baseadas em paradigmas que emperram a possibilidade de livre expressão do corpo.

Sugiro, na fase inicial do aprendizado, movimentos que ofereçam desafios aos participantes e que aprimorem a coordenação motora, a solicitação do lado não dominante e a associação de movimentos com ênfase em deslocamentos, saltitos e saltos. Após despertar o interesse dos alunos pela atividade por meio dos movimentos incomuns característicos da GR, poderá ser proposta a inserção de outras vivências, como os balanceamentos e as circunduções.

Espero que a discussão possa suscitar uma proposta de valorização, por parte dos professores de Educação Física, das atividades relacionadas à expressão corporal, e que eles não limitem apenas a jogos e esportes o conteúdo de suas aulas.

A cultura do movimento e a linguagem corporal precisam fazer parte do conteúdo da Educação Física, com o objetivo de contribuir para o desenvolvimento pessoal dos alunos e para a formação dos futuros cidadãos.

É importante que os professores de Educação Física privilegiem em suas aulas diversas possibilidades de práticas motoras e linguagens corporais. Deve-se buscar alcançar o respeito às diferenças, proporcionando uma convivência harmoniosa entre alunos e alunas, e desmistificar a ideia de que determinadas práticas corporais são mais apropriadas a um ou outro sexo. Acredito que as aulas de GR representam uma oportunidade ímpar para o debate e a adoção de posturas críticas e reflexivas sobre a presença do preconceito nas atividades motoras, seja de gênero, habilidade ou qualquer outra origem.

Referências

AUAD, D. **Educar meninos e meninas**: relações de gênero na escola. São Paulo: Contexto, 2006.

AYOUB, E. **Ginástica geral e educação física escolar**. Campinas: Unicamp, 2003.

BARBANTI, V. J. **Dicionário de educação física e do esporte**. Barueri: Manole, 1994.

BIZZOCCHI, L. A. G.; GUIMARÃES, M. D. S. **Manual de ginástica rítmica desportiva**. Empresa Editorial Ltda.: Leme, 1985.

BOURDIEU, P. **A dominação masculina**. 2. ed. Rio de Janeiro: Bertrand Brasil, 2002.

COLETIVO DE AUTORES. **Metodologia do ensino de Educação Física**. São Paulo: Cortez, 1992.

DAOLIO, J. Direitos do corpo: cultura e práticas corporais. In: FÓRUM INTERNACIONAL DE GINÁSTICA GERAL, 3., 2005, Campinas. **Anais...** Campinas: SESC/Unicamp, 2005a. p.31-3.

_____. **Da cultura do corpo**. 9. ed. Campinas: Papirus, 2005b.

FERREIRA, M. C. Os estereótipos de gênero na perspectiva da cognição social. **Revista Científica – Mente Social**, Rio de Janeiro: UGF, ano 2, n. 3, p. 27-35, 1996.

FERRETI, M. A. C.; KNIJNIK, J. D. Mulheres podem praticar lutas? Um estudo sobre as representações sociais de lutadoras universitárias. **Movimento**, Porto Alegre, v. 13, n. 1, p. 57-80, jan./abr. 2007.

FRANCO, M. L. P. B. **Análise de conteúdo**. Brasília: Plano, 2003.

GOELLNER, S. V. A produção cultural do corpo. In: LOURO, G. L.; NECKEL, J. F.; GOELLNER, S. V. (Orgs.). **Corpo, gênero e sexualidade**: um debate contemporâneo na educação. Petrópolis: Vozes, 2003.

JAPIASSU, H.; MARCONDES, D. **Dicionário básico de filosofia**. Rio de Janeiro: Jorge Zahar, 1996.

LAFFANCHI, B. **Treinamento desportivo aplicado à ginástica rítmica**. Londrina: Unopar Editora, 2001.

MORIN, E. **Os sete saberes necessários à educação do futuro**. 2. ed. São Paulo: Cortez, 2000.

MURARO, R. M.; BOFF, L. **Feminino e masculino**: uma nova consciência para o encontro das diferenças. Rio de Janeiro: Sextante, 2002.

OLIVEIRA, A. C. P. S. **Representações dos estudantes homens de Educação Física sobre o ensino das Danças Folclóricas**. 2006. Dissertação (Mestrado em Educação Física) – Centro de Pós-Graduação, Universidade Gama Filho, Rio de Janeiro, 2006.

PEREIRA, S. A. M. **Ginástica rítmica desportiva**: aprendendo passo-a-passo. Rio de Janeiro: Shape, 2000.

_____. **O sexismo nas aulas de Educação Física**: uma análise dos desenhos infantis e dos estereótipos de gênero nos jogos e brincadeiras. 2004. Tese (Doutorado em Educação Física) – Universidade Gama Filho, Rio de Janeiro, 2004.

PEREIRA, S. A. M.; MOURÃO, L. Identificações de gênero: jogando e brincando em universos divididos. **Motriz**, Rio Claro, v. 11, n. 3, p. 205-10, set./dez. 2005.

ROSÁRIO, L. F. R.; DARIDO, S. C. A sistematização dos conteúdos da educação física na escola: a perspectiva dos professores experientes. **Motriz**, Rio Claro, v. 11, n. 3, p. 167-77, set./dez. 2005.

TOLEDO, E. A ginástica rítmica e artística no ensino fundamental: uma prática possível e enriquecedora. In: MOREIRA, E. C. (Org.). **Educação física escolar**: desafios e propostas. Jundiaí: Fontoura, 2004. p. 43-64.

VIANNA, A.; CASTILHO, J. Percebendo o corpo. In: GARCIA, R. L. (Org.). **O corpo que fala dentro e fora da escola**. Rio de Janeiro: DP&A, 2002.

SOBRE O LIVRO
Formato: 16 x 23 cm
Mancha: 11,5 x 18,5 cm
Tipologia: Goudy Old Style
Papel: Offset 75 g
nº páginas: 440
1ª edição: 2010

EQUIPE DE REALIZAÇÃO
Edição de Texto
Nathalia Ferrarezi (Assistência editorial, preparação e copidesque)
Maria Apparecida F. M. Bussolotti (Estabelecimento de texto)
OK Linguística (Revisão)
Jaqueline Carou *(Checklist)*

Editoração Eletrônica
David Menezes (Projeto gráfico, diagramação e capa)
Ricardo Howards (Ilustrações)

Impressão
Edelbra Gráfica